世界马克思主义研究文库

# 卡尔·马克思的诱惑

[印度] 穆茨班·雅尔◎著

齐　闯◎译

天津出版传媒集团

天津人民出版社

**图书在版编目（ＣＩＰ）数据**

卡尔·马克思的诱惑／（印）穆茨班·雅尔著；齐
闯译. -- 天津:天津人民出版社,2019.11
（世界马克思主义研究文库）
书名原文：The Seductions of Karl Marx
ISBN 978－7－201－10969－5

Ⅰ.①卡… Ⅱ.①穆…②齐… Ⅲ.①马克思主义哲
学－研究 Ⅳ.①B0－0

中国版本图书馆 CIP 数据核字（2018）第 259506 号

Copyright English edition：Aakar Books，India，2010
Original title：The Seductions of Karl Marx
Translation copyright © 2019 by QICHUANG
天津市版权局著作权合同登记:图字02－2015－127

**卡尔·马克思的诱惑**
KAER MAKESI DE YOUHUO

| | | |
|---|---|---|
| 出　　版 | 天津人民出版社 | |
| 出 版 人 | 刘　庆 | |
| 地　　址 | 天津市和平区西康路 35 号康岳大厦 | |
| 邮政编码 | 300051 | |
| 邮购电话 | （022）23332469 | |
| 网　　址 | http：//www. tjrmcbs. com | |
| 电子信箱 | reader@ tjrmcbs. com | |

| | |
|---|---|
| 策划编辑 | 王　康 |
| 责任编辑 | 王佳欢 |
| 封面设计 | 回归线视觉传达 |

| | |
|---|---|
| 印　　刷 | 河北鹏润印刷有限公司 |
| 经　　销 | 新华书店 |
| 开　　本 | 710 毫米×1000 毫米　1/16 |
| 印　　张 | 18.25 |
| 插　　页 | 5 |
| 字　　数 | 210 千字 |
| 版次印次 | 2019 年 11 月第 1 版　2019 年 11 月第 1 次印刷 |
| 定　　价 | 98.00 元 |

# "世界马克思主义研究文库"总序

习近平同志指出,在人类思想史上,就科学性、真理性、影响力、传播面而言,没有一种思想理论能达到马克思主义的高度,也没有一种学说能像马克思主义那样对世界产生了如此巨大的影响。这体现了马克思主义的巨大真理威力和强大生命力,表明马克思主义对人类认识世界、改造世界、推动社会进步具有不可替代的作用。

从 1848 年《共产党宣言》的发表标志着马克思主义诞生,至今已经170 年了。尽管时代和环境条件发生了很大变化,但马克思主义像燧石一样,历经千磨万击,更加焕发出真理的光辉,其基本原理依然是科学真理,我们依然处在马克思主义所指明的历史时代。坚持马克思主义和发展马克思主义相辅相成。发展 21 世纪马克思主义、当代中国马克思主义,必须立足于中国,以宽广的世界眼光,深刻认识马克思主义的历史意义、世界意义、时代意义和现实意义。

当前世界形势正在发生深刻复杂的变化,世界正处在百年一遇的历史大变局之中,产生了大量错综复杂的现实难题和全球性问题,提出了大量亟待回答的理论课题。这就需要我们加强对时代和当代世界的研究,分析把握其出现的各种变化及其本质,深化对资本主义和国际政治经济关系深刻复杂变化的规律性认识,把握全球化发展的趋势和新科技革命的机遇及挑战,探寻世界和平与人类发展进步的可靠路径。马克思主义是正确揭示人类历史发展规律、实现无产阶级和人类解放、追求人的自由而全面发展的科学理论,具有与时俱进的理论品质。坚持和发展马克思主义,必须用宽广的世界视野,全面把握世界马克思主义发展的历史和整体现状,及时跟踪当代世界马克思主义思潮,密切关注和把握国内外马克思主义研究新成果,从而推动我们对当代世界与中国发展中的重大理论和重大实践问题进行系统的、全面的、深入的研究,进一步坚定"四个自信"。

综观当代世界马克思主义思潮,不少学者对资本主义体制性危机困境、结构性矛盾以及生产方式矛盾、阶级矛盾、社会矛盾、治理困境等进行了多层次、多角度的批判性揭示,对资本主义危机、资本主义演进过程、资本主义新形态及本质进行了深入分析,对社会主义制度的发展和完善、社会主义现代化的实现路径、人类命运共同体的构建进行了积极探索,对中国特色社会主义思想进行了深入研究,对各马克思主义流派之间的对话和批判进行了科学探讨。这些研究有助于我们正确认识资本主义的发展趋势和命运,准确把握当代资本主义的新变化、新特征,加深对当代资本主义变化趋势的理解,同时也能彰显社会主义制度的优越性,推进马克思主义中国化时代化大众化。学习研究当代世界马克思主义思潮,有利于我们立足于时代特征,更好地运用马克思主义观察时代、解读时代、引领时代,真正搞懂面临的时代课题,深刻把握世界历史的脉络和走向;有利于我们以正在做的事情为中心,深入总结中国特色社会主义实践,更好地实现马克思主义基本原理同当代中国具体实际相结合。

在具体实践中,马克思主义在西方文化语境中已经与各种批判理论相结合,我们应当对其进行批判性认识。20 世纪 70 年代以后,西方马克思主义涌现出众多与特定的批判理论相结合的流派,主要包括分析的马克思主义、生态学马克思主义、女权主义马克思主义、文化的马克思主义、发展理论的马克思主义、后马克思主义,等等。这些流派研究方法各异,立场也不尽相同。对此,我们既不能不加甄别地囫囵吞枣,也不能囿于教条故步自封,而是要放眼世界,对世界马克思主义研究成果概而观之,才能对其优劣长短作出富有说服力的判断,从而做到吸收其精华,剔除其糟粕。马克思主义已深深嵌入当代世界文明的发展之中,经过一代又一代学者的传承,成为把握时代精神并且引领世界思想潮流的话语体系。随着中国经济的迅速崛起及 2008 年资本主义金融危机的爆发和蔓延,我们在新时代面临的诸多问题使国际思想界更加重视对马克思主义的研究,马克思主义已经成为国内外学者,尤其是左翼学者理论建构的重点。这为在全球化的背景之下,深入研究新时代中国特色社会主义的理论与实践提供了更丰富的思想资源。

基于新时代所提出的新要求以及马克思主义理论发展本身所蕴含的实践性和开放性研究要求,为推动马克思主义研究,特别是世界马克思主义思潮的研究,我们决定编译出版"世界马克思主义研究文库"。本文库从国内外马克思主义研究的经典文献和最新成果中,选择具有重要理论和现实意义的作品,持续推出系列成果,其中的部分作品将在已有译介的成果基础之上重新加以整理和译校。

本文库秉承经典与前沿并重的原则,内容涵盖以下四个专题:

一是"马克思主义经典文献系列"。我们将通过对一些原始文献进行权威而准确的翻译,适当填补国内相关文献译介的空白。这一方面可以推进我们对马克思主义发展史的研究,彰显马克思主义理论的连续性和丰富性;另一方面也有助于我们回顾历史,反思社会主义发展过程中的经验和教训,进一步坚定马克思主义信仰和社会主义信念。

二是"西方马克思主义经典系列"。西方马克思主义包括由卢卡奇等人开创的解释路向及其后获得发展的诸流派,是在当时的历史背景下对西方社会主义道路的理论探索,为马克思主义的发展提出了一系列重大理论和实践问题。这些思考无疑推进了马克思主义的理论阐发,并且彰显了马克思主义理论内在的生命力。回归相关经典,有利于我们理解西方马克思主义与马克思主义之间的关系,也有利于推进对马克思主义传播的研究。

三是"马克思主义的当代阐释系列"。一方面,西方资本主义出现了许多新现象、新变化,2008 年爆发的世界金融危机使世界上很多有识之士深刻反思当代资本主义的危机和弊端;另一方面,中国作为世界上最大的发展中国家,在经济快速崛起的同时,也在走近世界舞台的中央,在全球治理中发挥越来越重要的积极作用。因此,关注国内外学者关于马克思主义的新近研究成果,了解他们如何看待资本主义的危机以及如何回应新自由主义的挑战,将有助于我们在把握资本主义新变化的同时,推进对马克思主义经典文本的当代解读,进而更好地回答一系列人类所共同面对的全球性问题。

四是"马克思思想研究系列"。马克思、恩格斯科学理论的创立,对各理论学科和专业,以及世界社会主义运动产生了广泛而深刻的影响。当我们在新的时代背景下再次回到马克思的经典思想,我们仍能深刻感受到马克思与时代同行的脚步。马克思的理论无疑是一座博大精深的思想"富矿",通过引介当前国外学者对这一思想"富矿"不断深入挖掘所取得的理论成果和收录国内权威、新锐学者的经典或前沿作品,借以呈现其对马克思思想阐发的多重视角,将有助于我们拓宽研究视野,进一步推进马克思主义及其中国化的理论创新。

在选编和选材的过程中,我们力求体现出以下三个特点:

一是理论性。我们力求选取具有重要理论意义和学术价值的研究成果。当然,书中的观点和立场并不代表选编者的观点和立场,本着取其精华、弃其糟粕的原则,相信学界同人自有慧眼和科学判断。

二是综合性。世界马克思主义流派纷繁复杂,国内外研究马克思主义的相关成果涉及方方面面,包括经济、政治、文化、社会、生态等各领域,我们力求选取有代表性的研究成果。

三是前沿性。正确的理论是对历史、时代、实践提出的问题的科学回答。实践的变化发展必然会提出新问题,产生新情况,这就要求马克思主义者必须站在时代前列,反映时代进步的要求,必须抓住时代主题,回答时代提出的问题。我们将选取具有理论创新性、学术前瞻性、反映当前热点和焦点问题的一些研究成果。

需要特别指出和强调的是,国外思潮流派纷繁多样,研究范式和方法不尽相同,立场也不尽相同,甚至一些分析和观点存在着对马克思主义的误读、误解和曲解。对此,我们必须立足于中国实际和中国逻辑,以我们做的事情为中心,坚定"四个自信",始终坚持用马克思主义的立场、观点和方法,去分析、辨别和把握。对于一些错误的观点和论调,我们必须严肃地、认真地进行剖析和批驳,认清其错误所在和危害之处,从而不断巩固马克思主义的主流意识形态地位。

党中央高度重视马克思主义理论研究和建设工作。随着中国特色社会主义进入新时代,随着马克思主义理论研究和建设工程的纵深推进,中国共产党不断开辟马克思主义理论发展的新境界。马克思主义理论研究不断取得新成就,学科体系、教材体系、话语体系建设不断取得重要成果,国内外学术交流日趋活跃,研究成果不断涌现且质量日益提高。本文库由国内几十家相关高校、科研院所的专家学者通力合作,编译出版国内外研究马克思主义的代表性成果,力求为推进马克思主义事业做出应有的贡献。

季正聚

2018 年 12 月写于北京

# 译者的话

## 一、穆茨班·雅尔其人

　　穆茨班·雅尔(Murzban Jal),印度教育学院(直属于普纳大学)教育研究中心主任、教授,毕业于旁遮普大学哲学学院,获博士学位。作为一名弗洛伊德马克思主义学者,雅尔主要致力于研究马克思的拜物教理论,并在晚期资本主义社会视域下审视马克思与弗洛伊德的异化理念,同时把马克思的物化意识与弗洛伊德的精神错乱和神经症理论联系在一起,从而开启了教育学、哲学和社会科学领域的跨学科研究。在学术成果方面,雅尔于2010年出版了其成名作《卡尔·马克思的诱惑》(*The Seductions of Karl Marx*),随后又陆续出版了《拜火教:从古代到现代》(*Zoroastrianism: from Antiquity to the Modern Period*)(2012年)、《新激进派》(*The New Militants*)(2014年)和《我们为何不是印度教徒》(*Why We Are Not Hindus*)(2015年)等,并在国内和国际核心期刊发表研究性文章八十余篇。

　　雅尔认为,在精神分析领域内,把精神疾病分割为神经症和精神错乱的两种形式已经过时了,实际上,它们可以被整合为"神经症的精神错乱"(neurosis – psychosis)。他把这种神经症的精神错乱看作当代社会新的症结,并力求建构一种精神疗法作为理解人性化过程的有效途径,在这其中,知识能够适用于对人的精神的培养上。而这一培养过程和人性化过程乃是一种平行的过程,它们的目的都在于摒除人的异化。可以说,这种渴望摒除人的异化的信念与初衷,占据了雅尔整个哲学与科学论域的核心。雅尔严厉批判用欧洲的眼光来理解亚洲,在他看来,这是对人的精神的殖民,但他坚持以"人的普世化"的发展视角来看待历史与社会,从这一角度肯定了欧洲的启蒙作用。在这样的批判与肯定中,雅尔重新提出了马克思的"人的本质"与"亚细亚生产方式"理念,并重点强调多线型的历史理论。他明确指出印度新自由主义、保守主义和新印度教教徒的错误定位方式,同时批判了由印度左派建立起的"印度封建主义"理论的诸多诟病。

雅尔的理论方法主要基于辩证历史唯物主义,由此发展出了一种跨学科的方式来分析印度与南亚的社会特征。他重新总结了印度的经济与文化的落后之处,尤其是基于教派和种姓问题的社会制度。雅尔把马克思的解放哲学与乔泰奥·菲勒(Jyotirao Phule)和巴萨布·安贝德卡尔(Babasaheb Ambedkar)对印度社会的理论分析整合到一起,与此同时,又把黑格尔的辩证法理解为基于亚里士多德方法论的早期科学问题域的范式转移。基于整理出的全新方法论,雅尔创建了一种"新物学"(New Physics)的社会科学,其认为这能提供实现现代民主社会理念的可能性,进而把这种新物学称作马克思之后的"人的自然科学"(human natural science),在这里,自然科学与社会科学将合为一体。雅尔的理论大厦借助了诸多思想家的思想来夯实其结构,从马克思与西格蒙德·弗洛伊德到乔治·卢卡奇与安东尼奥·葛兰西,从乔泰奥·菲勒到巴萨布·安贝德卡尔,从莱雅·杜娜叶夫斯卡娅到斯拉沃热·齐泽克,从 J. P. 纳克到保罗·弗莱雷与弗朗茨·法农,雅尔从这些思想家的思想当中汲取营养,建构了一种契合第三世界的普遍教育理论。这一普遍教育基于"平等的自由"(equaliberty)而把自由和平等统合起来,并提出了科学的人性化与人本身的人性化的共通理念。雅尔最终倡导基于"平民"(commons)的教育联合体,而这一教育理念必须根植于人的解放哲学。

作为一名印度左派,雅尔的理论矛头始终指向印度的政治现实与社会环境,他从具体的实践出发,进而上升到哲学的批判高度。或许更精确地说,哲学既是雅尔的认识论与方法论,又是其理论旨趣的终极目标。这里体现出的乃是马克思的深刻印记:"你们不使哲学成为现实,就不能消灭哲学。"[①]哲学在雅尔的眼里就像舞动着的托钵僧一样,[②]这位僧侣必须时刻全身心且不间断地保持他的舞蹈,因为一旦其停下来,也便成了哲学思维停止以及智慧消隐的时刻。哲学只有在"动"中才能实现自身,"动"本身即意味着"实现",换言之,始终走在实现自身的路上。综观雅尔的整个理论,他的座右铭似乎就体现在了对哲学的**扬弃**(*Aufhebung*)与**实现**(*Verwirklichung*)上,基于现时代的背景下,他把哲学具体冠以马克思主义哲学之名。"马克思主义哲学因而成为智慧的复归,它传承了智慧的舞蹈。而马克思作为一名革命实践的哲学家,就是那个舞动着的托钵僧。"[③]如果从解放的角度来说,雅尔甚至直接把哲学具体化为一种斗争哲学。"哲学已不再是学术上的事业,它就其本身来说是一种实践,即武装起义的实践。对比而言,马克思主义新哲学应保有康德的三个问题:'我能知道什么?''我应当做什么?'以及'我能够期望什么?'如今还应该加上一个激进的新问题:'人是什么?'而在无产阶级武装起义的视域内,最后一个问题应被改为'什么是自由人?'"[④]

雅尔的批判理论主要致力于三个方面:第一,对历史发展中的扭曲现

---

①　《马克思恩格斯选集》(第一卷),人民出版社,2012 年,第 8 页。

②　Murzban Jal, *The Seductions of Karl Marx*, Delhi: Aakar Books, 2010, p. 9.

③　Murzban Jal, In Defence of Marxism: A Reply to a Neo-Hindu's Reading of The Seductions of Karl Marx, in *Critique*, Vol. 40, No. 1, February 2012, pp. 95–118, at p. 118.

④　Ibid., p. 116.

象进行正名;第二,打破东方与西方的固化界线;第三,以回归人的本质作为出发点和落脚点。具体来看,雅尔在多篇文章中分别对哲学、启蒙、现代性、权利以及列宁主义等进行了"捍卫"(defence),但他所捍卫的却并非这些话语的表面形式,而是力图回到它们的"原典"那里,与其说是为它们正名,不如说是以过去的真实来回应当下的扭曲。与卢卡奇对"正统的马克思主义"的追问类似,雅尔亦始终在言说着什么才是"真正的"(authentic)。名不正则言不顺,言不顺则事不成,雅尔深谙此道,或许他所期望的就是首先在理论上的名正言顺,只有完成了这一步,才可能在接下来的革命实践中达到言顺事成。对于原初性与真实性的坚守虽然可能会彰显出本质主义的色彩,但从具体分析出发,却能够针砭时弊。所以雅尔坚称:"我们必须保持原始性,才能成为所有现代性中最现代的;我们也只有保持复古性,才能发动一场真正革命意义上的革命。"①

　　对于西方的历史发展路径是否适用于东方,不仅印度学者曾批评过雅尔具有这种"拿来主义"之嫌,这更是一个亚洲与欧洲,甚至东方与西方间争论不休的问题,就连马克思本人也没有给出过明确答案,但或许马克思在对这一问题的回应中表露出了否定的态度,或者至少是一个比较客观的态度。马克思在给《祖国纪事》杂志编辑部的信中曾表明:

　　　　假如俄国想要遵照西欧各国的先例成为一个资本主义国家——它最近几年已经在这方面费了很大的精力——它不先把很大一部分农民变成无产者就达不到这个目的;而它一旦倒进资本主义怀抱以后,它就会和尘世间的其他民族一样地受那些铁面无情的规律的支配。事情就是这样。但是这对我的批评家来说是太少了。他一定要把我关于西欧资本主义起源的历史概述彻底变成一般发展道路的历

---

① Murzban Jal, Leninism as Radical 'Desireology', in *Economic and Political Weekly*, Vol. 46, No. 39 (SEPTEMBER 24 – 30, 2011), pp. 59 – 67, at p. 59.

史哲学理论,一切民族,不管它们所处的历史环境如何,都注定要走这条道路,——以便最后都达到在保证社会劳动生产力极高度发展的同时又保证每个生产者个人最全面的发展的这样一种经济形态。但是我要请他原谅。他这样做,会给我过多的荣誉,同时也会给我过多的侮辱。[①]

即便东方的发展路径不能完全照搬于西方,那么从西欧的经验中是否能够发掘出可借鉴之物呢? 雅尔认为答案是肯定的,同时这也引出了他的理论的第三个方面,即回归到"人的本质"上。在雅尔看来,欧洲近代以来的文艺复兴和启蒙运动虽然显示出了欧洲的地域特征,但放眼于整个人类发展的视角,其不过是人的普世化浪潮的组成部分,恰恰是人的本质的辩证唯物主义能够把所有的类似运动统合起来。基于以上方面,雅尔从经典马克思主义理论中提取出了历史人本唯物主义(historical - humanist materialism)[②]的观点,以辩证法的视角将历史主义、人本主义以及唯物主义进行了有机融合,既使这三者彼此占有且浑然一体,又能够遵照阶级历史呈现出异化、物化以及拜物教的机制。

## 二、列宁主义和欲望学

就印度政治进行的专门论证方面,雅尔似乎对列宁和列宁主义情有独钟。他声称要坚定地捍卫列宁主义,并把列宁主义作为一种激进的"欲望学"(desireology)。雅尔认为,当前,不论印度的左派还是右派,他们所理解的列宁都不是真正的列宁。"与那些对列宁的历史实践以及历史解

---

① 《马克思恩格斯选集》(第三卷),人民出版社,2012 年,第 730 页。

② Murzban Jal, In Defence of Leninism, in *Economic and Political Weekly*, Vol. 46, No. 1, JANUARY 1 - 7, 2011, pp. 55 - 62, at p. 59.

读相反,从历史角度来看,这似乎并未呈现出一个真实的列宁,却是一个妖魔化了的列宁。"①那么怎样才能回到真实的列宁那里去,或者说我们应当如何捍卫列宁主义呢?雅尔对此总结出如下四个方面:第一,卡尔·考茨基针对列宁的《怎么办?》而讨论的知识分子与群众间的关系构型;第二,不能忽略列宁对于理论的重视,正如列宁的经典表述,"没有革命理论就不会有革命运动";第三,对列宁主义与斯大林主义的混淆;第四,民众路线的缺失、国际主义的废止以及不断革命论的忘却。② 对曾经的列宁的正名,恰好就是对当下政治现状的批判。

在雅尔看来,如今印度左派的政治精英们实际上已成为代议制的左派分子。他们与群众极度脱节,并以列宁的名义建立起所谓的革命政党,这是必须要批判的。从历史的谱系学角度出发,同时结合印度的现实来看,雅尔指出,不能把印度左派的问题还原为列宁的革命政党问题,这在本质上恰恰是斯大林主义的权威主义问题。在此基础上,要对"民主集中制"(democratic centralism)与"官僚集中制"(bureaucratic centralism)加以严格的区分和深度的剖析。按照列宁的说法,民主集中制乃是政党与群众间的辩证互动,政党在这里体现着在更高层面上对群众的否定与替代,但一定要注意,其完全是在扬弃的意义上成立的政党,它使得政党保有了群众,同时群众也成为政党。这就要求我们必须回到具体的历史那里去,然而印度当前的列宁主义不过是斯大林主义化的、被用来服务于国家资本主义的教条。所以"只有从列宁思想本身的历史进展出发,同时保有马克思的异化与阶级斗争理论以及对此二者的扬弃,由此才能得出列宁的政党理论"③。

---

① Murzban Jal, In Defence of Leninism, in *Economic and Political Weekly*, Vol. 46, No. 1, JANUARY 1 – 7, 2011, p. 55.

② Ibid., p. 56.

③ Murzban Jal, Anti – Marxism as Putrefied Theology, in *Economic and Political Weekly*, Vol. 47, No. 9, MARCH 3 – 9, 2012, pp. 77 – 79, at p. 77.

因而只有在扬弃性的政治中保留了"去其糟粕、取其精华"的辩证法，革命的话语才会基于此上升到更高层面。如果从列宁主义及集中制中移除了这种辩证法的框架，那么其必将消融为单纯的形式结构，并极易被反革命力量所占据。但是当面对印度民主集中制的实际状况时，我们会发现："同样明确的是，精英的以及极端的集中制，不仅与马克思认为的无产阶级基于自身处境而获得的革命意识相去甚远，我们还要指出，这也是与列宁的民主构型表现为风马牛不相及的。我们坚持把列宁的集中制理念解读为转变以及扬弃的概念，并且认为其最为重要的一点（除了引领其他的对应观点外）就在于它是一种革命的辩证法。因而（按照齐泽克的说法），我们必须区分好'真正的列宁主义政党'以及'考茨基与斯大林主义的政党'。但从印度的左派运动中可以看出，其只继承下来了少许的列宁主义，更多的却是考茨基与斯大林主义。过去的幽灵还在不断烦扰纠缠着我们。"①

雅尔借用列宁主义所完成的对这种扭曲了的集中制的批判，实际上揭露的是印度政治中的权威主义和宗教意识形态霸权。在雅尔看来，印度的集中制就像《梨俱吠陀》中的印度教神灵那样，婆罗门作为印度教集中制的意识形态建构者是无法被超越的，哪怕印度共产党都不能撼动婆罗门的意识形态霸权。所以革命从未真正发生过，并且讽刺的是，与马克思主义完全相异之物却被称作左翼实践的一部分，资产阶级集中制、种姓精英主义不仅化为左翼运动的内容，甚至喧宾夺主地成为左翼运动的本质力量。"如果群众是自发性的共产主义者，那么政党精英就成为自发性的资产阶级。"②怎样解决这一问题？雅尔认为，还是要从哲学入手，印度革命的发生，就是要从哲学角度理解马克思主义和现实的民主集中制，尤

---

① Murzban Jal, In Defence of Leninism, in *Economic and Political Weekly*, Vol. 46, No. 1, JANUARY 1 – 7, 2011, p. 56.

② Ibid., p. 58.

其要从康德的合理性过渡到黑格尔的辩证法,现代无产阶级必须成为德国古典哲学的继承人。雅尔进一步指出,革命性的无产阶级专政,即自发性群众的民主革命专政,就是一种激进的"欲望学"①,从中彰显出的正是把历史主义与人本主义融合到一起的辩证法。无产阶级专政是对一切专制及阶级社会的扬弃和否定,是对个体性(独立的个人)、特殊性(特定的阶级)和普遍性(社会与国家)的再造与统一,也是列宁主义政党的革命意志。

然而在雅尔看来,从政治经济学角度出发,这一切的背后还是资本主义生产方式造就出的"抽象"在作祟,其包括构成商品本质的抽象劳动和资产阶级民主所宣扬的抽象权利等,列宁把自由民主比作"骗子"也正是从这一角度出发的。如果抽象的权利被镶嵌在社会体制内,那么这无疑宣告了抽象逻辑的胜利。雅尔强调,我们不能坐在资本主义为我们预留的座位上,也不能止步于商品幻象、市民社会和国家,而是要窥探出人的社会和国际庶众(international multitude)的开放性空间。"正是在这里,我们才能发掘出阶级斗争的真实基础,以此来抗争抽象的幻象那个'骗子',也只有从这一视角出发,我们才能把被列宁视为'骗子'的自由主义与恩格斯的'虚假意识'以及卢卡奇的'物化意识'联系到一起。"②并且这种在实际当中所生发出的特殊形式的政治扭曲,其带来的不只是政治上的痛苦,而是渗透到了生活世界的各个领域。这种扭曲始终在当今阶级社会历史中占据统治地位。所以革命问题就不仅仅是经济与政治的问题,还是文化与审美教育的问题。雅尔认为:"只有这样,我们才能把致力于武装起义的列宁主义政治当作艺术来看待,革命的政治也就成为一种戏剧学——追求'真实'的戏剧艺术。"③在这里,政治将成为一种艺术与

①③  Murzban Jal, Leninism as Radical 'Desireology', in *Economic and Political Weekly*, Vol. 46, No. 39, SEPTEMBER 24 – 30, 2011, p. 60.

②  Murzban Jal, In Defence of Leninism, in *Economic and Political Weekly*, Vol. 46, No. 1, JANUARY 1 – 7, 2011, p. 61.

政治的综合体,从而致力于研究革命与人的感性之间的关系,恰好欲望学将在此搭建起有效的桥梁。艺术就是对美好未来向往的乌托邦,以美学方式力求武装起义的列宁政党,就是把革命的理论与实践整合为自发性的群众运动。雅尔把列宁解读为这种自发性的哲学家,就是在论证把列宁主义作为激进的欲望学的可能性。

　　雅尔基于列宁主义视角而建构出的这种欲望学,既是对自发性的肯定,又是对自发性的否定。它的肯定之处在于,对底层民众或者说对无产阶级的激励与警醒的作用,这里,人的主体性地位是无法泯灭的,也恰恰只有确立人的主体地位,才会促成革命的发生。但需要警醒的是,无产阶级意识极有可能掺杂进资产阶级的虚假意识,从而表现为一种"无意识"的意识,从精神分析角度来说,就是想象界与象征界对实在界的掩盖。所以雅尔认为,哪怕不具备所谓的"意识",但只要欲望还在,革命就还有希望,但这种欲望绝不是物化的欲望,恰恰是实现人本身的欲望。"列宁主义全部是关于革命的欲望。当他在《怎么办?》中强调专职的革命者的角色时,就是在刻画着一种欲望的艺术。这种艺术首先是对资产阶级犬儒主义的瓦解,还是对处于永恒危机中的晚期帝国主义景观的透视。人们并不必全然具有'意识',但求能够处于欲望的渴求之中。我们也无意于去改变'意识',我们只需要知道,那些'教授'工人认清其自身处境的左翼理论家们,他们不是别人,正是保有资产阶级身份的资产阶级教育者。"①而对这种自发性的否定,显示出的则是对主体去中心化的结构主义的批判,强调不断进步的历史主义只能成为神话,或者说这里的进步乃是物质与科技的进步,与这种进步对应的却极有可能是人的退步,人越来越退让于物。"布尔什维克主义的消亡以及苏联的解体,实际上不过是反革命势力真正撕去其面纱的时刻,但这却印证了另一条历史线路,即历史

———————

　　① Murzban Jal, Leninism as Radical 'Desireology', in *Economic and Political Weekly*, Vol. 46, No. 39, SEPTEMBER 24 – 30, 2011, p. 65.

的重复。现在,印度不仅同样袒露出对帝国主义的热爱,还显示出了对那种自由的谄媚。"①这足以说明,过去始终不肯放过我们,如果我们不能着眼于未来,挣脱过去的禁锢,那么也就永远不会从革命当中涅槃重生。在这个意义上,雅尔的这种激进欲望学同样是对经济还原论的否定,并强调了政党的积极作用:"保有以下观点的人们,即革命叙事完全隐含于资本主义的危机当中,危机的爆发也就伴随着革命不可避免地发生,这是完全错误的。革命乃是人的自由在现实中的炸裂,是达到一种普遍性团结的绝美瞬间(beautiful moment)。因而武装起义的政党也就成为记录这一绝美瞬间的政党。"②

雅尔从"人"本身出发,基于列宁主义的话语,对当今印度左派问题进行了批判,并建构出一种激进的欲望学。以上的论述主要参照了雅尔的《捍卫列宁主义》和《作为一种激进"欲望学"的列宁主义》这两篇具有代表性的文章,从政治、政制和政党的视角,对雅尔的批判态度及理论向度进行了整体把握。不难看出,在实现革命的无产阶级专政的目标当中,雅尔寄希望于马克思主义哲学,并对其赋予了和以往的任何哲学都不同的意义。但雅尔同时也认识到,由于现实条件的变化,革命的方式也必须进行转变,我们回到列宁那里,恰恰是要从那里走出来,我们重提列宁,恰恰是为了忘记列宁,"从这个意义上讲,列宁主义在21世纪必须扬弃列宁自己"③。我们在这里仿佛看到了后马克思主义的身影,即保有革命的欲望和目标,但却能够挣脱出本质主义的禁锢,从新时期的资本主义发展态势来寻求革命的可能性。由此观之,或许雅尔提出的正是一种"后列宁主义",他的欲望学成为拉康的"对象A",就是那个永远引领我们前进的若

---

①　Murzban Jal, In Defence of Leninism, in *Economic and Political Weekly*, Vol. 46, No. 1, JANUARY 1 – 7, 2011, p. 62.

②　Murzban Jal, Leninism as Radical 'Desireology', in *Economic and Political Weekly*, Vol. 46, No. 39, SEPTEMBER 24 – 30, 2011, p. 63.

③　Ibid., p. 60.

即若离、若隐若现的目标本身。值得注意的是,如果后马克思主义(按照拉克劳与墨菲的说法)认为,只有从政治中的本体性对抗(Antagonism)出发才能达到人的解放,那么雅尔的这种"后列宁主义"正是要从人的本质出发,从而落脚到现实的政治运动当中,但不管怎样,政治与人的辩证法始终占据着他理论的核心地位。

### 三、奥斯维辛之后重读马克思

西奥多·阿多诺在文集《棱镜》的《文化批判与社会》中曾说:"奥斯维辛之后写诗是野蛮的"[1],从而开启了二战后对现代西方文明的反思热潮。同样,雅尔在《接受启蒙的重要性》[2]中,也以奥斯维辛之后重读马克思的方式,诉诸对启蒙、理性和现代性等方面的批判,这可以从《资本先生的诅咒:捍卫现代性》[3]的开篇那里用一句话总结为:"过去始终拒绝远离我们。"[4]这里,雅尔依旧是在完成他的"正名"工作,其整体思路主要遵照了法兰克福学派的论证方式,但却在其中融入了印度和南亚的具体特征,从而使得批判的视角更具针对性。

雅尔认为,如果马克思发现了解开人类文明历史的钥匙,那么它揭露的一定是一种异化的历史,当下则表现为被现代性的规划所殖民的历史。为了完成对真正的现代性的捍卫,就需要对欧洲科学和现代世界进行批判,人的本质及类本质为其开启了开放性和公共性的空间,因为它的主旨就是要塑造出一种自由且自主的主体。然而就印度而言,"与这种剩余自

---

① Theodor W Adorno, *Prisms*, Translated from the German by Samuel and Shierry Weber, First MIT Press paperback editon, 1983, p. 33.

② Murzban Jal, The Importance of Being Enlightened, in *Social Scientist*, Vol. 37, No. 11/12, 2009, pp. 34 – 47.

③ Murzban Jal, The Damnation of Monsieur Capital: in Defence of Modernity, in *Social Scientist*, Vol. 37, No. 9/10, 2009, pp. 55 – 65.

④ Ibid., p. 55.

由(surplus freedom)直接对立的就是资本主义的剩余压抑(surplus repression),以及由种姓社群主导的前资本主义社会在这方面的欠缺"①。在雅尔看来,现代性本身并不是具有简单含义的简单术语,它是多元决定的(overdetermined),换句话说,即多样性决定的复杂架构。现代性幻化出的是一种无法被超越的巨大空间,它聚合了一切相互冲突而又彼此矛盾的力量,甚至现代性本身及其所有对抗性的力量都凝结在了那一空间内。同时,也恰恰是在这一空间内,现代性却顽皮地与我们玩起了捉迷藏:"它在那里,却又不在那里;它出现了,却又消失了。"②从这个角度来看,恩斯特·布洛赫的"尚未"(not-yet)概念或许可以更好地说明这一意境。也就是说,现代性似乎已经初现端倪,但却并未成型,我们只能看到它模糊的影像,但这其中却蕴藏着一种运动的趋势。然而从雅尔的字里行间可以看出,他是在告诫我们警惕这种现代性,它的终极目标可能是善意的,并且最终的落脚点也是属人的,我们能够窥探出这里边的向好方面。它的确存在,并且也正在存在着。但是当我们看清其面目时,它又显示出丑陋的、非人的一面,它充满着工具理性与技术理性的成就,却不见我们当初所要达到的目标,所以从这个角度来说,它又不见了,剩下的只是异化的形式。这是雅尔又一次的正名过程,但在这一过程的最后,他留给了我们一副审视现代性的透视镜,通过这副镜片能否透视到"人",成为我们判断现代性的真与假,以及属人的现代性还是属物的现代性的标准。由此可见,在雅尔的眼中存在这样一种激进的现代性概念,它是"同过去的全部历史发展进程背道而驰的"③现代性,本雅明则将其称为"弥赛亚的时代"。"这种弥赛亚的时代乃是革命的时代——将自身与物化时代完

---

① Murzban Jal,The Damnation of Monsieur Capital:in Defence of Modernity,in *Social Scientist*,Vol. 37,No. 9/10,2009,p. 58.

② Ibid.,p. 56.

③ 《马克思恩格斯选集》(第一卷),人民出版社,2012年,第420页。

全隔离开来的时代。"①所以现代性并不仅仅包括工业革命、农村的解禁和前工业社会的公社的解体，其归根结底是人的普世化过程，是人的现代性，而非工业的、经济的现代性。

现代性源于启蒙，既然现代性出了问题，是否意味着它的源头——启蒙出现了问题呢？马尔库塞曾提出过用马克思主义创建一种"新科学"来抗争"旧科学"中"人"的缺失，那么同理，是否存在一种可替代的启蒙呢？雅尔认为这是值得怀疑的。原因在于，从历史角度来看，恰恰是另一种"启蒙"方式为我们带来了超人、封建领袖、种姓体系、人的迷失，甚至是奥斯维辛。与其重思启蒙或者渴望另一种启蒙方式，不如回到马克思那里。这里存在两方面要点：第一，历史唯物主义，其由生产力和生产关系所统领，致力于批判阶级社会、国家和意识形态的霸权。但重点在于第二方面，即马克思主义作为哲学，作为辩证唯物主义却没有引起与前者同等程度的重视，因此雅尔决定从这个角度来审视理性和启蒙，因为正是辩证唯物主义才能凸显出"人"本身。所以在他看来："与其谈论启蒙的另一种可能性，不如深入到对启蒙的政治经济学批判当中，即回归到对异化的扬弃当中。"②从这个角度出发可以看出，合理性或者说资本主义的合理性，乃是对商品和资本积累的模仿。当马克思发现价值成为商品流通的内在动力时，他实际上已经发现了资本主义的技术理性。同时，我们又发现彼此对立的两个世界，即人的世界与异化的对象世界。由此，如果我们被问及欧洲的启蒙运动是否应当作为马克思主义讨论的重要内容，或者是否存在一种可以替代启蒙的别样方式时，我们发现了比这些更加珍贵的东西，那就是对"资本主义生产方式的病理学研究"③。

---

① Murzban Jal, The Damnation of Monsieur Capital: in Defence of Modernity, *in Social Scientist*, Vol. 37, No. 9/10, 2009, p. 62.

② Murzban Jal, The Importance of Being Enlightened, in *Social Scientist*, Vol. 37, No. 11/12, 2009, p. 35.

③ Ibid., p. 39.

　　因而马克思主义的现代性完全有别于自由主义的理解,它并不停留在表面,或者追问什么是现代性及现代与传统的区别,而是在追问资本积累的工业,并试图以此破除资本先生的诅咒。资本先生赋予自身以生命,却否定人的生命形式。所以现实整体表现为:理性与非理性并存,合理性与非合理性共在,并且非合理性又总是伴随理性的存在。① 这里的现代性显示出更多自由资本主义的模式,其亲手扶植了新保守主义右翼的政治神学家。用哈贝马斯的话说就是,"纯粹的现代主义"(mere modernism)掩盖了"真正的现代性"(authentic modernity)。② 在雅尔看来,这种"纯粹的现代主义"如今已演变为后现代的意识形态,它正在创建一种新的神学,其中既没有上帝也没有弥赛亚,有的只是资本主义。后现代宣布了历史的终结,迎接了神学的逆袭,并把资本主义当作天国的降临。③ 一切都被贴上了资本的标签,一切都被投射在资本主义的阴影当中,但雅尔却惊奇地发现,我们看到了科学的危机、理性的危机、现代性的危机,甚至马克思主义的危机,但资本主义的危机却消失不见了。这是为什么呢?原因在于,科学、技术和理性共同构成了理性本身,但却忽略了"人是什么"。"这种理性,或者说资产阶级化了的理性,当下已充当为意识形态的角色。它的自明性、有效性以及方法论都被隐藏了起来,或者说从未获得过质问,它也不可能质问自身的基础。理性不仅掩饰着自身的基础,还掩饰着与阶级社会的结构关系。并且,自从理性成为资产阶级理性之后,就完全变成了异化精神的复归。"④

---

　　① Murzban Jal,The Damnation of Monsieur Capital:in Defence of Modernity, in *Social Scientist*,Vol. 37,No. 9/10,2009,p. 59.

　　② Jorgen Habermas,Modernity:An Unfinished Project, in Habermas and the Unfinished Project of Modernity,ed,*Maurizio Passerin D'entreves and Seyla Benhabib*,Cambridge:Polity Press,1996,p. 38.

　　③ Murzban Jal,The Damnation of Monsieur Capital:In Defence of Modernity, *in Social Scientist*,Vol. 37,No. 9/10,2009,p. 61.

　　④ Murzban Jal,The Importance of Being Enlightened, in *Social Scientist*,Vol. 37,No. 11/12,2009,p. 41.

不仅资本主义以新的神学的方式出现,旧式的宗教神学也阴魂不散地跃跃欲试,并在第三世界国家中与反启蒙和新保守主义接合到了一起。面对启蒙的诟病、宗教的逆袭、异化的复归以及科学作为"其自身目的的实在"①,雅尔的观点是,不能因为这样的现实结果就畏惧启蒙甚至逃避启蒙,启蒙反而是我们的必经过程。"西欧与北美的资本主义,作为资本主义的中心,虽然要依赖前资本主义的外围经济,而南亚又恰好处于这种外围当中,但是印度却不能通过拥抱资本主义的秩序来完善自身,历史也不会提供出通过欧洲途径来'解放'亚洲的可能方式。我们务必要跨越这一路径,但却不能跨越欧洲的启蒙哲学,我们要跨越的乃是篡改了启蒙原理的资本主义秩序。"②所以我们的任务依旧是揭露那种被意识形态所掩盖的危机。而回到现代性本身来看,任何对现代性基于具体条件的具体分析都会发现,只有回归真实的历史,才能摒弃马克思所严厉谴责的"借来的语言",才会领悟我是谁,我们从哪里来,进而又要到哪里去;也才能把现代性、启蒙和理性共同置于物化、异化和资本的视域内进行整体上的把握。总的来说,雅尔还是强调从人的角度完成对人本身的启蒙,而不是在告别了科学后,企图用其他方面加以替代,其出发点恰恰是辩证唯物主义,从对技术理性的批判中肯定人,从对启蒙的否定中来重塑启蒙,从政治经济学的基础角度来审视现时代,而并未被完全局限在法兰克福学派的"文化批判"领域内。

## 四、捍卫马克思主义

《卡尔·马克思的诱惑》一书于2010年出版。第二年,维尼斯·马索

---

① Herbert Marcuse, Science and Phenomenology, in The Essential Frankfurt School Reader, ed., *Andrew Arato & Eike Gebbhardt*, New York: Continuum, 1985, p. 467.

② Murzban Jal, The Damnation of Monsieur Capital: In Defence of Modernity, *in Social Scientist*, Vol. 37, No. 9/10, 2009, p. 58.

尔(Vineeth Mathoor)就在《批判》杂志上专门撰写了评论性文章《顺势的兼并,马克思主义读本与印度教:论穆茨班·雅尔的〈卡尔·马克思的诱惑〉》,把雅尔基于政治经济学和精神分析的整体视角而对印度教和印度社会所作的批判,总结为一种"顺势的兼并"①。其核心的评判观点在于,雅尔企图利用西方的"势"把印度"并"入其中,这完全忽略了印度教本身的历史价值和文化价值。对此,雅尔紧接着便以马索尔文章长度两倍的《捍卫马克思主义:对新印度教教徒解读〈卡尔·马克思的诱惑〉的回应》②进行了反击。雅尔认为,马索尔完全是一位新印度教教徒,他从地域角度秉持着本土理念,但"讽刺的是,非西方的极端反革命组织正是从帝国主义那里发展了其自身的观念"③。总体看来,马索尔的评论在某种程度上有其合理性,但如果从"人"的角度入手,从"要求抛弃那需要幻觉的处境"而重新"确立此岸世界的真理"④角度出发,马索尔的论断似乎就显得过于被动而又苍白无力了。

马索尔首先总结道:"《卡尔·马克思的诱惑》考察了马克思主义的历史与人本主义传统,全书把主要目光都集中在了印度和印度教民族主义的崛起上。基于欧洲的启蒙运动与康德那里的合理性,穆茨班在印度呼唤着欧洲模式的世俗主义。这一著作旨在批判宗教,并将其呈现为现时代的无效性。总体说来,《卡尔·马克思的诱惑》的确达到了对印度教教派主义的监督之效,但却没能看到宗教在南亚社会历史中所发挥出的积极效用。经典马克思主义在印度文化历史上的应用不仅会使那一监督机制复杂化,还会把社会现实与哲学传统置于浑浊的表意当中。这一著

---

① Vineeth Mathoor, Trendy Acquisitions, Marxist Readings and Hinduism: A Review of The Seductions of Karl Marx by Jal Murzban, in *Critique*, Vol. 39, No. 3, August 2011, pp. 433 – 442.

② Murzban Jal, In Defence of Marxism: A Reply to a Neo – Hindu's Reading of The Seductions of Karl Marx, in *Critique*, Vol. 40, No. 1, February 2012, pp. 95 – 118.

③ Ibid., p. 98.

④ 《马克思恩格斯选集》(第一卷),人民出版社,2012 年,第 2 页。

作专注于印度的印度教民族主义政治的发展,却忽略了印度教本身的问题,即印度教教徒的权利以及他们的文化。穆茨班并没能认识到以上的诸多要素,却挪用西方的理论来审视印度的现实,这足以表现出从传统民族精神角度来把握印度社会景象上的欠缺。①这样的总结可以说奠定了马索尔的评论基调,在他的眼中,马克思与马克思主义仍然是另类于印度的舶来品,它们是欧洲文明的产物。马克思是一位欧洲中心主义思想家,其对非西方世界并无怜悯之情,他以康德的理性与黑格尔的形而上学来伪装自己,并试图毁灭印度文明。马克思主义者"试图对印度教政治运动加盖上法西斯主义的印章"②,他们使用"过时的理论"和"双重话语体系",因为正是他们未加批评的穆斯林,才是促使世俗印度转变为印度教神学法西斯主义国家的罪魁祸首。③由此,南亚被规整地分化为两个部分:一半是"伊斯兰教的巴基斯坦",另一半是"印度教多数派的多元论印度"。④ 那一部分的南亚是邪恶的,而"这一部分"则是善良的,因为印度教教徒"包容宗教多元主义"⑤。可见,印度文明的核心就应该是印度教。⑥ 马索尔由此得出:马克思主义者是欧洲中心论者,因为他们攻击印度教,并把"印度教政治运动"作为法西斯主义运动,"所以马克思主义者全都是穆斯林,而伊斯兰教也是欧洲中心主义哲学"。

这种反欧洲中心主义能够与宗教右翼保守主义达到完美衔接。欧洲中心主义作为帝国主义理性,建立在所谓的"合理化"和"民主化"的西方基础上,这与东方世界有着本质的区别,所以西方的理性主义并不适用于所谓的"神秘"的亚洲,这构成了新宗教右翼所秉持的"西方毒药"(Wes-

　　①③　Vineeth Mathoor,Trendy Acquisitions,Marxist Readings and Hinduism:A Review of The Se-
ductions of Karl Marx by Jal Murzban,in *Critique*,Vol. 39,No. 3,August 2011,p. 433.

　　②　Ibid.,p. 436.

　　④　Ibid.,p. 437.

　　⑤　Ibid.,p. 438.

　　⑥　Ibid.,p. 440.

toxication)的主要观点。"尽管西方毒药根植于希腊哲学及其 2500 年的悠久历史当中,但它的具体和主要形式还是源于文艺复兴。伴随西方毒药的出现,曾经的历史形式消亡,而新的人类诞生了。他不再遵从**真理**(*Haqq*)(真实性、正当性、实在性),也只有对真理的遗忘,他才能取而代之,从此完成对尘世与天国的征服……《人权宣言》中阐明的宗教信仰自由只会导致人与宗教的疏远;这意味着把个人留给了他们自己,从而使他们在有生之年可以对宗教为所欲为,或者信仰任何他们想要信仰的宗教……现代人从真理之镜中只看到自身的形象,因此也只与他们自己订立契约。所以这不仅不可避免地、更顺理成章地会使人背对着宗教,并以各类国家主义、国际主义、自由主义、集体主义和个人主义的幌子来掩盖他的自私行径。"①

右翼伊斯兰教主义者和新印度教徒都相信东西方存在一道坚不可摧的高墙,并且坚持认为,从虚幻的"欧洲"那里根本不可能想象出一个更加虚幻的"东方"来。这种对历史一元论本身进行的否定,即东方并不能遵循西方的理念和发展模式,恰恰说明了东方与西方之间隔离的"万里长城"也是虚幻的。这种矛盾的双重错误的原因在于,"他们都没能从辩证角度来理解人的历史……《卡尔·马克思的诱惑》一书秉持的就是这种辩证的整体视角。人的历史并不应当被理解为'从欧洲视域内体察存在的命运',相反,应当从本书中人化的历史(humanization of history)角度出发,即萨米尔·阿明(Samir Amin)的人的普世化的三波浪潮谈起,也就是说,起始于波斯、中国和希腊文明直至犹太教、基督教以及伊斯兰教的弥撒亚主义(第一波浪潮:理想主义的浪潮),历经欧洲的文艺复兴(第二波)终到马克思主义。当马克思表明共产主义是人本主义与自然主义的

---

① Murzban Jal, *The Seductions of Karl Marx*, Delhi: Aakar Books, 2010, p. 208.

统一时,他并不是单纯指欧洲意义上的人"①。这便如黑格尔所说的那样,把真理寓于大全当中。诚然,如果从《历史哲学》的角度来看,黑格尔的确是一名欧洲中心主义思想家,但是从《精神现象学》及《逻辑学》角度来看则不然。马克思晚期的《人类学笔记》结合其早期的《论犹太人问题》和《1844年经济学哲学手稿》等,都能够表现出马克思主义的人本主义特征。

　　而从中心与边缘的角度出发,迈克尔·洛威(Michael Löwy)对安德森(Anderson)的《边缘处的马克思》(*Marx at the Margins*)的评论可谓相当中肯:这是一本"真正开创性的书籍,它超越了传统的知识路径,即把马克思归结为一名欧洲中心主义和经济主义的思想家……'边缘'的概念或许会被批判为过于模糊或者不够精准,但却具备把历史发展的不同方面整合到一起的优势,这些不同方面包括了资本与劳动的矛盾以及西方工业资本主义世界的外围要素:殖民主义、民族主义、门第、种族划分以及非西方社会。安德森所要表明的是,在马克思从1848年到1882年的文本中能够发现一种趋势,一种学识与政治方面的演进,其直接的指向就是发展与革命概念的复杂化与多级化"②。雅尔认为,这种"边缘"理念能够发挥出两方面的重要效用:第一方面是科学的,它从多元历史视角来理解非西方社会,打破了西方垄断资本主义霸权,并提出另一条激进道路,即我们并不必然要通过资本主义路径,而是可以越过资本主义生产方式,从另外的视角来审视亚洲,进而寻求一种新的主体地位;第二方面是策略上的,"边缘"为激进政治提供了空间,其中非西方社会能够根据自身情况找到一条自身的革命之路,它还能指出全球资本积累外围的国际无产阶

---

① Murzban Jal, In Defence of Marxism: A Reply to a Neo‐Hindu's Reading of The Seductions of Karl Marx, in *Critique*, Vol. 40, No. 1, February 2012, pp. 100 – 101.
② Michael Löwy, Marx and the non‐Western World, in *New Politics*, XIII, Winter, 2011.

级对世界资产阶级中心发起正义之战。①

由此可见,马索尔不过是个模仿者,从他所谓的非此即彼、本土主义和原教旨主义的论述中,就不难理解雅尔要称其为"神圣的新印度教教徒"了。按照马索尔的说法,如果要成为一名反殖民主义和反帝国主义者,那么这只能是非欧洲人的专利。马索尔试图呈现出"本土的人民",但实际上却恰恰"模仿着殖民主义的文化与政治逻辑"②。在雅尔看来,这些新印度教教徒们都患有弗洛伊德意义上的"癔症性的失明"(hysterical blindness),"癔症性失明的人只有在意识被唤醒时才是失明的,而在无意识的状态下,他们却看得无比真切"③。具体说来,"无意识的新印度教教徒看见的,就是所谓和平的印度教社会,其先是被伊斯兰教所侵扰,后来又被世俗主义和共产主义所侵扰。对新印度教教徒来说,这种印度教社会的印度国家形式不仅过去是,现在依旧是平等主义的,其有效规避了社会分层。臭名昭著的种姓体系作为社会层级结构的种族隔离形态,被看作建立在'合理的'劳动分工基础上的'合理'体系"④。可见,这些新印度教教徒们不仅是在麻痹他们自己,甚至要麻痹整个社会,换言之,他们只有麻痹了整个社会,也才能麻痹他们自己。新印度教教徒们表面上对欧洲中心主义的排斥,无非是想要在实际当中完成上层种姓对本国人民的帝国主义统治;他们从权利空场中驱赶走外部力量,无非是要把自己变成其中的内部力量。

诚然,印度教的存在的确有其自身的合理性。马索尔指出:"无疑,穆茨班试图从历史与文化的角度考察种姓的社会体制以及婆罗门的霸权,

① Murzban Jal, In Defence of Marxism: A Reply to a Neo – Hindu's Reading of The Seductions of Karl Marx, in *Critique*, Vol. 40, No. 1, February 2012, p. 102.

②④ Ibid., p. 103.

③ Sigmund Freud, The Psychoanalytic View of Psychogenic Disturbance of Vision, in *The Penguin Freud Library*, *On Psychopathology*, London: Penguin, 1990, p. 108. 还可具体参见本书第三章《魔法师及其学徒:全球化与文化》中的"癔症性失明"一节。

但整体上看,全书却忽略了古印度教文本的价值及其在社会与个人发展当中的重要性。这意味着种姓、宗教、哲学以及社会宽容度都是复杂机制下的产物,我们要从更为复杂的理论架构出发,同时秉持相当的包容性,来理解印度的哲学、社会和文化的历史。教派主义乃是社会、文化、经济以及政治因素的综合产物,但宗教教义的肯定性应用,却能够发挥出一种长效机制,用来抑制偏执狂、宗教狂以及不妥协者。"①马索尔的这种辩驳虽不无道理,但毕竟谈的是一种宗教情感,是马克思意义上的"无情世界的情感",从这个角度来说,不止印度教,任何宗教都应具备这方面的特质,否则便不能称其为宗教了。然而这种"人民的虚幻的幸福"②并不能作为实现人的本质的真实途径,只有从人出发回到人,而不是从人出发回到宗教或者从宗教出发回到人的意义上,才会获得人的真正解放。印度教不过是上层种姓精英进行统治的虚幻的表象形式,印度教与种姓体系是相辅相成的两种机制。麦克斯·霍克海默在《犹太人与欧洲》中说:"如果有谁不想论及资本主义的话,那他对于法西斯主义同样应该保持沉默。"③与此类似,雅尔同样倡议道:"那些对种姓问题保持沉默的人,自然也没有资格谈论印度教。"④

雅尔指出,印度教作为一种依照种姓而凝结成的体系,是一种异化的体系,其无法实现为那种人类大团结的社会现象,更别说任何普遍化态势了。从历史学角度来看,印度教作为一种普世性的和永久性的宗教理念起源于 19 世纪的通神论者(theosophists);而从新印度教与西方法西斯主义的关系入手,新印度教的意识形态乃是从 1857 年反不列颠的抵抗中生

---

① Vineeth Mathoor, Trendy Acquisitions, Marxist Readings and Hinduism: A Review of The Seductions of Karl Marx by Jal Murzban, in *Critique*, Vol. 39, No. 3, August 2011, pp. 433 – 434.

② 《马克思恩格斯选集》(第一卷),人民出版社,2012 年,第 2 页。

③ Max Horkheimer, The Jews and Europe, in *Critical, Theory and Society. A Reader*, eds. *Stephen Bronner and Douglas Kellner*, London: Routledge, 1989, p. 78.

④ Murzban Jal, In Defence of Marxism: A Reply to a Neo – Hindu's Reading of The Seductions of Karl Marx, in *Critique*, Vol. 40, No. 1, February 2012, p. 107.

发出来的,但其骨子里却是以反伊斯兰教作为前提基础的。印度教这一术语的当代用法已不同于原始的波斯形式,它是东方主义者按照犹太教与基督教模式而建构出的宗教。并且"按照婆罗门的'文明'模式——我们的新印度教教徒所渴望的——存在三条界线贯穿于其社会层面、道德层面以及宇宙层面的世界,而这三条界线都不可能建构出武装起来的无产阶级。一条是男人与女人之间的垂直界线(女人就像被无视的无产阶级一样掖在地毯下面);一条是种姓之间的水平界线(婆罗门作为神秘幻想中的头脑,无产阶级的首陀罗则作为脚足);以及理想世界与物质世界、灵魂与身体之间的界线。印度教在画好这些界线后所做的,就是否定每一项二元对立中的后者。所以印度教否定女人(被无视的无产阶级)、达利特人(被无视的无产阶级)以及物质世界。我们由此看到了一个精神错乱的实例,因为精神错乱的首要症状就是否定物质世界"①。

在这样的背景下,种姓又是如何表现的呢?"种姓表现为一种遗传性的阶级形态,一种固化的、物化的阶级构型,它是依照宗教基础而裁剪出的分割方式,并有赖于纯洁性与玷污性的理念。"②在这个模型当中,由婆罗门领导的上层种姓就是"纯洁的",而工人大众(首陀罗)就是"不纯洁的"。从种姓的词源学上考察,"caste"源于拉丁文"castus",它表示"纯洁(pure)、分离(segregate)和隔绝(cut off)"的意思,所以如果种姓代表着"隔绝",那么它也一定关联于异化。有趣的是,如果种姓作为一种奴隶体制,那么资本主义的前提条件——自由劳动就是缺失的。从这个角度来说,印度并不存在"真正意义上的"资本主义。既然没有"自由劳动",也就没有自由劳动者,那么无产阶级本身也就不存在,更别说武装起来的工人阶级了。但印度的确是一种资本主义模式,这种资本主义具备的却

---

① Murzban Jal, In Defence of Marxism: A Reply to a Neo - Hindu's Reading of The Seductions of Karl Marx, in *Critique*, Vol. 40, No. 1, February 2012, p. 114.

② Ibid., p. 104.

是不自由的劳动。"印度的资本主义是一种代理资本主义（surrogate capitalism），他的父亲是来自欧洲的资本先生，他的母亲则是婆罗门，一位崇尚种姓的印度教教徒……这种代理形式的资本主义，既是资本主义，又不是资本主义，但却是全球资本积累的必要组成部分。"①

可能对于以往的左派而言，种姓问题还是一个前资本主义的问题，资本主义的到来会自动消解这一问题。就连马克思也持有这一观点："由铁路产生的现代工业，必然会瓦解印度种姓制度所凭借的传统的分工，而种姓制度则是印度进步和强盛道路上的基本障碍。"②但现在我们必须对此加以修正，种姓的确是印度进步的障碍，但却没有随着现代工业在印度的发展而被自动清除："种姓是一个鲜活的实在，它并不会伴随资本主义的增长而消亡。种姓在今天带来的最大威胁，就是以联合家庭（Sangh Parivar）为代表的印度教民族主义法西斯。"③因此，印度教的种姓问题也就成了涉及宗教、阶级、种族、性别、国家权力以及东方主义话语的问题，而印度教作为这一切背后的意识形态本质，也就成了一种多元决定的叙事结构。所以如果"我们试图把印度转变成一个世俗的、民主的以及现代的社会，那么我们就必须首先转变印度教的这种文化（包括不可触碰之人、永恒宗教以及印度教种族）"④。就马克思而言，一切批判的源头在于对宗教的批判；那么对印度左派来说，这种对世界的精神错乱般的否定状态，其作为印度教的根基，也必将成为一切批判的源头。对宗教、精神错乱和资本主义的批判，现在能够达到三管齐下之效。但进一步来看，我们要进行批判的乃是政治神学，或者说服务于法西斯主义的宗教，因为新印度教

---

① Murzban Jal, In Defence of Marxism: A Reply to a Neo - Hindu's Reading of The Seductions of Karl Marx, in *Critique*, Vol. 40, No. 1, February 2012, p. 111.

② 《马克思恩格斯选集》（第一卷），人民出版社，2012 年，第 860 页。

③ Murzban Jal, *The Seductions of Karl Marx*, Delhi: Aakar Books, 2010, p. 68.

④ Murzban Jal, In Defence of Marxism: A Reply to a Neo - Hindu's Reading of The Seductions of Karl Marx, in *Critique*, Vol. 40, No. 1, February 2012, p. 114.

在本质上已经成了政治性的法西斯主义。由此观之,印度的革命必须首先要革印度教的命,而"从激进的世俗主义视角而展开的有针对性的文化批判出发,这一问题在印度就转变成了寻求革命主体地位的核心问题"①。可能新印度教教徒不会理解作为革命者的马克思,那么对他们来说,最好把马克思理解成一位驱魔者。

五、结语

西方媒体和舆论总是把印度说成是"世界上最大的民主国家",时任美国总统奥巴马和印度总理莫迪会面时,也曾说要加强"两个最大的民主国家"之间的合作。但我们看到的事实并非如此,印度教的政治神学统治、种姓的社会分层结构以及代理资本主义的阶级压迫,在雅尔看来都是制约印度发展的巨大屏障。但是从新印度教教徒对《卡尔·马克思的诱惑》的解读中又可以窥探出,"他们总是在一味强调马克思的人本主义以及国际主义如何被转化为欧洲中心主义的意识形态"②,而这仅仅是保守主义所表现出的一个方面而已。基于此,雅尔对这方面的回应以及向我们发起的号召可以总结为:"形而上学的缜密性乃基于资产阶级理性的内核。可一旦受到威胁时,形而上学的缜密性就会转向操纵理性(Manipulative Reason)的暴力。德国古典哲学把知性区别于理性,法兰克福学派更是强调知性不能将自身自动转变为理性,而只能走向反人本主义的技术形式,他们对此冠之以'技术理性'的标签。就资产阶级的两个派别而言——自由主义与保守主义——理性都体现在技术理性方面:理性并不在于求知,而在于计算、控制以及毁灭。操纵理性的首要职能就是对现实

---

① Murzban Jal, In Defence of Marxism: A Reply to a Neo-Hindu's Reading of The Seductions of Karl Marx, in *Critique*, Vol. 40, No. 1, February 2012, p. 104.

② Ibid., p. 95.

全部加以扭曲,但其首要功效却是全力攻击批判理性和解放理性。过去的二十年里,操纵理性在印度借助于新宗教右翼者的胜利,成功占领了学术与政治这两方面的整个领域。对于新印度教在学术与政治上的意识形态统治,及其对自由哲学发起的全面进攻和对马克思主义与世俗主义发起的专门攻击,是该引起我们高度重视的时候了。"①

回到《卡尔·马克思的诱惑》一书,雅尔始终从人的本质出发,以历史唯物主义和辩证唯物主义的视角批判异化、物化和拜物教,他着眼于印度教、种姓体系、教派斗争,以及权利和平等的上层建筑理念,最终还原到"人"本身来透视它们该有的恰当存在方式。雅尔把马克思主义哲学与弗洛伊德的精神分析进行了有效的结合,进而揭露出人的"精神错乱"状态,以及物的勃勃生机和对人自身的反噬。作为一名印度左派主义者,雅尔有着足够的理论功底和激进态度,从他对印度在政治、社会和宗教方面的细致分析,以及对于艺术教育的独特见解,以小见大地为我们呈现出了印度马克思主义的发展,又使我们看到了一名印度马克思主义者的革命观、文化观与历史观,同时也凸显了马克思主义在 21 世纪分析现实问题的有效性。雅尔深谙抽象与具体之间的辩证法,这使他在观察印度现实问题和全球宏观情势时,总能够越过表象,抓住根本,看清新时期被冠以"全球化"之名的资本主义的帝国主义本真面目,以及印度和第三、第四世界国家在这一方面的盲从。雅尔认为,正是阶级斗争过程中的社会物化过程,将自身表达为宗教的形式并转换为教派间的厮杀;全球的工程师们摇身一变而成为现代资本主义的牧师;艺术就是文化教育,革命则是此般审美教育的实现;马克思主义哲学就是异化的谱系学和对异化的辩证批判性扬弃;物化精神的现象学使我们患上了"癔症性失明"。在这样的条件下,我们越是放眼于大千世界,就越是在目空一切;我们越是显得理

---

① Murzban Jal, In Defence of Marxism: A Reply to a Neo – Hindu's Reading of The Seductions of Karl Marx, in *Critique*, Vol. 40, No. 1, February 2012, p. 95.

性,也就越是疯癫;我们越是意识清晰,恰恰显示出自身的无意识。这些都仅仅是对雅尔的个别观点的提炼和总结,不管其是否属于他的原创,抑或是对旧问题的新提法,但至少为读者们在一定程度上反映出了印度马克思主义发展的某一面。基于当前学术环境,每提到"国外马克思主义"时,我们往往想到的是西方马克思主义,或者更精确地划归到西欧上,但《卡尔·马克思的诱惑》不仅为我们打开了别样的视域,提供了崭新的视角,也反映出了马克思主义本身在新时期的借鉴性和指导性。

　　虽然马索尔从保守主义角度对《卡尔·马克思的诱惑》进行了抨击,但在《顺势的兼并,马克思主义读本与印度教:论穆茨班·雅尔的〈卡尔·马克思的诱惑〉》这篇文章的最后,他还是作出了如下评价:"通过在方法论的形式上以及对现实问题和意识形态论证的反复批判性审视当中,这一著作足以被称作讨论印度政治现状以及马克思主义哲学的开创性学术成果,这意味着,它已成功转化为对抗教派主义与帝国主义的理论资源。"①的确,《卡尔·马克思的诱惑》虽然可能还有待时间的进一步检验,但不得不承认它为我们呈现出了新的问题领域和新的分析视角。尽管在翻译过程中,译者发现了其中的少许拼写错误,以及作者在论述上的一些出入,可还是遵照原文进行了翻译和注解,译者认为这并未过多影响全书的可读性。

　　阐述以上内容的目的,是希望读者能够对印度马克思主义学者穆茨班·雅尔这位"新人"有初步的了解。由于时间和精力有限,译者仅从雅尔的诸多文章及作品中针对《卡尔·马克思的诱惑》一书从政治理论视域选择性地进行了归纳和整理,并且其中和《卡尔·马克思的诱惑》有交叉的地方又大都被过滤掉了,因为那些方面读者可以从本书中直接面对作者的观点,译者在此重述未免显得多此一举。但不管怎样,还是希望通

---

① Vineeth Mathoor, Trendy Acquisitions, Marxist Readings and Hinduism: A Review of The Seductions of Karl Marx by Jal Murzban, in *Critique*, Vol. 39, No. 3, August 2011, p. 442.

过以上对雅尔本人的介绍及其政治思想的梳理,能够积淀出相应的知识背景,从而更易于对作者的态度和观点以及全书内容的理解。当然,由于译者能力水平问题,这篇介绍肯定还有不足之处,而《卡尔·马克思的诱惑》全书的中文翻译也肯定存在供大家提出异议的地方,在此极力欢迎批评指正,这将是我成长进步的良药。

最后,要特别感谢我的导师周凡教授,从他的身上我学到了有效的学术方法和该有的治学态度,同时也要感谢他对我的支持、关怀和信赖,才使得此书的翻译能够顺利进行;还要感谢单位领导的栽培以及身边亲爱的家人们,这是我们共同努力的成果。

齐 闯

2018 年 1 月写于北京师范大学

# 目　录

# 前　言

　　推动辩证法进入整个世界资产阶级头脑中的全球经济危机见之于多种形式。尽管"它的舞台的广阔和它的作用的强烈",如马克思曾经论证过的那样,"甚至会把辩证法灌注进新的神圣普鲁士德意志帝国的暴发户们的头脑里去",但是资产阶级已然变得半聋半神了,他们一半转入资本主义管理的旧式宗教中,另一半则信奉政治神学的新式宗教。管理者与神学家们对于危机分别存有各自的看法,管理者们相信社会工程(social engineering)能使资本主义重新恢复元气;神学家们则认为上帝会再一次动怒。可有一件事是确定无疑的,即管理者与神学家们将携手并进——从华盛顿到伊斯兰堡、喀布尔以及新德里。然而这两群人却都忽略了无产阶级的存在,要知道,无产阶级对于管理经济学和神学都了无兴趣。

　　20世纪见证了第一波社会主义浪潮,它以布尔什维克革命为开端,却以反革命而终结。就像管理者与神学家们给21世纪的危机披上了自己的礼服一样所有被冠之以马克思名义的修正主义形态也是被盛装打扮了的,但在1991年,我们看到公然脱去了身上的面纱与盛装。人们开始转向弗朗西斯·福山,以及康多莉扎·赖斯和乔治·布什,当然也不能忘记奥萨马·本·拉登和L. K.阿德瓦尼。管理者与神学家们登上了世界历史舞台的中心,而我们却被告知马克思主义不复存在了。但是紧接着全球资本主义危机就被搬上了这个小小的历史舞台,由这场危机而引发的暴风骤雨无疑把我们的目光一同引向了马克思。社会主义的第二波浪潮已然翻滚起来,它的舞台依旧广阔,且作用仍然强烈。最终所要书写的并不是马克思的墓志铭,而是要将墓志铭送给资本主义,并且这一次必将就此了结。

很难面面俱到罗列出所有促成本书完成之人,除了首先想到的无名的无产阶级之外,还有许多其他人的帮助。我先是要感谢 D. P. 恰托巴底亚耶(D. P. Chattopadhyaya)和布温·钱德尔(Bhuvan Chandel),还要尤其感谢杰伊·阿兰(Javeed Alam)能够帮助鉴读完整手稿。在此还要感谢 A. V. 阿方索(A. V. Afonso)、什沃·辛格·多斯特(Ishwar Singh Dost)、莫辛德·库马尔(Mohinder Kumar)、阿斯加尔·阿里·安吉尼尔(Asghar Ali Engineer)、丹尼尔·拉夫(Daniel Raveh)、乌迪·乔翰(Uday Chouhan)、阿尔文·戈肖(Arvind Ghosh)、普拉塔什·钱德拉(Pratyush Chandra)以及苏瑞德·乔德卡(Surinder Jodhka)。我也不会忘记我的两位哥哥霍什(Hoshi)和霍米亚(Homiyar),以及兄嫂南迪尼(Nandini)和萨迪布玛·哈拉(Satyabhama Kharat)与她的三个孩子,特别是爱玛(Amar)。最后,我还要感谢出版商阿卡尔·萨克纳图书公司(K. K. Saxena of Aakar Books)和使此书得以出版的里图·辛格(Ritu Singh)编辑。

# 导　论

　　柏修斯需要一顶隐身帽来追捕妖怪。我们却用隐身帽紧紧遮住眼睛和耳朵,以便有可能否认妖怪的存在。

——马克思,《资本论》(第一卷)

　　哲学曾被表述为是对智慧(wisdom)的诚挚追求。作为神赐的智慧(Sophia),哲学就像舞动的托钵僧那样进行着舞蹈。然而哲学不禁停止了自己的舞步,而变成一种自我安慰和阉割焦虑。① 由此,其化作一种极度缺失(a great loss)的符号——《圣经》里的"堕落",在那里,人被弃置在废墟之中。但是随后哲学便从这样的创伤里平复过来,它不再是一种缺失,反而表现为一种剩余,即娱乐的剩余和在空无当中的过度放空,进而重新返回自我安慰、缺失和人的异化状态。

　　本书致力于探讨有关哲学的三方面主题——智慧、缺失以及剩余和缺失,同时它还是对那些黑暗洞穴进行激进思考的研究,这些洞穴代表着

---

　　① Karl Marx and Friedrich Engels, *The German Ideology*, Moscow: Progress Publishers, 1976, pp. 243 - 244:"哲学和对现实世界的研究,这两者的关系就像手淫和性爱的关系一样。"马克思继续说道,唯心主义哲学家"并不会成为生活世界中的人",而只能成为"没有思想的、破产的哲学家"。

帝国主义、征服世界和全球的本土化。因此,哲学就成为一种诱惑,而对于哲学就是爱智慧的原初理解也回到了被解放的托钵僧那里——鼓舞大众的诱惑者。在这里我们便有了对哲学的第四种理解方式——智慧作为舞动着的托钵僧的复归。

所以西奥多·阿多诺曾经指出:"在晚期资本主义中,退回到一厢情愿(magical thinking)那里是易于被接受的。"①右翼政治正是这种"一厢情愿"最恰当的表征,在这其中,不仅没能映射出真实的历史,反而表现为历史的反面:神话。神话在资本主义时代晚期(再次回到了阿多诺的语境) 10 是一种"历史的妖魔化"(bewitchment of history)②,马克思的历史唯物主义概念体系即是对这一被妖魔化了的历史的研究。如今,这种妖魔化之物仍占据着马克思理解资本主义生产方式的核心地位。现代性作为资本主义的现代性,正与诸多幽灵共生共存。马克思在《资本论》中表明,构成商品生产根基的并非是一味强调的科学与技术,实际上恰恰是其反面:神话、神学、神秘主义、魔法以及妖术。③ 商品生产即暗示着召唤死者亡灵的妖术。从浮士德角度来看,我们便会游戏于这些妖术力量周围;而像哈姆雷特那样,我们将始终被死者的亡灵所纠缠。资本的流通乃是这种死亡法则所导致的神经症的不断再生,其中并不存在理性,却满是疯癫。马克思论证道:"不仅活人使我们受苦,而且死人也使我们受苦。**死人抓住活人**(*Le mort saist le vif*)!"④我们已被死人所把控!

让我们与马克思一同潜入那些深井(deep pits)当中,在那里死人将被掩埋,从而能够有效把握我们现当代的生活世界。马克思发现了一片

① Theodor Adorno, Thesis against Occultism, in *Telos*, No.19(1974).

② Theodor Adorno, The Idea of Natural History, in *Telos*, No.60(1984).

③ Karl Marx, *Capital*, Vol.Ⅰ, trans. Samuel Moore and Edward Aveling, Moscow: Progress Publishers, 1984, pp.76 – 77,80.[《马克思恩格斯选集》(第二卷),人民出版社,2012 年,第 126 页。]

④ Ibid., p.20.(同上,第 83 页)

知识的大陆(借用路易斯·阿尔都塞的明确表述①)——历史,他还发现了反妖术的艺术——怎样能够进入人类文明的深层内部来把握住我们自身。"认识你自己!"这句伟大的德尔菲神庙箴言,引领马克思探索到了人类理性的深层世界,我们也可称其为"黑暗的深井"或者"**异化**(*En-tfremdung*)的黑洞"。实际上,生产力越是在资本主义条件下发展,我们潜入这一黑洞当中便越是深邃。帝国主义,不论在自由主义还是在法西斯主义的装束下,都是朝向这一黑暗深井内部的运动,而这一深井的新晋名称就是"全球化"。我们必须有意识地从资本流通这种形而上学中抽离出来,进而使真正的人类理性得以彰显。

本书所刻画出的马克思有别于其以往的诸多形象。笔者主要参照了乔治·卢卡奇的物化意识,并将其链接到弗洛伊德的精神错乱观念上。在这里精神错乱是特指,宽泛地说也就是一般的精神疾病,从而进入马克思的异化精神的理念当中。尽管直至 20 世纪 20 年代晚期,异化精神才伴随马克思的《1844 年经济学哲学手稿》为人们所熟识,但人的异化却不仅仅是现代资本主义的根本性问题,它更反映出了整个阶级社会历史的根本性问题——这一问题被卢卡奇把握为《历史与阶级意识》,后来则被法兰克福学派继续引申——异化与阶级斗争间的关系在哲学与经验层面都必须得到进一步研究。我们其次还应该把人的异化联系到马克思的其他两个理念当中:物化(reification)和拜物教(fetishism),并尤其要联系到《资本论》的知名章节:"拜物教的性质及其秘密"。虽然这一思路之前闻名于由卢卡奇和法兰克福学派所代表的"西方马克思主义",他们将这三个范畴纳入对晚期资本主义中人的精神扭曲的分析内部,然而这三个范畴间的逻辑顺序(logical order)还远未被精确考察过。最后,本书将从哲

① Louis Althusser, *Lenin and Philosophy and Other Essays*, trans. Ben Brewtster, London: Monthly Review Press, 1971, pp. 15, 38, 39, 42, 99; *Montesquieu, Rousseau, Marx. Politics and History*, trans Ben Brewster, London: Verso, 1982, pp, 166 – 167, 186; *The Humanist Controversy and Other Writings*, trans G. M. Goshgarian, London: Verso, 2003, p. 173.

学角度探讨异化（alienation）、物化以及拜物教间的相互机制，并将其与21世纪的社会生活与政治生活世界关联起来。

本书始于具体（社会学与政治学）进而通往抽象（哲学），因此它也将从具体问题着手——有关国家的问题，以及被称为"晚期帝国主义危机"阶段中的宗教右翼霸权的问题。随后会就资产阶级国家的集权主义作出以人本主义和底层民众视角的回应，因为正是这一集权主义成就了政治神学的那些幽灵。笔者进而把这一理念移植到印度那里，通过将教派法西斯主义者（communal-fascists）的意识形态与卢卡奇的物化意识概念进行连接，来分析宗教右翼的出现。对教派法西斯主义的自由主义式回应，强调把宗教从国家当中分离出来，并以自由主义国家的高效控制力来对抗宗教右翼势力。与此相反，本书意在阐述另一种革命性的民主形式，其通过将宗教右翼所信奉的宗教与底层民众的大众文化加以区分，从而将人民动员到对国家本身的扬弃之中。

在讨论完宗教右翼的异化精神问题之后，本书将进一步探索印度对马克思的意义所在。笔者强调了几乎已被马克思遗忘的亚细亚生产方式理念，并将其联系到全球资本主义以及这样两个相辅相成的问题之上，即印度社会的种姓体系（caste system）与马克思阶级斗争的根本理念。就印度而言，马克思为其留下了一个可供讨论的空间。在这一空间内，种姓体系不仅对科学的分析具有根本意义，而且还是民主斗争的核心议题。从种姓与现代阶级的辩证关联出发，本书解释了全球化问题，同时说明了马克思主义如何能够在哲学与政治学意义上帮助完成这样的解释。笔者把对全球资本主义的理解根植于马克思的物化理论，这里的物化被界定为这样一种过程，其中人被祛人化，而无生命的客体却被赋予了生命。如今众所周知的是，物化理论在马克思和弗洛伊德那里都占据核心地位，这是因为，对马克思主义和精神分析来说，正是被赋予生命的无生命客体在糟践着人。晚期帝国主义阶段出现的扭曲意识便是与这一物化本身的对照。当下,在这样的情境中——人被致以非生命状态,反而资本被赋予了魔法般的生命——资本幻化为一头魔兽。全球化就这样不仅被描绘为是一个由科学与技术统领的繁荣世界,还是一个魔兽世界——资本先生及其周围那些为虎作伥的魔鬼:宗教右翼、战争经济以及集权主义国家,它们正在劫祸整个世界。

为了抵制这些幽灵的劫祸,马克思通过动员批判哲学、文学以及科学来对抗它们。当我们深刻认识到,宗教右翼和资本积累不过是人本身所创造出的魔兽,并且存在一种哲学上的启迪方式能够降服它们时,这方面的努力也就成了马克思哲学的主要议题,特别是它所具有的扬弃与实现的双重向度。可是哲学的这种双重向度在纯粹哲学领域都还未实现,更别说要在社会学和政治学领域应用了。所以马克思的异化精神理念再次出现,但这一次却必须基于哲学视角——其特别指向这样一个问题:"在具体层面可以专指黑格尔,在普遍层面则是哲学本身,它们对马克思究竟具有何种意味?"一旦解决这一问题并且概括出异化精神的病理学,那么别类的改革模式与革命意识才成为可能,因为无论如何,只有在这样的改革与思想革命完成后,共产主义才会提上日程。

从政治学与哲学角度审视社会学问题时,笔者始终坚持使用马克思德语原文中的相关术语——**异化**(*Entfremdung*)、**扬弃**(*Aufhebung*)及**实现**(*Verwirklichung*)等——以此保持其原初的哲学意味,从而避免受到盎格鲁-撒克逊语言中固有含义的影响,不致使之与英语的翻译发生混淆。从马克思早期对黑格尔的研究直到后来对异化和资本主义生产方式的批判,本书将涉及他的整个哲学论域。除了对马克思理论原始结构的整体解读外,我们还能从中窥探到马克思主义的历史,在此背景下亦可听见恩格斯、葛兰西、卢卡奇、阿尔都塞以及法兰克福学派和斯拉沃热·齐泽克的声音。

本书主要包含七章。第一章"物化与教派法西斯主义"讨论了经济与文化全球化时期出现的印度右翼政治问题。对于世俗主义（secular-ism）作为宗教与国家的分立，笔者在传统定义和自由主义之间对其进行了区分，而马克思则把革命世俗主义理解为对宗教与国家的**双重扬弃**（*Aufhebung*）（废除－保留－替代），它本身应当成为扬弃阶级统治、私有财产和人的异化的前提。这一章的主要观点在于，马克思主义对意识形态国家机器的批判，并不是把目光集中于由宗教右翼建构出的幻象上，亦非驻足于被所谓文明的冲突妖魔化的方面，即"印度教""伊斯兰教"以及"基督教"等之间的冲突。相反，马克思主义会将注意力转向如下两个方面，那就是晚期帝国主义阶段的资本积累，以及由此产生的物化。"物化"一词按其字面意思可被理解为"**物象化**"（*Verdinglichung*，*Versachlichung*），在这里人患上了某种"恋物癖"（fetish-thing），但也正是由于人被逆转为这种"恋物癖"，从而使人显得极其恐怖。被妖魔化的历史涵盖着以下两者之间的游戏：一方是生机勃勃的无生命的对象世界（商品、货币、资本以及国家），另一方则是祛人化了的人。在这一游戏过程中，即在患上一种"恋物癖"的恐怖中，造就了一个崭新的并且充满神话幻想的二重化世界。新保守主义不论以美国的宗教右翼形式、印度的印度教民族主义形式、全球性瓦哈比教派形式，还是以伊朗的什叶派形式出现，都不过是这种"恋物癖"所衍生出的诸多虚幻政治模式的践行者而已。在这个意义上，为宗教与国家的分立而开具的自由主义药方不是别的，仅仅是把那两种幻想分离开罢了。

　　第二章"印度向何处去？"讨论了一个相当棘手的议题，即在马克思原创性地确立出亚细亚生产方式的语境下，审视阶级与印度种姓体系的问题。这个已被遗忘了的问题曾将马克思贬斥为一名欧洲中心主义的思想家。但事实绝非如此。当下可以看出，谴责马克思是黑格尔欧洲论的忠实拥护者，其不仅是爱德华·萨义德（Edward Said）提出的谬论，甚至像伊凡·哈比（Irfan Habib）这样的印度"马克思主义者"也深陷这一错误思想路径中。① 本章引用了首先由 19 世纪伟大的改革家乔泰奥·菲勒（Jyotirao Phule）提出的从底层民众出发解读"印度"历史的视角，这一实践观随后由巴萨布·安贝德卡尔（Babasaheb Ambedkar）继续传承并逐步完善。这一章还详述了印度统治精英们建构出的统治性神话，以及底层民众对那一神话的颠覆。它进而表明，马克思主义本就应被镶嵌在激进的底层民众政治当中，而不是必须要等待那一弥赛亚式的"阶级"（塞缪尔·贝克特的"阶级"从未出现过）来填充世界历史图景。即使在如今被称为"全球化"的帝国主义时代晚期，亚细亚生产方式也仍然存在，只不过从政治经济学角度来看，其已被纳入全球资本积累的中心与外围辩证关系内部的某个环节罢了。如马克思所言："资本不是物，而是一定的、社会的、属于一定历史社会形态的生产关系，后者体现在一个物上，并赋予这个物以独特的社会性质。"②因此我们也可以说，阶级与种姓亦非"物"，却是显示为事物的社会过程。

第三章"魔法师及其学徒：全球化与文化"讨论了作为一个有机生命体——类似于弗兰肯斯坦那样的有机生命体的资本主义形象，它被人类所创造，现在却在野兽般的怒吼中妄图反噬它的缔造者。这样的怒吼新近被冠以"全球化"之名，每个人都渴望融入全球化中——不论美国及欧洲的资产阶级还是整个亚洲，甚至包括苏联。但问题在于，为什么所有人都期待成为这一领域中的一部分呢？为什么人们会苟同于妄图反噬其自身的那些野兽呢？为了对此作出解答，首先需要理解的是意识形态的上层建筑结构。文化不仅是物质意义上的实践，它还是一部欲望机器，异化精神所渴望着的正是这种反噬性的拜物教。

15

---

① Irfan Habib in Introduction：Marx's Perception of India, in *Karl Marx on India*, ed. Iqbal Husain, New Delhi：Tulika Books, 2006, p. XXI表明，"马克思重复道，他给出了相同的描述，而这全都是基于他对黑格尔权威论断的引用……"

② Karl Marx, *Capital*, Vol. Ⅲ, Moscow：Progress Publishers, 1986, p. 814.［《马克思恩格斯选集》（第二卷），人民出版社，2012 年，第 644 页。］

第四章"解放的回归——论马克思的问题:哲学的**扬弃**与**实现**如何可能?"探讨了马克思哲学的认识论机制,其涉及这样的问题:哲学的解放如何得以可能。因为在马克思提出这一问题时(1843—1844 年),他就已经秉持这样的观点,那就是哲学作为哲学本身(即整个哲学史)不过是把自己伪装成了真实且客观的异化精神而已。但马克思却从未讨论过"后哲学"(post-philosophy)或者更令人振奋的实证主义"科学"方法。相反马克思指出,哲学不应该成为那种令人败兴的俄南主义(onanism)——从虚伪信仰体系那里模仿出的错误行径,一种压抑了利比多经济学快感的手淫方式——以及引发死亡本身的行为。① 本章把《圣经》里的内容与柏拉图的诸多主张合并成一个主题,并将其夯实为西方理性的基础结构。这种同样饱含着对照模仿与错误行径的基础结构,可被联系到弗洛伊德的"**恐惑**"(*das Unheimlich*)概念上,在那里恐惑被认为是引起恐惧和死亡本身的双重感觉的根源,而作为恐惧与死亡的同时,恐惑还将自身幻化为一个幽灵。哲学无非也是一个追随着观念论鬼魂的幽灵,**扬弃**(*Aufhebung*)与**实现**(*Verwirklichung*)所做的正是要捕捉到这些幽灵。

第五章"乔治·卢卡奇与浪漫美学问题"阐述了浪漫主义对美学的痴迷。浪漫主义较其他任何"科学的"知识更倾向于认为,正是美学关切到了"真"(true)与"善"(good),但是浪漫派却不追求美学中的"美"(beautiful)。在他们看来,美学中的"丑"(ugly)才构成了其理论旨趣。卢卡奇站在美与丑的十字路口面前,但同时他也站在革命与反革命的十字路口面前。到 1917 年,卢卡奇已经完成了对尼采、神秘派以及马克斯·韦伯的超越,《历史与阶级意识》——左翼马克思主义的理论著作——

16

---

① 在《创世纪》的描述中,俄南(Onan)是犹大的儿子,他被犹太神告知须前往亡兄的妻子那里,并且"要对她履行做小叔的职责,同时还要抚养其兄长的子嗣"。俄南去到他兄嫂那却将精子射到了地上,这引起了神的震怒并杀死了俄南。参见 Genesis,38,7,in *The Holy Bible*,New York:WM. Collins,1953,p. 34. 俄南主义就是手淫加上死亡,哲学对马克思而言不仅是一种俄南主义,还是一种早泄行为,它代表着无知和死亡。

就是这一激进断裂的成果。但是当这一著作受到苏联共产党抨击时,卢卡奇只好放弃了他以前的道路。从此,有关"在物化的时代背景下革命如何可能"的问题,便完全被他抛到了脑后——法兰克福学派随之挑起了这份担子。卢卡奇变成了哈姆雷特,他是被国际主义革命扼杀的王子。但莎士比亚笔下的哈姆雷特至少看到了其被谋害的父亲的鬼魂,也至少听到了这样的话:"毒蛇谋害了你的父亲,现在却戴着他的王冠。"马克思作为诱惑者和驱魔者,所做的也正是要把这样的恶灵从人的生活世界中驱逐出去。

但是历史(与福山那里狂热的美国主义相反)并未终结。如果帝国主义者认为胜利属于自由资本主义,并且整个世界都会欣然接受美国式的规划(American project),那么随之出现的将不仅是对这一阐述加盖的错误印章,同时还将伴有血泪与疯狂。第六章探讨的是正义与平等的理念——在某种程度上它们也是世界革命史的一部分——以及这些理念在现当代的背景下完成的自由主义物化。幻象(Phantasmagoria)意味着这种"魔法般的"转变方式——将人性转换为"物性"(thinghood)。精神错乱作为资本主义晚期恐怖的精神疾病,就是幻想着从这种物性当中逃避,但是其并没有逃回到在本质上属人的现实生活世界那里,而仅仅是逃回到了一种妄想中。"精神错乱与幻象:从马克思的怀疑中审视正义与平等"这一章,就是对堕入幻象与精神错乱世界的过程的研究。当下,自由主义和法西主义都掌控着堕入精神错乱行列的骇人技艺。本章所要表明的是,资产阶级的平等理念较封建主义将人诉诸于本质上的不平等是一种十足的进步,然而这一资产阶级理念实际上也不过是一种物化的等同,它所掩饰的恰恰是社会中在经济方面根本的不平等。相反,马克思坚持强调,我们不应该只看到资产阶级法权体系上层建筑的景观,而是应当超越阶级世界的异化边界的束缚,从而望见他所称之为"*das menschlichen Wesen*"即人的本质的世界,这种**本质**(Wesen)与"物性"和妄想性的存在有着根本的区别。因而马克思并没有把我们带入阶级文明的深层领域，也就是说，把我们带入亚里士多德（奴隶制生产方式的观念论者以及西方理性之父）的世界当中，而是直接把我们带到了《创世纪》那里，其中一元的上帝可以被看作奴隶主、封建领主以及掠夺性的资产阶级的化身。

最后一章继续顺着之前的思想路径，并一直延伸到了理性的深层领域。在"人的仪式：主体的死与生"这一章中，笔者基于历史唯物主义研究了阶级历史的本体根源，其中商品被理解为那一根源的最为基础的形式，实际上也就是其"经济细胞形态"①本身。与异化原理绑定在一起的商品，正是观念进行反复转变的基石。因此，当所谓的"文明"世界在夸夸其谈人的权利（human rights）时，他们实际上意欲的恰恰是其反面——人的仪式（human rites）。阶级理性的深层内容再次显露出来，然而这里并不是苏格拉底、柏拉图以及亚里士多德的三头统领，而是亚当、夏娃以及摩西的三位一体，后者才真正构筑了西方理性的基础。被称作人的权利的东西不过是寓于资产阶级理性中的人的仪式，即把人屠戮之后献祭给诸神（货币、资本以及国家）。圣父、圣子和圣灵的三位一体在马克思那里即是资本、土地和劳动，②但如今它们已经成为货币、资本和国家的三位一体。我们必须赶走这些鬼魂，以此方能救赎真正的人，所以革命者马克思同时也就成了一名驱魔者。

18　　由于这些挥之不去的拜物教的困扰，主体终将在阶级社会的思考框架内陷入混乱，因此，马克思——作为人本主义者、驱魔者以及诱惑者——**实际上**（*de facto*）成为一种必然。就这样，被马克思反复呼唤的共产主义的必然性，或许可被重新定义为被诱惑的必然性。

---

① Karl Marx, *Capital*, Vol. I, trans. Samuel Moore and Edward Aveling, Moscow：Progress Publishers, 1984, p. 19.

② Karl Marx, *Capital*, Vol. III, Moscow：Progress Publishers, 1986, p. 814.

# 第一章

## 物化与教派法西斯主义

人具有价值的原因在于人之为人，而不在于人之为犹太人、天主教徒、新教徒或者意大利人，等等。

——黑格尔《法哲学原理》

但是几乎我们所有的领导人都始终在现存的狭隘政治框架内思考，当然也就是在相对应的社会结构内思考。他们把碰到的每一个问题——教派方面或者体制方面的——都局限在这样的背景下，因而他们也就不可避免地被英国政府玩弄于股掌之中，因为英国政府完全把控着那一架构。由于他们的世界观是改良主义而非革命主义的，所以他们总是对其他种可能性望而却步，尽管其偶尔敢于尝试直接的行动。但任何政治、经济以及教派问题都能通过改良方式而获得完满解决的时代已经一去不复返了，时势正在呼唤革命性的观念与规划以及革命性的解决方法，然而，那些领导人中却没有一个能够提供出来。

——贾瓦哈拉尔·尼赫鲁《我的自传》

作为极端右翼组织的国民志愿会（Rashtriya Swayamsevak Sangh，简称

RSS)形成于 20 世纪 20 年代的殖民地印度,其与它的政治羽翼印度人民党(Bharatiya Janta Party,简称 BJP)所取得的霸权,哪怕没有预示出印度政府视全球化为官方的经济邦交政策,至少还是亲手把全球化带到了印度。教派主义(communalism)在西欧那里代表社群主义(communitarian-ism)或者前现代的**公社**(*Gemeinschaft*),这种社会形态被视作与现代工业社会(Gesellschaft)相对立。印度与亚洲的教派主义可以称作"异化的社群主义",或者称作带有原始认同与宗教冲突的世界观。无论隶属于哪种宗教,所有教派主义者都拥有各自独树一帜的具体意识形态。这种教派主义意识形态的特征如下:①宗教至上,②宗教共同体被界定为同质性共同体,③这些宗教共同体都要抽出固定的时间来读经品道(印度教读《梨俱吠陀》,基督教读《圣经》,穆斯林读《古兰经》),④从人种学和政治内婚制角度视他者为敌对与怀疑的对象,⑤共同体的神话作为"种族"的认同标识,⑥诉诸暴力,⑦通过宗教战争实现各自教义中的神话。教派主义者有两大天敌:自由主义和马克思主义。在当今印度,教派主义将自己化身为教派法西斯主义,它完全可被界定为晚期帝国主义危机中的文化与政治逻辑,并且尤其表现在印度教教徒、伊斯兰教教徒与锡克教教徒间的"种族"冲突上。而对于由不同宗教、语言以及文化认同构成的多元化与多文化的印度来说,教派主义还是对世俗民主和统一的印度邦联国家的直接威胁。除了以种族宗教共同体的神话为基础,教派主义还根植于集权性和暴虐性人格的精神病理学(psychopathology)之中。

国民志愿会(借用了纳粹主义的意识形态)在印度是霸权教派主义(有时也称作"多数派教派主义")的典型代表,因而教派主义实际上也就通过众多教派政党表现出来,如伊斯兰大会党(Jamaat-e-Islam)与伊斯兰传道会(Tabligi-Jamaat),即是对穆斯林逊尼派(Sunni Muslim)教众进行教派主义动员的主要行动先锋。

本章的目的在于审查教派主义的相关机制,同时验证是否宗教政治可以从严格的病理学角度获得说明。其相关设问包括：为什么在过去十余年当中,民众会选择支持国民志愿会这样的教派政治团体? 教派右翼 21 是如何利用其霸权控制民众意识的? 如何能够打破右翼宗教政党操控的右翼意识形态机器的霸权? 从这个角度出发,如何使得大众抵抗教派主义成为可能?

法西斯主义不会思考,法西斯主义也不能哲学化,但是法西斯主义却有一位名为马丁·海德格尔的哲学家。法西斯主义的核心架构是什么? 根据共产国际领导层第十三次全体扩大会议有关"法西斯主义、战争危机以及共产党的使命任务"的阐述,法西斯主义被界定为"开放式的恐怖独裁,这种独裁表现为金融资本中最反动、最沙文主义也最帝国主义式的机理"①。

但或许有人会问,金融资本的独裁如何能够获得民心呢? 法西斯主义又如何能够成为群众运动呢? 从海德格尔的《形而上学导论》(*Introduction to Metaphysics*)看来,法西斯主义具备"一种内在性的真实与雄壮(greatness)",这一所谓的"雄壮"将会是"生命在其整个形式中的精神性再生",亦如他在写给曾经的学生赫伯特·马尔库塞(Herbert Marcuse)的信里所表述的,它还将是"对西方的**此在**(*Dasein*)摆脱共产主义恐怖的援救"②。法西斯主义不仅将世界从共产主义那里解救出来,其还被盛赞为拯救文明于群氓社会以及技术社会的冷酷无情之中。

对于海德格尔来说,法西斯主义达到了"**存在之命运**"(*Geschlichk des Seins*)的顶点。自由与主体性畅行于黑格尔的绝对理念(Absolute Idea)当中,但**存在**(*Sein*)却无法在其内部实现,它只能通过法西斯主义的政治口号"鲜血和土地"获得实现。法西斯主义总在寻求这样一种原始性

① Fascism, ed. *Roger Griffin*, Oxford: Oxford University Press, 1995, pp. 262 - 263.

② Martin Heidegger, Letter to Herbert Marcuse, January 20, 1948, in Herbert Marcuse, *Technology, War and Fascism*, ed. Douglas Kellner, London: Routledge, 1998, p. 265.

（primordiality），在那里形而上学式的存在能够与"鲜血和土地"交织在一起。这种原始性的存在是教派法西斯主义的形而上学基础，而被界定为"种族精神"（Race Spirit）的民族更是这一原始性的表征。民族法西斯主义者的意念据说深深根植于这些古老的想象中，"印度教民族国家""伊斯兰教共同体国家"，等等，它们的构成要素同样深深根植于这样古老的存在。若要理解印度的教派主义，我们就必须理解有关这种古老之物（the archaic）的政治，因为教派主义高度依赖这种元过去（Ur-past）的遗迹所焕发出的形而上学热望。反对世俗和反对现代政治的教派主义者们

22 必须被放置到这样的史前框架内加以探讨。当我们将教派主义界定为帝国主义晚期的文化与政治逻辑时，那么也就表明了晚期帝国主义和教派主义能够一同被视作一种政治经济学，其体现出的乃是全球资本积累以及由此导致的欠发达状态。内容丰富的政治经济学、资本积累导致的欠发达状态以及对**异化**（*Entfremdung*）与**物化**（*Verdinglichung*）的哲学批判，它们共同铸造了把握那些原始认同的钥匙。

关于教派主义的支持与抗争机制，本章将为这一方面的研究打下坚实基础。第一，基于马克思的物化批判来解读教派主义，进而把马克思关于人的本质（*das menschliche Wesen*）与阶级斗争的概念与教派问题联系到一起。随之，在这一理论视域内会提出这样的观点，即有必要创建一种激进的社会心理学，使其作为人民群众的革命意志。第二，研究了在全球化时代背景下，霸权教派主义如何成为垄断资本积累中的文化与政治逻辑。第三，探讨了对教派主义的世俗性抗争。

我们首先要做的并不是进入教派主义的那些灾难性洞窟当中，而是要提出世俗主义的问题。什么是世俗主义？在 21 世纪与其相关联之物又是什么？这一时期的世界观会怎样表现，即大力宣扬"俗世"（worldliness）的降临与在世之在（being-in-the-world）的哲学的意识形态究竟意欲何为？世俗主义话语中的这种"俗世"象征着什么？如果以上所宣扬的

内容呈现的是一种祛仪式化与祛神学化的世界,也就是说世界现在被看作理性的过程,那么在其中理性超越了信仰吗?将宗教从国家中分离出来具有什么意义?它可以被归结到世界历史的进程当中,还是仅仅作为欧洲改革与启蒙的产物呢?它也能够从更广阔的视域出发联系到宗教从市民社会当中的分离吗?进而我们又如何能够设想出一个自主的市民社会,其不会受到政治国家和宗教的镣铐所监困?

或者说此般世俗主义政治概念仅仅是世俗主义所呈现的诸多形式中的一类?难道还有多种世俗主义形式?世俗主义作为一种多元决定(overdeterminate)的术语,因而也是被相当复杂地建构起来并且能够涵指出一些更为新颖的意义吗?世俗问题是否真的具有历史性?这些不同种类的世俗主义究竟与历史生产方式相关联,还是仅仅在反对封建主义和殖民主义当中表现出的特殊性?最后,在垄断资本主义全球化时代以及反对国民志愿会法西斯主义的背景下,有必要重新审视这一概念吗?

笔者的观点在于,我们万不可不加批判地对待当今仅仅把宗教从国家中分离出来的主流政治议题,并以此得出解决种族斗争与宗教斗争的答案,以及说明全球新保守主义右翼政党的上位夺权。对于这一问题的解答需要进入更深层次的结构体系内部。在《论犹太人问题》中,马克思就已经批判了这种理解宗教冲突的肤浅解读。他在政治解放与人的解放之间加以明确区分,而自由世俗主义也因前者才显示出多样性,并与其保持高度一致,但却不是由于后者。另一方面,右翼政治势力的增强对应着资本主义社会**物化**(*Verdinglichung* 或者 *Versachlichung*)程度的增长。从字面意义来看,物化表明的是"物象化"(thingification),它从更深层面也可被看作一种物的人性化(personification)(或者说无生命客体显示出的勃勃生机)以及人的祛人性化(de-personification)。帝国主义与教派法西斯主义都是对这种祛人性化了的人的完美表征。

本章刻意规避了一般层面上对于自由世俗主义的研究,实际上,笔者所要追问的正是如何使这一世俗主义理念彻底化,以及如何能够超越世俗主义框架下的诸多自由主义变体。这一重要的跨越随即引出了三个主题:①对日常生活作以精神病理学的分析,②将剩余压抑(surplus-repression)作为晚期资本主义的组织形式,③马克思的政治经济学批判,由于其关系劳动和欲望,所以也就包含了对物化压抑(reification-repression)的批判,以此来批判教派问题本身。在这样的理论视域内,笔者会就传统世俗主义与激进世俗主义作出区分。正是基于以上的问题,我们的目光亦须随之转向。

## 24 一、世俗主义与马克思主义的问题

在印度有许多灵魂人物充满着世俗主义情怀。世俗主义被看作不可或缺的[贾维德·阿拉姆(Javeed Alam)],它根植于争取权利的过程中[阿加斯·阿哈迈德(Aijaz Ahmad)],富于理性而又非常必要[阿钦·维耐克(Achin Vanaik)],并以信念为支撑[阿斯加尔·阿里·安吉尼尔(Asghar Ali Engineer)]。但是也存在与此对立的观点。该观点认为世俗主义纯粹是欧洲的以及基督教的现象,它并不适用于印度[阿什斯·南迪(Ashish Nandy)、T. N. 马丹(T. N. Madan)和帕尔塔·查特吉(Partha Chatterjee)],加之世俗主义只是一个空洞的术语[雅各布·德·鲁维尔(Jakob De Roover)]。从政治角度来说,正是左派政党始终坚守着世俗主义阵营:反世俗主义就意味着与帝国主义和地方反动势力的联姻。

但是对于这种世俗主义需要捍卫的是什么呢?在词源学的意义上,"世俗"意味着"对应于一个时代或者某一批人的""以通俗或文明的方式公然反对神职人员""附庸当下的世界"以及"渎神的行为"等。世俗主义的根本信条在于信仰自由、相互宽容、世界大同、消除歧视和国家中立,宗教从国家体制中分离,存在非神权国家并且宗教私人化,信仰不会凌驾于

法律之上,宗教非政治化并且崇尚多元文化主义等。

阿钦·维耐克表明存在三种世俗主义观念:①宗教体制、宗教信仰以及宗教实践的衰退;②宗教的相对分离和疏远;③理性思维与理性行动的增强。[①] 阿加斯·阿哈迈德将教派主义与法西斯的攻击性联系在一起:"共产主义者一定要帮助自由中心重新构筑起尼赫鲁式的社会民主以及独立国家发展的相关方面,因为它们都是当今法西斯主义者的攻击目标。"[②]毕班·钱德拉(Bipan Chandra)认为,世俗主义显示出:①宗教从政治、经济、社会以及文化生活的各个方面中抽离出去,在那里宗教仅仅作为个人事务;②国家从宗教内部消解;③对所有宗教留有自由和宽容的空间;④一切宗教的信徒们机会均等,不会出现对任何宗教教义的歧视。[③]世俗主义通过以上阐释呈现为建构良好社会的绝对律令(categorical imperative),更为重要的是,千万不能把它作为欧洲的进口而被丢之一旁。

让我们暂时告别世俗问题而转向另一方面的认识领域,即有关人的 25 "普世性"概念,如果它所呈现的不单单是世俗主义问题,那么也就说明人本主义并非纯粹的欧洲现象,而是在历史生产方式的演变过程中发生于不同阶段的历史事件。根据萨米尔·阿明(Samir Amin)的观点,人的普世化贯穿于三次浪潮之中。第一次浪潮历经公元前5世纪到公元7世纪,其包含着诸多伟大宗教的奠基,如拜火教(尽管拜火教据说在公元前1200年便已建立)、佛教、基督教、伊斯兰教,以及伟大的孔子和希腊哲学的诞生(阿明还应该加上激进的诺斯底派和苏菲派)。第二次浪潮始于由启蒙和现代性所开启的资产阶级革命与人本主义哲学,其在法国大革命时期达到顶点,此次浪潮诞生了社会契约、公民以及自由人的理念。第

---

① Achin Vanaik, *Communalism Contested: Religion, Modernity and Secularization*, New Delhi: Vistar, 1997, p. 66.

② Aijaz Ahmad, *Lineages of the Present: Political Essays*, New Delhi: Tulika, 1996, p. 266.

③ Bipan Chandra, *Ideology and Politics in Modern India*, New Delhi: Har-Anand Publications, 1994, p. 63.

三次浪潮表现为马克思主义与国际共产主义运动,它受启蒙哲学鼓舞,并尊重地域特性以及语言和宗教方面的少数派群体。[①]

正是依照这种人的普世化的节点,我们才能指出,渴求宽容的世俗主义理想、宗教暴政的消解以及对"俗世"观念的支持,它们并不仅仅存在于欧洲的启蒙当中(尽管欧洲启蒙以科学与艺术的形式完美呈现出了世俗主义),其在不同社会的不同形态内部都能够被发现,例如伊朗语中当下的物质(gaetya)世界概念,以及古印度哲学对于自我**灵魂**(*deha-vada*)的阐释。唯物主义与人本主义哲学在绝大多数社会形态里都可以被察觉到,它们也见之于反抗宗教集权主义的斗争中,就像阶级斗争是迄今所有阶级社会的推动力一样。

每一种社会形态都有其自身独特又具体的世俗理念。认为世俗主义纯粹是欧洲的理念,并且总是把印度看作一种纯粹精神的国度,此般反世俗主义的主张是一种东方思考模式的延续。它的创立者包括威廉·琼斯(William Jones)和弗里德里希·施莱格尔(Friedrich Schlegel),并获得了M. K. 甘地(M. K. Gandhi)、A. K. 库马拉斯瓦米(A. K. Coomaraswamy)和勒内·盖农(René Guénon)的完美演绎。世俗主义并不是被西方文明所垄断的特权,像现代性、民主、国家以及阶级斗争一样,世俗主义形成于世界历史进程之中。它并没有表现出与印度文明的不相容,但其作为盎格鲁-撒克逊世界的自由政治模式亦不能被看作种族与宗教冲突的唯一解药。正是基于以上立场,从而将世俗主义的理论与实践相结合(并将其置于生产方式的辩证法之中),才能对西方自由主义与教派主义共同进行解密。

本章主要依照马克思主义的认识论视角,并会借用马克思哲学的相关内容讨论世俗主义和教派主义问题。这关系马克思主义中辩证唯物主

---

① Samir Amin, *Capitalism in the Age of Globalization: The Management of Contemporary Society*, Delhi: Madhyam, 1997, pp. 80 – 90.

义与历史唯物主义的整个论域——阶级斗争、异化、意识形态、革命以及无阶级社会的建立。现在看来,借用社会主义斗争的观点同样适用于解决世俗主义问题吗?它将是一种彰显阶级妥协性的改良主义意识形态,或者一种小资产阶级的虚假意识,从而稀释国际无产阶级革命理念了吗?它是一种政治唯心主义与前阶级意识形态的混合物而被刻意灌注进社会主义运动当中的吗?或者说它能够呈现出一种马克思主义的本质维度吗?

在过去的 10 年里,为什么无产阶级权力问题即便不从公众记忆中被全部抹去,也还是处于一种次要位置?印度教与伊斯兰教之间、寺庙与清真寺之间以及"圣战"恐怖分子与幼稚的民族主义印度教徒之间的对立,为什么并如何在印度政治中占据主导地位?存在一种不曾被人们忘却的阶级斗争吗?

阶级斗争与反对教派主义斗争间具有怎样的关系?难道马克思主义设定出了两种相互独立自主的运动场域:①阶级斗争,②反对教派主义斗争?这二者间有何因果关系?

黑格尔说过,真理存在于大全之中。[①] 正是通过这一辩证总体性的观点,马克思主义坚决将自身与资产阶级哲学区别开来。马克思的阶级斗争概念体系恰恰见之于经济基础与意识形态上层建筑彼此结合而成的辩证总体性内部,而对教派主义的批判也要寓于这一辩证总体性的观念中。 27

反对教派主义的抗争最终必须回归到这种辩证观念中。然而不幸的是,印度的反法西斯主义者并没能把握住那一辩证法所蕴含的解放维度,进而他们陷入了自相矛盾,即一方面是经济还原论,另一方面是自由世俗主义的观念论(将宗教从国家中分离的主张)。这种自相矛盾既不能解决具有特殊性的教派主义问题,也无法处理一般意义上的社会运行机制问题。还记得列宁这样说过,经济学家面对社会总是以一种机械的和死

---

① G. W. F. Hegel, *The Phenomenology of Mind*, trans. J. B. Baille, London: Humanities Press, 1966, p. 81.

板的方式,他们因而无法提出政治领域的问题。① 尼科斯·普兰查斯(Nicos Poulantzas)也表明,从经济决定论中可以预见出两种结果:①群众路线的缺失,②国际主义的逐步淡化。② 我们必须超越经济决定论与政治观念论的二元性,从而到达这一问题的核心地带。

阶级与种族间的关系并不同于(一种还原论的)现实与(反射出的)副本那样,阶级与种族的这种关系必须置于阶级斗争的具体历史局势中加以把握。不应仅仅把阶级斗争单独放在经济斗争视域下看待(经济学家的思路),还应该在政治和意识形态斗争领域内加以考量。没人敢说解决了阶级斗争中的经济方面问题后,种族与宗教的斗争就会自动迎刃而解。当马克思谈及经济基础决定政治和意识形态的上层建筑时,他想要强调的乃是那一基础与上层建筑间由此产生的辩证性联结(dialectical binding)。从《1844 年经济学哲学手稿》以来,有关"决定"(determination)的问题就被联系到异化的问题域中,因而决定和异化也就不断作用于财产关系、阶级斗争以及社会意识生产的相关领域。正是从这一异化的决定(alienated determination)出发,才构成了一条有效的线索,它既能帮助我们理解普遍意义上垄断资本主义的霸权,还能有效把握特殊意义上的教派主义。所以分析的视角必须从自由世俗主义的常规王国转向历史唯物主义的简陋营地。

## 二、教派问题

一方面,在印度有许多自由世俗主义者,**宗教平等**(*sarva dharma sam-abhava*)或者所有信仰一律平等的主张,以及**教法纯粹宗教化**(*dharma*

---

① V. I. Lenin, *The Nascent Trend in Imperialist Economics*, Moscow: Progress Publishers, 1982, p. 11.

② Nicos Poulantzas, *Fascism and Dictatorship: The Third International and the Problem of Fascism*, trans. Judith White, London: Verso, 1979, pp. 18 – 19.

nirpekshta）和宗教从政治中的分离，这些都是印度世俗主义宣扬的主旋律。另一方面，印度也存在自诩为宗教民族主义者的诸多组织，它们包括国民志愿会、伊斯兰大会党、组成**胡里亚特大会**（*Hurriyat*）的各个党派以及其他种族群体（他们不仅存在于东北部）。这些宗教政客们都秉持同样的信条以及对世俗主义的辱骂和对民主的篡改，正如他们自己所言，宗教恰恰是其身份认同与社会存在感的本质。所以试问一个人如何能够将这种本质、这种**教法**（*dharma*）、这种由神所赋予的信仰从社会与政治生活中抽离出来呢？如果没有这种教法又怎么会存在公共视域、法律以及国家呢？既然道德离不开这种先验的教法，那么国家也必将被固定在宗教之中。继而人们可能会发问，应该诉诸哪种宗教呢？这正是那些所谓的神学家们产生冲突的地方。像国民志愿会那些所谓的宗教道德主义者就会回答说，宗教主要基于**祖国**（*Pitrubhu*）与**圣地**（*Punyabhu*）的教义。结果，出现在其他地区的宗教就是异化的宗教，而异化的宗教也就意味着异端的民族。由此便形成了不同的民族，如印度教民族、伊斯兰教民族以及基督教民族，等等。

声称宗教构成了民族性基础的宗教本质主义，在异化范式和自我与他者的永恒冲突中，以及在将某种假想敌看作右翼威胁的视域内，都显得游刃有余。经过 V. D. 萨瓦卡（V. D. Savarkar）和 K. B. 海德瓦尔（K. B. Hegdewar）到萨义德·艾哈迈德·可汗（Syed Ahmed Khan）和 M. A. 金那（M. A. Jinnah）的努力，它已变为所有教派主义者们共有的信条和动力。在文化多样性与宗教多样性兼而有之的印度，宗教政治博弈的层出不穷也就意味着印度形成了包括集权法西斯主义建制在内的割据态势。反教派主义者长时间以来就将这些宗教本质主义者的政治理念披露为反人民性质的，并将其关联到以法西斯主义为政治模型的帝国主义政治上。记得 1937—1938 年，当印度教大斋会（Hindu Mahasabha）、国民志愿会以及穆斯林联盟在政治上转变为极右翼势力时，法西斯主义在欧洲势头正劲。

教派主义者已经从欧洲法西斯主义者那里获得了现成的民众动员模型，对于所有教派主义者而言，不论国民志愿会还是伊斯兰教众，最为重要的都是那种异化的社群主义理念。因而在民族性政治当中，并非统一，特别是民族大众的统一，而是分歧；并非民众阶级的联合，而是无产阶级的消融；并非文明的对话，而是文明的冲突，构成了他们意识形态的根基。对一切教派主义者来说，他者即是地狱。教派主义的大众心理学必然将国民大众的想法撕裂为宗教与种族的断片，每一个断片都将他者视为天敌，在那里只有战争与暴乱才能行使话语权。西奥多·阿多诺在其《弗洛伊德理论与法西斯主义宣传模式》一文中表明，除了那些奇怪的和负面的建议，例如把人投入到集中营当中，法西斯主义的宣传很少涉及具体的和实际的问题。① 通过运用煽动民众达到歇斯底里和偏执狂程度的手法而获取民众的支持，这便使得民主更加偏废了。就像毕班·钱德拉后来表明的，教派主义者煽动政治情绪却不唤醒政治思想，强调政治策略却不看重政治纲领。② 印度教派主义如同全球法西斯主义那样，在根本上不过是依照这种异化范式而运作的，其所关联的意识形态亦在思想层面开着倒车。教派组织的话语完全基于这种异化范式，而这一异化范式则关系（幻想的）对种族正统血脉的崇拜，以及将社会上异族通婚的禁忌看作其恪守的宗旨。从这一根本范式出发，就能够理解不同教派组织及其各自的历史与政治主张了。对这些教派组织的经验性考察必须是具体的经验性研究，因而印度的教派主义就不能仅仅作为对某种组织的分析，还应当包括对现存经济与政治状态的分析，以及对这一境况中现存群体所扮演的角 30色的探索。问题恰恰在于，以上哪一方面在印度能够把阶级斗争与共同体的本质关联起来？从这些经验条件出发可以理解的，不仅包括争取国

---

① T. W. Adorno, Freudian Theory and the Pattern of Fascist Propaganda, in *The Essential Frankfurt School Reader*, ed., Andrew Arato and Eike Gebhardt, New York: Continuum, 1985, p. 118.

② Bipan Chandra, *Communalism in Modern India*, New Delhi: Vikas, 1996, p. 350.

家权力的斗争,还有教派主义者所操控的抽象政治。我们的目光所向,正应当是这一具体与抽象间的辩证法。

在对教派主义的科学探索中,笔者倾向于认为,在其自身内部并没有可被称之为"印度教教派主义"或者"伊斯兰教教派主义"的东西,并且教派问题也不单单是有关印度教与伊斯兰教冲突的问题。相反,正是阶级斗争进程中的社会物化过程,将自身表达为宗教的形式并转换为教派间的厮杀。所以物化才是本质和基础,而宗教恰恰是这一物化所演变成的表象模式和政治形态。我们必须甄别出何为原因、何为结果,科学的研究也必须弄清楚以下两者——一方面是本质与原因(物化),另一方面是其转换而成的历史模型。

正是在这一节点上我们方能提出一系列的问题:教派右翼国民志愿会得以执政所表现出的本质是什么? 它是法西斯主义,还是仅仅作为一种自由主义政治模式的变体? 而如果它是法西斯主义,那么这一类的法西斯主义政治又是什么呢? 美国主导的全球帝国主义与亚洲西南部宗教原教旨主义者的霸权存在怎样的关系? 哪种力量会成为对抗法西斯主义和买办主义的历史集团以及国家和国际化层面的人民阵线呢?

让我们进一步来分析霸权教派主义的那些根本原则,并解读出教派性的国民志愿会如何能够主导国家权力。这种分析将会揭露支持与抗争教派主义机制的可能方式,同时划定在其最薄弱环节割断教派链条的前提条件。以国民志愿会[由海德瓦尔创立于 20 世纪 20 年代,直到普利文·托加迪亚(Praveen Togadia)及其团队将其鼓吹为印度法西斯主义繁殖土壤的宗教偏执]形式出现的霸权教派主义,它的意识形态和右翼式的说教根植于原住民以及族内通婚的原生态种族理念,这种原生态的种族快乐地生活在幻想出的黄金时代,直到出现神秘的他者打破现状。正是此般对他者发出的种族性诅咒,构成了他们宣传排外仇恨情绪的症结。他们的宗教理念实际上是法西斯主义对于宗教的侵占,他们利用大众化的印度教来完成其法西斯主义式的仇恨动员。这里尤为重要的是需将**印度教民族主义**(*Hindutvavadis*)从普通民众信仰的印度教中区分出来。无产阶级联合起来的相关准则(伴随国民阵线的理念)将构成一个有效的参照系,其能够把印度教民族主义区别于民众信仰的印度教,并使之与普罗大众保持距离。正是在这样的背景下,我们才能披露萨瓦卡宣扬的印度教民族主义,以及揭发 M. S. 戈尔沃克(M. S. Golwalkar)宣称的,我们或者我们的国家应受印度政治种族观念主导,并且以印度法西斯主义和霸权教派主义为根基。顺带说明的是,以上论述的印度法西斯主义的起源还与国民志愿会和印度教大斋会于殖民地时期的卖国史相关。在那段时期,反殖民地斗争与资产阶级民主革命进程都在不断受到他们的破坏,而破坏反殖民地统一阵线必然会形成一种敌对的他者。

按照戈尔沃克的说法,对他者的诅咒存在一种分类标准。例如,帕西人与犹太人是客人(guests),而穆斯林与基督徒就是须被压制的外人(aliens)。(请注意这位偏执狂般教派意识形态主义者的教唆中所含有的精神分裂特征:犹太人既是客人,但同时戈尔沃克也表明犹太人受尽了希特勒的屠杀。这种精神分裂的欺人之谈构成了国民志愿会及其普遍倒退思想的本质维度。)这就是在国民志愿会那里形成的有关民族性的概念,它仅仅从生物学上进行偏执的界定,并完全将自身区别于民主化的民族性概念,可是权利与公民意识恰恰源于后者,而种族观念则表现为前者的本质。

如果我们能够谈及国民志愿会教派主义的首要准则,那么它一定是其有待被披露的种族思想理念。反教派活动者们不必将目光单纯集中于宗教方面(因为那不过是国民志愿会使出的诡计),而是需要揭发他们 32 (虚幻的)印度教种族(Hindu race)的说辞,其只有通过一种先验性的权利才能对接于法西斯主义政治。"印度教种族"现在被用来设定整个印度的民族性,然而讽刺的是,"印度教种族"的这种东方虚幻性最开始在

19 世纪乃是为了界定狭隘的民族意识形态,而在 20 世纪它却成了主流意识形态。尽管国民志愿会将这一虚幻性进行了法西斯主义化,但他们却并非这一术语的始作俑者。左翼世俗主义者将这一版权归于詹姆斯·密尔(James Mill)的《英属印度史》(*History of British India*),其中对印度教与伊斯兰教的划分开始凸显出来。伟大的"民族主义"艺术史学家 E. B. 哈沃尔(E. B. Havel)也致力于研究这一虚幻性,后来由 A. K. 库马拉斯瓦米承接下来。这种意识形态更加婆罗门式的实践可详见于提拉克(Tilak)。世俗主义代表大会也研究过这一意识形态领域,但却仅仅得出了那些异化的共同体间不过具有兄弟情谊而已。在 19 世纪中期,詹姆斯·弗格森(James Fergusson)以宗派为基础对印度的建筑进行了划分——"佛教的""印度教的""耆那教的"以及"伊斯兰教的"。这种异化的社群主义深深嵌入了各民族的兴趣点和统治阶级的话语中,并进一步侵染到日常语言自身,直至不同的宗教开始幻想它们是不同的民族。

但是国民志愿会所采取的范式转移(paradigm shift)与希特勒的法西斯主义却保持着高度一致。我们不妨看一下戈尔沃克的论述:"所有那些游离于民族之外的人,即外在于印度教种族、宗教、文化以及语言的人,自然也就被隔离在了真正的'族群'生活之外。"[1]如果印度的民族性理念等同于印度教种族、宗教、文化以及语言,那么谁将成为民族主义者呢? 按照戈尔沃克的说法:"唯有这些人是民族主义的爱国者,其渴望荣耀印度教种族以及他们心目中的国家,这些人为此投入行动当中并努力达成那一目标。对比于这样的国民事业而言,其他一切人都是叛国者和仇敌,或者用相对仁慈的话说,他们都是蠢材。"

我们既要考量教派的旨趣如何朝种族宗教方面的转移,其强调一种封闭式的先验性祖国,而这一祖国又总被异化的他者所围困;也要注意排外与偏执的思潮如何统领教派思想的运转:"当穆斯林们第一次踏上印度

———————

[1] M. S. Golwalkar, *We Or Our Nation Defined*, Nagpur, 1947.

33 的土地,自从那可怕的一天开始直到现在,印度教民族都在奋力驱赶这些掠夺者。"①体现教派之偏执的首要转变方式,就是清除有关社会与现实的一切踪迹,从而制造出"种族精神"的幻象。种族从来就不是一个无辜的范畴,在戈尔沃克看来,种族的纯粹性必须通过清洗其他种族才会实现,就像法西斯主义德国清洗犹太人一样。种族的同化基本上是不可能的:

> 印度的外族必须要么吸收印度的文化和语言,尊重以及崇敬印度教,只能保有对印度民族的荣耀之情,并且在与印度教种族的融合中忘掉各自的存在,要么身处这一国家却完全从属于印度教民族,不能发表任何意见、不可享有任何权利、不被加以任何优待,甚至包括公民权。②

印度教民族主义的种族主义观与任何形式的民主之间的区别都显而易见。反教派主义者指出,印度教民族主义呈现了一种低劣的野蛮和政治上的塔利班化,这是相当中肯的。种族与民权、极权与民主、原始性与现代性、神学与历史学以及复古主义与未来主义,它们作为不同层面彼此对立的双方,都能够反映出印度教派主义与世俗主义间的斗争。然而胜利却不属于世俗主义,反而是国民志愿会的政治羽翼——印度人民党——在新德里巩固了政治权力,同时还派出了其准军事组织印度青年民兵团(the Bajrang Dal)来镇压那些少数派。为什么世俗主义就不能对此加以还击呢?

三、简述历史唯物主义并提出教派主义问题

恩格斯在1890年写给约瑟夫·布洛赫(Josef Bloch)的信中表明:

---

①② M. S. Golwalkar, *We Or Our Nation Defined*, Nagpur, 1947.

根据唯物史观，历史过程中的决定性因素归根到底是现实生活的生产和再生产。无论马克思或我都从来没有肯定过比这更多的东西。如果有人在这里加以歪曲，说经济因素是唯一决定性的因素，那么他就是把这个命题变成毫无内容的、抽象的、荒诞无稽的空话。经济状况是基础，但是对历史斗争的进程发生影响并且在许多情况下主要是决定着这一斗争的形式的，还有上层建筑的各种因素：阶级斗争的各种政治形式和这个斗争的成果——由胜利了的阶级在获胜以后建立的宪法等等，各种法的形式以及所有这些实际斗争在参加者头脑中的反映，政治的、法律的和哲学的理论，宗教的观点以及它们向教义体系的进一步发展。这里表现出这一切因素间的交互作用，而在这种交互作用中归根到底是经济运动作为必然的东西通过无穷无尽的偶然事件（即这样一些事物和事变，它们的内部联系是如此疏远或者是如此难于确定，以致我们可以认为这种联系并不存在，忘掉这种联系）向前发展。否则把理论应用于任何历史时期，就会比解一个简单的一次方程式更容易了。①

34

为了将教派主义问题置于历史唯物主义视域内，我们不妨回顾一下马克思的历史观，在那里，政治话语被认为并不基于"所谓人的意识的一般发展"；相反，其被认为是**根植于**（*wurzeln*）物质生活条件中，即市民社会的生活世界中，对这一社会的解剖须寓于政治经济学内部。② 这种对根植于政治经济学的市民社会的解剖，有效地划定出了马克思主义的研

① Friedrich Engels, Letter to Josef Bloc, 1890, in Marx, Engels, *Selected Works*, Moscow: Progress Publishers, 1975, p.682. [《马克思恩格斯选集》（第四卷），人民出版社，2012年，第604页。]

② Karl Marx, Preface, in *A Contribution to the Critique of Political Economy*, Moscow: Progress Publishers, 1977, p. 20; Zur Kritik der Politischen ökonomie. Vorwort, in Marx, Engels, *Ausgewählte Schriften* I, Berlin: Dietz Verlag, 1977, p.334.

究领域。经济结构成为"**现实的基础**"（*Reale Basis*），由此生发出了一定的社会意识形式。马克思进行探究的"意识"，并不是一种先验的自由流动的意识幻象，其归根结底要寓于社会当中，恰恰是在这种社会活动的视域内，即在既定条件的情况下，拜物教"意识"才会出现。那么这种基于政治经济学批判原理的拜物教意识究竟是什么呢？根据马克思对拜物教的重要论述可以看出：在以商品生产为主导的同质类别当中，人脑的产物表现为赋有生命的并且彼此发生关系的"独立存在"①。正是这种赋予无生命客体以生命形式的恐怖力量，使马克思发现了"拜物教"概念，其从字面意义理解，就是一种疯癫如今掌控了曾经理智的社会。物质生活的生产方式虽然决定了（*bedingt*）社会、政治以及智识的进程，②当下却淹没在异化的过程领域中，在这样的背景下，我们便可基于马克思历史唯物主义叙事框架解读右翼反动势力的霸权。笔者会以马克思主义为切入点，首先将异化、物化以及拜物教的概念植入到基础与上层建筑当中，因而便能够把自身联系到阶级斗争理念与阶级力量的均衡上，这样也就更容易理解意识形态的霸权理念。其次，笔者想要指出的是，**决定**（*Bestimmung*）的范畴并不能被理解为一种决定论，而应当是一种关于研究意识形态与政治上层建筑如何形成的释义（definition）。**决定**在本质上关系**构型**（*Gestaltung*）的概念，从这个角度出发就可以理解马克思的社会存在决定社会意识那一原理了。**决定**应被理解为这样一种范畴，它能够将现存的（资本主义外化的）异化王国与（物化）意识联系起来。正是在这一垄断资本主义时代下的异化存在的领域内，才能完成对教派精神的绘制和分析。

这种对教派精神的绘制有赖于对应的现实基础：与异化理论相匹配的政治经济学。马克思主义政治经济学批判，现在又武装上了对异化的批判。

35

---

① Karl Marx, *Capital*, Vol. I, trans. Samuel Moore and Edward Eveling, Moscow: Progress Publishers, 1983, p. 77.

② Karl Marx, *Zur Kritik der Politischen ökonomie. Vorwort*, p. 334.

### 四、马克思主义哲学：对异化的病理学研究

两种相互交织的认识型引领马克思主义成为革命性的理论与实践：辩证唯物主义哲学和历史唯物主义科学。将异化及人本主义的辩证法看作哲学，而将历史看作科学，这两方面共同构成了革命性理论与实践的要旨。历史唯物主义作为马克思主义科学，包含着对不同社会及其经济、政治、文化的经验性考察；而马克思主义哲学则研究异化的话语病理学以及对它的辩证扬弃。当马克思主义哲学呈现为对异化的批判时，也才是对阶级社会和解放的历史条件的研究，这种解放的历史必然是非异化的历史。最终，激进的历史主义在无阶级的领域内被建构，青年马克思将这种无阶级寓于"人的本质"(*das menschliche Wesen*)当中。在无阶级与人的本质框架下，方可实现人的真正自由。

所以马克思主义在解放的实现与残暴的生产方式之间划出一条严格的界线。受此般残暴生产方式所主导的意识应在异化的批判中加以分析，而在这种物化意识或者虚假意识下需要做的，并不是回应由教派偏执精神观念化出的异化意指(signification)，而是要表明一种考古学上的揭示，其对于那些暴力的和观念化的意指，能够有效澄清它们的产生方式。

马克思把"**颠倒**"(*umstrüzen*)①与"**倒置**"(*umstülpen*)②的实践寓于一种深层结构，对它的科学解读应当是，将其理解为对物化与非人化话语的颠覆。早前费尔巴哈曾使用过**转化法**或者**颠倒法**(*Umkehrungsmethode*)的方法论，他表明本体论神学将主语和谓语、现实与想象的关系颠倒了。因而人并没有作为现实的、有生命的感性主体，却被谓语式地看作想象的

36

---

① Karl Marx, Friedrich Engels, *The German Ideology*, Moscow: Progress Publishers, 1976, p. 61.

② Karl Marx, *Capital*, Vol. I, trans. Samuel Moore and Edward Eveling, Moscow: Progress Publishers, 1983, p. 29; *Das Kapital. Kritik der Politischen ökonomie*, Erster Band, Berlin: Dietz Verlag, 1981, p. 27.

和受奴役的对象。马克思拓展了费尔巴哈的这一方法,以此研究唯心主义如何分裂和颠倒存在与本质、现实与观念的关系,并说明唯心主义如何赋予观念本质以特权。在这样的分裂与颠倒当中,观念本质转变为一种残暴的本体论神学政权,其控制着真正的人之存在。费尔巴哈将这种权力意志寓于宗教,即颠倒了与转化了的观念特权,而马克思却将其寓于商品化生产、现代化国家以及组织化的宗教。反对教派主义的斗争必须专注于这种颠倒了的意识形态观念,从而澄清它的集权特征及其压制整个社会的方式。

　　埃里克·弗洛姆(Eric Fromm)在其著作《精神分析与宗教》(*Psychoanalysis and Religion*)中辨析了集权主义宗教与人本主义宗教间的区别。

37　前者要求人们必须履行"服从、尊敬以及崇拜",以此来恪守那些先验法则。绝对的服从是美德,不服从即是罪孽。人由于权力的压制致使自己屈身于那些高高在上的力量,在这里不存在伦理问题,权力直接表现为伦理方面的强力。

　　不论印度教民族主义者、伊斯兰教右翼,还是美国扶持的新教原教旨主义者,他们在本质上都秉持着消费至上与教派先行的信条,因而问题在于,这些组织性的教派全部致力于与全球垄断资本结盟,并且其已经渗透到了生活世界的每个角落。印度的教派主义凝结为那些原教旨主义者们的集合,并紧密跟随处于印度政府顶层的国民志愿会的步伐。写在印度资产阶级"烹饪书"中的"政治食谱",是一种买办经济政策的后现代诮媚,所以这一经济政策自然依附于对美利坚帝国一厢情愿式的外交政策。在印度作为独立国家以来的历史上,我们第一次预见到了国家分裂的可能性。

　　那么该怎么办呢?世俗性的摆脱宗教的主张能有效解决这一问题吗?

五、形式的形而上学与自由世俗主义的问题

　　马克思在《关于费尔巴哈的提纲》中表明:

费尔巴哈是从宗教上的自我异化,从世界被二重化为宗教世界和世俗(*weltliche*)世界这一事实出发的。他做的工作是把宗教世界归结于它的世俗基础。但是,世俗基础使自己从本身**分离**出去(*ab-hebt*),并在云霄中固定为一个独立王国,这只能用这个**世俗基础**(*weltliche Grundlage*)的自我分裂和自我矛盾来说明。因此,对于世俗基础本身首先应当在自身中、从它的矛盾中去理解,并在实践中使之发生革命。因此,例如,自从发现了神圣家族的秘密在于世俗家庭之后,世俗家庭本身就应当在理论上和实践中被**消灭**(*vernichtet*)。①

请注意马克思这样的论述:要消灭世俗资产阶级的世界,以此来直面神圣家族的幻象。笔者将回顾马克思《关于费尔巴哈的提纲》第四条,并将其作为理解宗教与世俗问题的基础。马克思对宗教问题的回应与自由主义对此方面的回应存在严格的区分,马克思从未提出将宗教从政治当中分离作为解决宗教问题的有效理论,当然马克思也绝不是一名"反世俗主义者",力求把宗教与政治描绘为一种幻想般的同一。

世俗主义(在本章尤其指的是自由世俗主义,或者说成是将宗教从政治领域中分离出来的主张)依照马克思在《论犹太人问题》那里称之的政治革命形式来看,可以说是"一大进步"(a big step forward)②,但是这一伟大进步却也仅仅表现为"一种不彻底性"(a half-hearted approach),因其在本质上依旧被束缚在以私有财产为基础的政治经济学中。马克思对宗

① Karl Marx, Theses on Feuerbach, in Marx, Engels, *Selected Works*, Moscow: Progress Publishers, 1975, p. 29. [《马克思恩格斯选集》(第一卷), 人民出版社, 2012年, 第 134~135 页。] 苏联的翻译版本还加上了马克思未曾说过的话,根据马克思原文我对这一引用作了相应的修改,汤姆·博托莫尔的翻译则更忠于马克思。See Karl Marx, *Selected Writings in Sociology and Social Philosophy*, eds. Tom Bottomore and Rubel, trans. Tom Bottomore, London: Penguin, 1990。

② Karl Marx, On the Jewish Question, in Marx, Engels, *Collected Works*, Vol. 3, Moscow: Progress Publishers, p. 155.

教和世俗主义的思考并非源于形式主义的观念,而是一种对历史唯物主义深层结构的考量。就马克思而言,以《论犹太人问题》中的布鲁诺·鲍威尔和《关于费尔巴哈的提纲》中以费尔巴哈为代表的青年黑格尔派,他们都是后黑格尔时代的康德主义者。在那个煮豆燃萁的世界中,自由世俗主义者不断书写着康德的道德形而上学的奠基,他们在拙劣的道德模仿中延续着康德。恩格斯曾把此定性为实践行动上的无能(impotence in action)①。那么就让我们进一步深入到马克思主义的论述中。

马克思描绘的主题在于,政治解放与人的解放之间存在一条严格界线。政治解放作为世俗主义的核心议题,目的是把国家从宗教中解放出来,而不是把人从宗教中解放出来。这也是马克思为什么要重提**世俗问题**(*weltliche Frage*)的原因。布鲁诺·鲍威尔和费尔巴哈代表着典型的青年黑格尔派,但马克思与其不同,他并没有将种族的和宗教的迫害看作纯粹的宗教现象。对于马克思来说,并没有能被称得上是宗教先在性的东西。按照费尔巴哈的观点,如果神学的秘密在于人类学,并且上帝的理念已揭露为异化的人的理念,那么需要进行质问的恰恰是人类学领域本身。从这个角度出发可以看出,教派民族主义的幻想完全可被披露为物化精神的现象学。

让我们深入到《关于费尔巴哈的提纲》第四条。首先,世俗基础经受着自我分裂和自我矛盾,并在云霄中固定为一个独立王国。这一世俗世界最终必须在它的矛盾中被理解,同时在实践中使之革命化。而这样的革命过程必须**消灭**(*vernichtet*)矛盾的资产阶级世界,因为正是从那里升起了一个二重化的宗教世界。无独有偶,马克思在《论犹太人问题》中进一步列出了世俗与宗教的谱系,但它们对于马克思来说既非绝对亦非终极的概念,只有通过辩证法的框架才能找到这一问题的原因。具体如下:

39

---

① Friedrich Engels, Feuerbach and the End of Classical German Philosophy, in Marx, Engels, *Selected Works*, Moscow: Progress Publishers, 1975, p. 600.

在我们看来,宗教已经不是**世俗局限性**(*weltichen Beschränktheit*)的**原因**(*Grund*),而只是它的**现象**(*Phänomen*)。因此,我们用自由公民的世俗约束来说明他们的宗教约束。我们并不宣称:他们必须消除(*aufheben*)他们的宗教局限性,才消除他们的世俗限制。我们宣称:他们一旦消除了世俗限制,就能消除他们的宗教局限性。[①]

因而马克思便开始对世俗世界本身进行批判。马克思曾对市民社会与人类社会作出过区分,[②]并且随后阐明了市民社会必然是资产阶级社会[③]。自由的世俗世界并不是值得庆贺的崭新世界,将宗教从国家分离的自由世俗主义药方也并不能医治宗教原教旨主义的实际病况,其至多只能让我们回想起伊曼纽尔·康德那里的形式主义绝对律令。艾萨克·鲁宾(Isaac Rubin)曾提道:

> 人们无法忽略内容与形式的关系问题,马克思则采用了黑格尔而非康德的观点。康德将形式看作外在于内容的事物,形式从外部附着在内容之上。但根据黑格尔的哲学观点,内容并非形式从外部依附于其上的事物。相反,通过内容的发展,内容自身将会赋予形式以生命,形式早已潜伏于内容当中。形式必将从内容中生长出来。[④]

40　就像康德将形式从内容中剥离出来并赋予其优先性一样,自由主义

① Karl Marx, *Selected Works*, Moscow: Progress Publishers, 1975, p. 151. [《马克思恩格斯全集》(第3卷),人民出版社,2002年,第169页。]

② Karl Marx, Theses on Feuerbach, p. 30.

③ Karl Marx, Zur Kritik der Politischen ökonomie, Vorwort, p. 335.

④ Isaac Rubin, *Essays on Marx's Theory of Value*, trans. Miloš Samardija and Fredy Perlman, Montreal: Black Rose, 1990, p. 117.

也同样停留在形式的优先性层面。这种与康德保有的一致性,不仅体现在方法论上的一致,还包括一种历史层面上的一致。康德于 1785 年完成其《道德形而上学的奠基》(*Grundlegung zur Metaphysik der Sitten*)时,适逢法国大革命的序幕与《人权宣言》的问世,而后者又成为自由世俗主义的根本范式。尽管资产阶级民主革命将社会从封建束缚中解放出来并提出了"人"与"权利"的相关问题,但诉诸形式的形而上学必将吞噬实际的社会内容。

那么世俗主义所反复声援的那些所谓的"人权"究竟是什么呢?这正是阶级斗争在上层建筑领域的出生地。当把这一问题归入抽象王国中时,就尤其要注意发挥统治机能的异化原则。让我们回顾一下马克思《论犹太人问题》:"人"的权利无非就是自私自利之人的权利、资产阶级社会异化之"人"的权利,以及小商贩与贸易人的权利。如果宗教国家建立在傲慢且反民主的"君权神授"基础上,那么世俗国家就建立在资产阶级私有财产与资本积累原则的基础上。"权利"不过是形式上的"权利"。

在《哥达纲领批判》中,马克思将权利根植于社会的经济结构与阶级斗争内部。为了打压权利形而上学的嚣张气焰,马克思指出:"权利决不能超出社会的经济结构以及由经济结构制约的社会的文化发展。"①一个不涉及要求改变阶级结构与财产关系的权利世界是纯粹形式主义的。"应当"(ought)从"是"(is)中被剥离,现实则被隐藏在自由资产阶级意识形态的成就中。研究的视域就这样从现实生活的斗争领域转变到了纯粹上层建筑主义中的形式范畴,这一错误方法或者用来加固政治的上层建筑,或者用来研究从上层建筑到基础的运动。马克思的方法当然也不是从基础通往上层建筑的唯一道路,但它却能够有效诠释出诸多力量间的多元辩证性,其中异化的经济基础仍然是最终的决定因素。

---

① Karl Marx, Critique of the Gotha Programme in Marx, Engels, *Selected Works*, Moscow: Progress Publishers, 1975, p. 320.[《马克思恩格斯选集》(第三卷),人民出版社,2012 年,第 364 页。]

　　自由世俗主义的根本问题在于,它能够让宗教与国家保持一种和平 41
共处的状态,哪怕是一种分裂的二元模式。自由世俗主义对宗教与国家
的存在都没有构成实质性的威胁,反而促使它们达成当下的共存。那么
在政治革命(将宗教从国家中分离出去)框架内的世俗主义到底是什么
样的呢? 且看马克思的论述:

　　　　摆脱了宗教的政治解放并不是彻头彻尾、没有矛盾地摆脱了宗
　　教的解放,因为政治解放不是彻头彻尾、没有矛盾的人的解放方式。
　　政治解放的限度一开始就表现在:即使人还没有真正摆脱某种限制,
　　国家也可以摆脱这种限制,即使人还不是自由人,国家也可以成为自
　　由国家。①

　　基于此,马克思进一步批判了现代资产阶级国家,这种国家并不作为
宗教国家存在,而是作为一种政治国家——一种"作为国家的国家"②,即
马克思看来在 1843 年发展于北美的国家,以及自身已经"十分发达"③的
国家。这种集自由、世俗、民主于一身的国家,在本质上是属于商品生产
与资产阶级财产均获得普遍认可的国家,并且其采用了隐蔽性的政治方
式。世俗政治看上去就是在效仿以资产阶级为基础的经济模式,那种强
调宗教分离功能的主张首先会把资产阶级化的生产力从所有禁锢当中解
放出来。

　　正如马克思在《关于费尔巴哈的提纲》中指出存在两个王国,即世俗
王国与宗教王国一样,同时,伴随着世俗化过程与政治革命也分别出现了
两个领域,即市民社会领域和国家领域。马克思表明前者是世俗生活,而

---

　　①　Karl Marx, On the Jewish Question, p. 152. [《马克思恩格斯全集》(第 3 卷),人民出版社,
2002 年,第 170 页。]

　　②③　Ibid., pp. 150, 152. (同上,第 168 页、170 页。)

国家生活则是神圣生活。因此人也就分裂为两个相互冲突的阵营:市民社
会中的个体性存在与国家中的社群性存在、私下的个人与公众的个人、教
徒与公民。正是这些对立产生了"**世俗冲突**"(*weltliche Widerstreit*)。像鲍
威尔那样的自由世俗主义者并没有看到"普遍利益和私人利益之间的冲
突,政治国家和市民社会之间的**分裂**(*Spaltung*)——(类似于自由世俗主
义者那样的)鲍威尔在反对这些**世俗对立**(*weltlichen Gegensätze*)在宗教上
的表现而进行论战的时候,听任它们持续存在"①。因此,自由世俗主义
者仅仅停留在表层,仍处于实在的表面形式中,而并没有触及实在本身。
由于实在往往是商品化的,并且最终表现为异化的实在,因而它们的表面
形式也都是异化的幻想形式。在这种异化且带有迷惑性的表面形式当
中,教派主义者足以赶超在世俗主义者之前宣扬他们排外性的偏执政治,
而教派主义者们所把握的那种实在,不过是资产阶级骗人的把戏的缩影。
马克思则将其称为畏缩于"**异化形式**"(*entfremdeten Form*)②中的实在。

## 六、历史唯物主义与人的本质

在历史唯物主义与人的本质双重层面上,都可以发掘出对异化进行
批判的那种断裂原则,它会引领我们达到真实(the Real)之境。在教派主
义的症候学与马克思的去神秘化批判间而建立起的有效关系,也可详见
于这一双重视域。正是在这样的双重视域下,国民大众的社会联合与反
教派主义集团才能合而为一。

在这一小节中,笔者将重点解读马克思在《1844 年经济学哲学手稿》
中多次提及的"**人的本质**"(*das menschliche Wesen*)概念,并有效运用人的

---

① Karl Marx, On the Jewish Question, p. 155. [《马克思恩格斯全集》(第 3 卷),人民出版社,
2002 年,第 174 页。]

② Karl Marx, *Economic and Philosophic Manuscripts of 1844*, Moscow: Progress Publishers, 1982,
p. 131.

本质这一理念来驳斥教派主义者,这既体现在被葛兰西称为"知识道德集团"(the intellectual moral bloc)①构型的意义上,也显示出了对教派意识构型的探究。有待理解的要点在于,人的本质(the human essence)并不等同"concept of man""essence of man""human nature""man's nature"和"nature of man"这些理念。人的本质不是**人的本性**(*die menschliche Natur*)②,**本质**(*Wesen*)也非**本性**(*Natur*)。人的本质亦不是历史的、抽象的、先验特指的"人"(man)。或许有必要使用德语原词"*das menschliche Wesen*",才不至于和人的本性的相关理论混淆。不幸的是,这一概念的许多译介与译文都是错误的,它们已被盎格鲁美利坚的实证主义禁锢住了。例如,马克西米利安·鲁贝尔(Maximilien Rubel)与汤姆·博托莫尔(Tom Bottomore)的翻译,就将"the human essence"等同为"essence of man"③。类似地,路易斯·阿尔都塞把"the human essence"理解为"the essence of man",并将其阐释为典型柏拉图式的,即脱离现实存在的"观念化本质"(idealized essence)④。他声称,人的本质必须被解读为"essence of man",并等同于"人的本性的理念"(the idea of human nature)⑤。诺曼·杰拉斯(Norman Geras)对"*das menschliche Wesen*"的译读主要受"human nature"相关理论所主导。⑥ 苏珊·伯恩哈特(Susane Bernhardt)和诺曼·莱文(Norman Levine)在翻译乔治·卢卡奇的《民主化进程》(*The Process of Democratization*)也伴随有将"*das menschliche Wesen*"的翻译形式趋向于"the

43

---

① Antonio Gramsci,*Selections from the Prison Notebooks of Antonio Gramsci*,New York:International Publishers,1987,pp. 332 – 333.

② Karl Marx,*Economic and Philosophic Manuscripts of 1844*,Moscow:Progress Publishers,1982,p. 133.

③ Bottomore and Rubel render *das menschliche Wesen as*"the essence of man"and"the real nature of man",See Karl Marx,*Selected Writings in Sociology and Social* Philosophy,eds. Bottomore and Rubel,trans. Tom Bottomore,London:Penguin,1990,p. 83.

④⑤ Louis Althusser,*For Marx*,trans. Ben Brewster,London:Allen Lane,1969,p. 236.

⑥ Norman Geras,*Marxism and Human Nature:Refutation of a Legend*,London:Verso,1983.

essence of man"和"the real nature of man。"①埃里克·弗洛姆同样将人的本质等同于人的本性的理念。②

　　与这些主导性的译介相反,笔者想要表明的是,马克思关于人的本质的概念,其源于对费尔巴哈与青年黑格尔派在认识上的革命性断裂。由此呈现出的全新意义,与唯物史观和为建立无阶级的社会而进行的斗争直接相关。在《1844 年经济学哲学手稿》中,正是感性的人的完满性(fullness)指出了人的本质的概念,随后他又将其定义为"一切社会关系的总和"③。这一概念现在直接用于与**物化**(*Verdinglichung*)的对立上,并且代表着一个祛物化的社会,以及一个无阶级社会的可能性与必然性,其当然也会成为引领为共产主义社会而奋斗的关键范畴。现在让我们转向另一理念:构成历史唯物主义的相关范畴及其在研究教派主义中所能发挥的作用。

　　在《资本论》第一卷德文第一版的前言当中,马克思提出了这样的问题:对于由资本积累的规律所统领的现当代社会现实而言,我们如何能够发掘出其核心架构呢? 马克思声称,我们不能像物理科学那样拥有一部显微镜,在人类社会的研究中,"抽象力"将取代显微镜。马克思的根本观点在于研究形成资产阶级身体构造的细胞形态(cell form)。对这种深层结构的解构,马克思将其称为社会"纯粹形态"(pure form)的呈现,④而对这种"纯粹形态"的概括正是马克思革命性的贡献。

　　通过"纯粹形态"或者显现于"自身纯粹性中"的现实,马克思表明,社会现实如今已呈现为"十分发达的状态"⑤。这里出现了两个非常重要

44

① Georg Lukács, *The Process of Democratization*, trans. Susane Bernhardt and Norman Levine, New York: State University of New York, 1991.

② Eric Fromm and Xirau Ramon, *The Nature of Man*, New York: Macmillan, 1968.

③ Karl Marx, Theses on Feuerbach, p. 28.

④ Karl Marx, *Theories of Surplus Value*, Part I, trans. Emile Burns, ed. S. W. Ryazanskaya, Moscow: Progress Publishers, 1975, p. 43.

⑤ Karl Marx, On the Jewish Question, p. 150.

的概念:"人的本质"和"生产力与生产关系的辩证法"(这两个概念都是"纯粹形态"上的概念,它们并没有通过自身存在于真实世界当中,但却以存在的状态而与错综复杂的形式概念联系在一起)。在生产力与生产关系的辩证空间内部,马克思利用这一优势开启了他的发现之旅:经济基础决定意识形态上层建筑。在 1843 年对黑格尔的批判当中,马克思表明前者是**条件**(*die Bedingung*),而后者是**结果**(*das Bedingte*);前者是**决定因素**(*das Bestimmende*),而后者是**被决定因素**(*das Bestimmte*)。① 然而我们的目光不应仅仅放在前者身上,因为这意味着上层建筑将变得无效。只有将这一人的本质移植到历史唯物主义当中,决定论与经济还原论的错误观念才会得到根除。马克思在《神圣家族》中指出,历史(即历史的扬弃形式)什么事情也没做,恰恰是人完成了这一切。②

重要的是应注意到,除了阶级斗争作为历史的推动力外,马克思在与其并驾齐驱的视角上还引入了人的本质的理念。马克思构造出的主要辩证空间就是,**人的本质的异化**(*der Entfremdung des menschlichen Wesens*)和**对这种异化的扬弃**(*die Aufhebung der Entfremdung*),也可以说成是对人的本质的**占有**(*Aneigung*)③。这种辩证法对于理解阶级社会的起源及其可能的终结而言,能够作为有效的引导力。从根本上说,马克思的辩证唯物主义正是以人为本的。

45　　马克思的唯物主义概念体系绝不能被看作关乎非生命物体的哲学,认为实在是独立于人的意志与意识的存在。相反,马克思的唯物主义作为辩证的人本主义,将人的在世之在通过劳动辩证法加以界定,劳动与意

---

① Karl Marx, Critique of Hegel's Doctrine of State, in Karl Marx, *Early Writings*, trans. Rodney Livingstone and Gregor Benton, New York: Vintage Books, 1975, p. 63.

② Karl Marx and Friedrich Engels, *The Holy Family or Critique of Critical Criticism*, Moscow: Progress Publishers, 1980, p. 116.

③ Karl Marx, *Economic and Philosophic Manuscripts of 1844*, Moscow: Progress Publishers, 1982, pp. 109, 130; Nationalökonomie und Philosophie, in Karl Marx, *Die Frühschriften*, Stuttgart: Alfred Kröner Verlag, 1964, pp. 264, 271.

识构成了这一认识论的基础。借用葛兰西的话说就是,关键是要把"'意志'(归根结底等同于实践活动或者政治行动)置于哲学的基础当中"①。

　　笔者意在将马克思的那些根本概念与教派主义联系起来。还记得激进的马克思主义者克拉拉·蔡特金(Clara Zetkin)曾得出过这样的结论,法西斯主义之所以获得胜利的一个原因在于,马克思主义在革命进程中的无能,正因为左派共产主义与革命欲望都处于消弭状态,才会使法西斯主义得以乘虚而入。当革命意志与革命行动出现真空时,法西斯主义便获得了胜利。只有在这种被全部清空的场域中我们方能理解,类似于"世俗"代表大会撬开的巴布里清真寺之锁、臭名昭著的沙·巴诺案、印度教情感中带有的"悲剧式"激情"伤害"行为以及阿约提亚战争等事件,所有这些有关"神学"的问题是如何有效抓住了国民兴趣点的。当革命意志缺失时,不仅教派主义者将随之进驻,而且他们甚至会在资产阶级政治的无人地带筑起帐篷、城堡、寺庙和清真寺。因此,如果人们想要将革命意志置于马克思主义哲学基础当中,他们就必须划出一道严格的界线,一边是马克思式的革命马克思主义,另一边则是以普列汉诺夫、考茨基和斯大林为代表的经济决定论、进化论以及宿命论那样的后马克思式的马克思主义。葛兰西将这种形式的政治称作"充满激情的宿命论,它所扮演的角色替代了忏悔式宗教中的预言与信义"②。那么宿命论宣称了什么呢?它宣称并不是人,而是历史规律构成了历史本身的**原因**(causa-sui)。

　　如果印度马克思主义者倾向于站在独立于主体的规律立场,而非历史中真实主体的立场上,那么想要在群众中开展工作的马克思主义政党相比于其他教派政党而言,就显得特别微不足道,因为倡导虚幻与受难的印度教和伊斯兰教必然较印度马克思主义者所信守的"规律"看上去更真实。并且由于这些"规律"宣称革命的时机尚未成熟,或者革命已被标

――――――――――――
① Antonio Gramsci, op. cit., p. 345.
② Ibid., p. 336.

记为资产阶级民主革命,进而我们所拥有的就并非革命的国际主义,也不是大众反对法西斯主义、反对帝国主义,以及反对欠发达的政治经济状态的斗争,我们拥有的只是小资产阶级的意识形态。所以人们不会首先想到无产阶级革命,而是要重塑尼赫鲁。在本章前面的小节中,笔者引用了阿加斯·阿哈迈德的论述,即共产主义者必须帮助完成尼赫鲁的自由社会的民主规划。在这个意义上,难道人们会认为这是列宁而不是克伦斯基(Kerensky)吗?在教派暴乱时期,由于"规律"凸显了自由世俗式的和平,却并未指涉社会主义,所以我们面对的完全是历史唯物主义的倒行逆施。

这并不是创造历史的时代,也不是打破历史连续性的时代(借用恩格斯的话),而是物化的时代,是呈现于商品生产中的时代。物化的时代否定具体的时代,而设定出抽象的时代,它也可以被理解为神经症的时代,不断重复着神经病人的强迫症。但是如果这种物化的时代成了主流的意识形态,那么神经症的物化意识形态(就像接合为"一个寺庙正在被攻击"的印度教民族主义政治事件)就会比世俗政治找到更好的接合点(articulation)。历史唯物主义必然要切断这一物化,同时罢黜所有类型的资产阶级历史编纂学。

我们能够从中发现什么呢?那就是,在异化的历史概念与现实的、具体的历史之间存在根本的差异,这一差异也反映在社会民主意识形态的目的论与马克思的历史主义之间。目的论以"独立于人的规律"的形式运作,在决定论和必然性的海洋中徜徉;而马克思的激进历史主义(葛兰西称其为"历史主义与人本主义")将人融入生产力与生产关系的辩证法中。马克思那里的生产方式并不秉持反人本主义的立场,亦非阿尔都塞在《列宁与哲学》中将历史理解为"没有主体的过程"[①]。必须把人交还给

---

① Louis Althusser, *Lenin and Philosophy and Other Essays*, trans. Ben Brewster, New York and London: Monthly Review Press, 1971, pp. 121 – 124.

历史。

在《德意志意识形态》中,生产方式是在"现实的个人"基础上被界定出来的,因而得出的就是"这些个人的一定的活动方式,是他们表现自己生命的一定方式、他们的一定的生活方式"①。这种将现实的个人嵌入经济生产方式内部的理念,与马克思早期将人作为基础的哲学观始终相一致。马克思曾表明:

> 这种人(*dieser Mensch*),市民社会的成员,是政治国家的基础、前提。②

这就是为什么笔者不断阐明,马克思主义必须将现实的、感性的人,即当下的以及此刻的人置于话语中心。这种当下的以及此刻的人会把自身联系到"现实的个人"与"人的本质"层面上。从这一角度出发,经典马克思主义的阶级斗争概念作为历史的基础,也必将紧密联系"人"(《论犹太人问题》)、"人的本质"(《1844 年经济学哲学手稿》),以及"现实的个人"(《德意志意识形态》)这些理念上。因而人、现实的个人、人的本质以及阶级斗争就会以具体的和多元决定的方式呈现于历史唯物主义当中。正是伴随着这种以人为本的马克思主义基调,才能找到把握教派主义的策略。(需要注意的重点是,如果马克思主义并没有提出这种现实的人及其现实的需要,那么这一空间就会被右翼势力所占据)。

基于此,让我们举出另一组重要概念:"异化"与"阶级斗争"。因而这些概念就可以串联成如下链条:人的本质、异化以及阶级斗争。所以马克思所探究的辩证法正是针对人的本质的异化的辩证法,它设定出了阶

---

① Karl Marx, Friedrich Engels, *The German Ideology*, p.37. [《马克思恩格斯选集》(第二卷),人民出版社,2012 年,第 147 页。]

② Karl Marx, *On the Jewish Question*, p.166. [《马克思恩格斯全集》(第 3 卷),人民出版社,2002 年,第 187 页。]

级社会的历史；而对这种异化的扬弃则预示出了为建立无阶级社会所进行的斗争。异化了的人的本质不仅作为社会经济层面的基础，还包括了种姓体系、性别歧视、种族主义和教派主义等。

由于异化的人的本质可以被解读为物化的生产关系，其作为以物为中介的关系，而非人与人之间的关系，所以这种物化的和异化的人的领域 48 才能成为理解教派主义的关键点。与物化的残兵败将相反的是无产阶级的有生力量，它涵盖了阶级斗争、现实的个人以及人的本质。教派主义王国中的阶级斗争即将上演。

### 七、支持：意识形态与物化

如果社会存在决定社会意识，那么历史唯物主义就会将它的论证和推断扩展为异化的存在决定物化的意识，这是解构教派主义的第一条阐述。而第二条阐述在于："意识必须从社会生产力和生产关系之间的现存冲突中去解释。"①马克思还表明："**意识**（*das Bewusstsein*）在任何时候都只能是**被意识到了的存在**（*das bewusste Sein*），而人们的存在就是他们的现实生活过程。"②

从对意识的这三条阐述出发，笔者会就教派主义展开具体批判。这一批判的首要方面在于理解受教派宣传驯化后的大众意识的本质，为此笔者将把观念的生产方式与意识形态的消费方式区别开来。教派性的国民志愿会所使用的诸多手段和工具，必须放在意识形态（国家）机器范围内加以分析。之所以在"国家"上面加上括号，是因为国民志愿会并没有完全掌控国家机器。它接管国家教育机构并且定义其教派神学的方式，

---

① Karl Marx, Preface, in *A Contribution to the Critique of Political Economy*, Moscow: Progress Publishers, 1975, p. 21. [《马克思恩格斯选集》（第二卷），人民出版社，2012 年，第 3 页。]

② Karl Marx, Friedrich Engels, *The German Ideology*, Morcow: Progress Publishers, 1976, p. 42. [《马克思恩格斯选集》（第一卷），人民出版社，2012 年，第 152 页。]

主要是通过对以下机构的霸权威慑,包括 N. C. E. R. T.(国家教育研究和培训委员会)、U. G. C.(大学教育资助委员会)以及其他类似于 I. C. H. R.(印度历史研究委员会)的高级机构。而 V. H. P.(世界印度教徒大会)作为一个自命不凡的"社会"与"文化"组织,所采取的则是更加法西斯式的动员方式。它不断宣扬打压少数派的偏执信念,其自卫队印度青年民兵团也招募青年男性来为他们的神圣事业而战。以法西斯主义形式促成的虚假性别平等,建立起一个叫作印度妇女联合会(the Durga Vahini)的组织,以此保护印度教妇女不受其他公民的侵扰。这些都是教派宣传的实际生产者,随之便是对这些宣传理念的消费与内化过程。

49

重点在于研究这些观念的消费方式。既然印度教民族主义者(秉持右翼民族主义的激进宗教观念)与群众之间存有异议,为什么群众还会支持这样的政治呢?为什么教派主义者与群众之间会形成一种认同?这种认同又如何能被打破并建立起一种对立,实际上也就是建立起一种爆炸性与对抗性的矛盾,它不仅能够否定教派主义者们的霸权,还能够将社会提升为更高形式的存在?〔我们一定要谨记否定之否定的辩证逻辑,并且认清翻译黑格尔与马克思那里扬弃概念的困难,扬弃意指一种"提升"(lifting up),它既保留同时也消除了现有的存在,从而朝向更高级的存在发展。这种"提升"亦可被解读为一种革命性的"起义"(uprising),它将重拾由反教派主义与反资本主义的人民阵线所担起的群众动员问题。〕

现在让我们仔细审查教派意识形态机器的问题。在一定程度上,政治必然会发展为马基雅维利式的阴谋论逻辑,但意识形态却不会单纯停留在这一场域,统治阶级谋划着愚弄大众而使其笃信私有财产与资本积累的观念,或者政治统治阶级也会以神圣印度教国家的理念来推广愚民政策。为了理解教派意识形态的霸权,我们就必须掌握马克思的意识形态概念及其与历史唯物主义的关系。由此观之,马克思是一名意识形态主义者吗?他提出了另一套底层民众的意识形态吗?或者说根本没有能够称得上是"马克思主义意识形态"的事情,那不过是由爱德华·伯恩斯坦(Eduard Bernstein)首先提出,而后被苏维埃官僚集团控制的观念? 不妨回顾一下马克思这样的论述:要首先树立科学的历史观作为与意识形态观念的对立。①

至少在《德意志意识形态》那里,马克思认为意识形态乃是一种纯粹观念化的过程,其中为了制造先验想象和象征而必须将现实清除掉,而这种对于现实的清除是意识形态产生的必要条件。先验想象并不是基于人的想象,当然也不是科学的或者美学的想象,相反,这种想象显示出了对于现实的否定以及对于存在本身的否定。② 作为资本主义现实的现实,由此便患上了精神分裂症:感性的同时又是非感性的,③就像神学家与精神病人一起经历了"轮回"与"转世"④的过程一样。失去了其身体形态的幽灵被马克思凝练为商品的谱系学,它总是能够作为对资本主义体系的最好表达。意识形态(像商品生产的物质基础那样)就必须被理解成一种脱离的过程,在那里精神从躯体中分离了出去。这一视角接近于弗洛伊德对精神错乱的解读,它也意味着从现实当中的逃避。因此,如果现实的缺失是商品生产与意识形态的信号曲,那么其同样能够说明精神错乱的病因,意识形态与精神病始终共处一室(法西斯主义意识形态达到了它的巅峰)。现在,我们让物化直接面见了精神错乱,基于此,意识形态与疯癫也是脱不了干系的。

意识形态以幽灵的方式来否定现实,而马克思的消耗战正是要从这一意识形态空间的外部打响。不论神话般的过去,还是异化的和拜物教式的当下,承袭于它们空间内部的相关做法都是在缘木求鱼。但是若想

50

---

① Karl Marx, Friedrich Engels, *The German Ideology*, Morcow: Progress Publishers, 1976, p. 22.

② Karl Marx, *Capital*, Vol. I, trans. Samuel Moore and Edward Eveling, Moscow: Progress Publishers, 1983, p. 45.

③ Ibid., p. 76.

④ Ibid., p. 199.

表明意识形态在更广泛层面的错误,即对现实的否定,却也需要足够的经验证据进行说明。这就意味着,阿育王统治下的孔雀王朝的意识形态,或者萨珊王朝的意识形态,它们都伴随有否定现实的模式。笔者将保留这一议题以作进一步研究。现在让我们回到马克思的意识形态批判那里,同时抓住这样一个问题,即在全球化时代的垄断资本主义阶段,教派主义者如何能够主导全体国民的思维。

马克思的唯物主义表明:

> 统治阶级的思想在每一时代都是占统治地位的思想。这就是说,一个阶级是社会上占统治地位的物质力量,同时也是社会上占统治地位的精神力量。支配着物质生产资料的阶级,同时也支配着精神生产资料,因此,那些没有精神生产资料的人的思想,一般地是隶属于这个阶级的。①

所以意识形态幽灵学(ideology-specterology)作为对现实的否定已经与阶级斗争绑定在了一起。统治阶级总是编织着统治阶级的意识形态,自《德意志意识形态》和《共产党宣言》伊始便诞生了这一主题。意识形态作为对现实的否定,可以被理解成物质与精神生产资料方面的双重霸权。霸权性意识形态的变化直接对应着霸权阶级在权力统治集团内部地位的变化,因而分析范畴便转向了意识形态王国中的阶级斗争领域。

20世纪90年代早期,国民志愿会及其政治先锋印度人民党,能够在几乎一瞬间里空降到政治中心舞台,如何准确把握这一点,也就需要首先理解好全球化和自由化的政治经济学规划,及其如何扼杀了印度资产阶级伟大的自由主义规划。它冲散了统治阶级队伍并将其推向了全球资本

---

① Karl Marx, Friedrich Engels, *The German Ideology*, Moscow: Progress Publishers, 1976, p. 67. [《马克思恩格斯选集》(第一卷),人民出版社,2012年,第178页。]

洪流中,但这些统治阶级直到那时仍极度沉浸在保护主义国家与自由世俗的意识形态下。它见证了福利体系的瓦解,目睹了工会运动的萧条,却使得帝国主义多国同业联盟在经济领域自由奔跑。同时能够听到的还有社会主义与世俗主义临终的喘息,以及政治精英所呼唤的积极亲美的外交政策。另一方面,新兴的中层种姓(其他的落后种姓,也被叫作 OBCs)受曼达尔(Mandal)政治引导也采取了积极的行动,从而形成了全新的政治权力阶级。这主要反映在拉鲁·普拉萨德·亚达夫(Laloo Prasad Yadav)与穆拉亚姆·辛格·亚达夫(Mulayam Singh Yadav)领导的政治运动中。原来的权力精英试图打破政治的曼达尔化,因而曼达尔的社会民主平等主义势必遭到破坏,阿约提亚战争、神话以及由破碎了的庙宇产生的精神错乱,就这样诞生了。然而印度政治经济中的不平等显示出权力不可能完全把握在国民志愿会手里,权力的多元中心和政治联盟随之出现。

原来秉持世俗主义观念的权力集团的解体,集中反映在了国家意识形态危机当中。就这样,印度教民族主义与世俗主义的争执被正式搬上印度政治舞台,同时被卷进来的还有精英和知识分子们(包括学院派世俗主义者),他们看不到这种已经异化了的争执(印度教院派对阵伊斯兰教院派)中的虚伪性与迷惑性,所以同样只能求得一种虚假的解决方式。因而国民志愿会得以篡取权力,这并没有被当作全球资本积累危机以及印度资产阶级国家发生危机的结果,世俗主义者却将其仅仅看作印度教多数党运用暴力所致,并把解决方式寓于建立一个改良式的资产阶级自由国家。为了便于理解这一肤浅的争执(自由主义对阵教派法西斯主义)的虚伪性,笔者将转向马克思的异化与意识形态问题域中,从而看清意识形态作为虚假意识的运行机制。异化生产了虚假意识——从马克思的早期研究到 1893 年恩格斯写给弗朗茨·梅林(Franz Mehring)的信中,这始终是一大主题。由此,让我们对马克思的意识形态观作以人本主义的解读,就

《德意志意识形态》而言,马克思便已将意识形态与唯物史观作了区分。①

就像马克思所表明的,不要过分专注于哲学家们在哲学王国中的论断,也不要醉心于"心灵""上帝""理念""本质"以及"抽象的人"等问题,而是要进入历史本身当中。同理,在面对教派主义时,我们也不要尝试着去回答那种由歇斯底里症所引发的"印度教国家"问题和"伤害情感"等问题(因为偏执的教派主义者总会充满歇斯底里般的幻想),而是要回归现实本身。这种现实就是"活着的人的存在"②、历史生产方式中的感性存在的人、现实的人、包含在现实人类活动中的有悲有喜的人。对比观之,意识形态却是在观念化过程中被制造出来的幻象:

> 德国哲学从天国降到人间;和它完全相反,这里我们是从人间升到天国。这就是说,我们不是从人们所说的、所设想的、所想象的东西出发,也不是从口头说的、思考出来的、设想出来的、想象出来的人出发,去理解有血有肉的人。我们的出发点是从事实际活动的人,而且从他们的现实生活过程中还可以描绘出这一生活过程在意识形态上的反射和反响的发展。甚至人们头脑中的模糊幻象也是他们的可以通过经验来确认的、与物质前提相联系的物质生活过程的必然升华物。因此,道德、宗教、形而上学和其他意识形态,以及与它们相适应的意识形式便不再保留独立性的外观了。它们没有历史,没有发展,而发展着自己的物质生产和物质交往的人们,在改变自己的这个现实的同时也改变着自己的思维和思维的产物。不是意识决定生活,而是生活决定意识。前一种考察方法从意识出发,把意识看做是有生命的个人。后一种符合现实生活的考察方法则从现实的、有生

53

---

① Karl Marx, Friedrich Engels, *The German Ideology*, Moscow: Progress Publishers, 1976, pp. 34 - 37.

② Karl Marx, Friedrich Engels, *The German Ideology*, Moscow: Progress Publishers, 1976, p. 37.

命的个人本身出发,把意识仅仅看做是他们的意识……不言而喻,"幽灵"、"枷锁"、"最高存在物"、"概念"、"疑虑"显然只是孤立的个人的一种观念上的、思辨的、精神的表现,只是他的观念,即关于真正经验的束缚和界限的观念;生活的生产方式以及与此相联系的交往形式就在这些束缚和界限的范围内运动着。①

从对现实的否定的观点出发,以此来解构教派意识形态,便将我们带到了《1844 年经济学哲学手稿》中马克思对异化的解读上。正是通过这样的解读才能从人本科学立场解构教派主义,它也可以作为在政治层面掌握大众动员的认识型。让我们从有关人的不同角度进行分析,特别是当我们表明一个人并未面对创伤、歇斯底里症以及其他形式的教派要挟时。现在我们就要切入这一未知领域。马克思声称存在四个方面的异化(这四个维度是我们必须要面对的),即对象的异化、人的活动与人自身的异化、社会的异化以及人的必然属性与人的本质力量和潜能的异化。当下,异化的这些方面在意识形态上层建筑那里投射为二重化且扭曲化了的形态[费尔巴哈将其称作投射空缺(projected lack),弗洛伊德在《梦的解析》中将其称为审查形式(censored form)]。因而显现出来的东西,或者说具有欺骗性外表的形态,不过是一个想象共同体的神话世界,就像罗魔大帝居住在宏伟庙宇中直到被侵略者毁灭的黄金时代那样。在这种欺骗性的世界当中,镌刻出了资本主义异化之人的言语行为(他们在寻求其精神错乱的释放),而这样精神错乱的国度正是教派控制个人的场所,在那里,社会群体于半空中**幻想着现实**(*phantastischen Wirklichkeit*),并基于此寻找一个法西斯式的超人,然而却只能求得社会现实的非人的**反映**

---

① Karl Marx,Friedrich Engels,*The German Ideology*,Moscow:Progress Publishers,1976,pp.42,51.[《马克思恩格斯选集》(第一卷),人民出版社,2012 年,第 152 页、163 页。]

（Widerschein）与**表象**（Schein）。① 所以现实世界缺失的恰好被投射到了物化的上层建筑中，这种被投射出的并且二重化了的世界，在马克思看来即是"**人的本质在幻想中的实现**（*die phantastische Verwirklichung des menschlichen Wesens*），因为人的本质并未获得真正的现实性"②。

在对法西斯教派意识形态的批判，以及对消费这种意识形态的大众社会心理学的分析当中，这就是为什么笔者主张马克思的根本视角还是在于研究人的本质的异化（马克思主义哲学）以及与之对应的阶级斗争的历史局势（马克思主义科学）。这种异化了的人的本质可以被理解为阶级社会的细胞形态，其在晚期资本主义将达到巅峰，并会作为教派法西斯主义政治的组织基础和推动力。这种异化的结构属于辩证法的深层结构，偏执观念与教派的愤世嫉俗（作为物化的表征）被印刻为教派意识形态的标签。正是基于这种双重视角，才构筑了反教派的以及革命性的消耗战战场。

## 八、抗争

借助这一辩证过程，我们探索出了一条打破教派主义者霸权的道路。就像本章已经表述过的，有关异化问题的哲学不仅能够有效说明人为什么会迷失于阶级剥削的泥沼与困境之中，还能解释种姓的袪人化、性别压迫、民族性与宗教性的愤世嫉俗以及民族战争。值得注意的是，马克思的阶级斗争概念指的是一种大众的斗争、具体的斗争，伴随着这种具体性的乃是"诸多独立因素的联合"。就像列宁在《怎么办？》中提到的"所有阶级"必须投入到为社会主义的奋斗当中一样。对抗教派主义的斗争并不 55

---

① ②　Karl Marx, A Contribution to the Critique of Hegel's Philosophy of Right. Introduction, in Karl Marx, *Early Writings*, trans. Rodney Livingstone and Gregor Benton, New York: Vintage Books, 1975, p. 243.［《马克思恩格斯选集》（第一卷），人民出版社，2012 年，第 2 页。］

是一种单一性的斗争,而是为实现真正的民主、消除一切阶级、使一切异化的社会财富重归社会所有的扩大化斗争。另一方面,教派主义者的统治同样也显示出了资产阶级国家的腐烂不堪。

教派主义者们的手段不过是从历史中挪用那些已经腐朽了的东西,而社会主义者所要做的则是面向一种激进的未来,并且重申对所有伟大之物的正当性继承。正如《1844 年经济学哲学手稿》中表明,需要被占有的恰恰是人本身。从这个角度出发,社会主义哲学就应当去把握大众。马克思在此方面的著名论断是:

> 批判的武器当然不能代替武器的批判,物质力量只能用物质力量来摧毁;但是理论一经掌握群众,也会变成物质力量。理论只要说服人,就能掌握群众;而理论只要彻底,就能说服人。所谓彻底,就是抓住事物的根本。而人的根本就是人本身。①

正是从这一视角出发,才能通过马克思主义辩证法理解人的普世概念,而马克思主义本身也最终才能与所有资产阶级理论作出根本的决裂。基于此,我们方可清晰预见教派主义、自由主义与革命间的分界线。教派主义是一种异化的社群主义,其显示了伴随有宗教战争的法西斯政治;世俗主义则强调所有宗教的联合;而马克思主义更看重人民的联合与团结。(马克思在《神圣家族》中表明"人的本质的统一"即为"人的类意识和类行为、人和人的实际的同一性,也就是说,它表明人同人的社会的关系或人的关系"②。恰恰在这种解放的辩证空间当中,不同文明间的真正对话

---

① Karl Marx, A Contribution to the Critique of Hegel's Philosophy of Right. Introduction, in Karl Marx, *Early Writings*, trans. Rodney Livingstone and Gregor Benton, New York: Vintage Books, 1975, p. 251. [《马克思恩格斯选集》(第一卷),人民出版社,2012 年,第 9~10 页。]

② Karl Marx, Friedrich Engels, *The Holy Family or Critique of Critical Criticism*, Moscow: Progress Publishers, 1980, p. 50. [《马克思恩格斯文集》(第一卷),人民出版社,2009 年,第 264 页。]

才得以可能,也正是这一空间才会发挥出对文化多样性的诚挚尊重。)进一步来看,如果教派主义是宗教与国家的同一,而自由世俗主义要求宗教从国家中分离,那么马克思主义就是对国家与宗教的双重扬弃(同时要消除的还有剥削和异化)。

辩证法的扬弃是马克思主义的信号曲:对异化、私有财产、国家以及宗教的扬弃。当人挣脱出这些物化的境遇,通过辩证激进历史主义把现实提升为更高存在层面从而沐浴其中时,这一途径既不能寓于资产阶级国家政治,亦不能寓于市民社会自命不凡的社会特性之中。马克思主义意在超越一切阶级社会,毕竟这才是社会主义革命的根本观念。

全世界人民的无条件联合是新世界秩序的国际主义规划。激进的世俗主义有别于政治世俗主义(在本章之前的部分我们已作过批判),在这种激进的未来主义图景中,其显示出了那种国际主义的启蒙规划。就像马克思对科学社会主义与其他乌托邦式的社会主义加以区分一样,我们也要将激进世俗主义区别于自由世俗主义政治。

在这种激进性的"普世化"过程中,自然就能体会到不同文明的伟大之处,它也要求全世界所有人民的语言与学识齐头并进。所以除了对政治经济学和意识形态进行批判外,还有必要着眼于文化领域,借此同样能够发现真正的人。

第二章

# 印度向何处去？

我恐怕你会使得那些贱民（Harijans）群起而反抗社会。

——M. K. 甘地于 1915 年写给

哈里·纳拉扬·阿普特（Hari Narayan Apte）

圣雄似乎并不屑于思考，他更愿意紧随那些圣贤。像一名崇尚神圣观念的保守主义者那样，他所惧怕的事情是，一旦他开始思考，那么他一直以来坚守的信念与制度都将顷刻崩塌……在他的思考范围内，对我而言，其不过是在滥用他的智识来维护印度教古老的社会结构。他是印度教最有力的辩护者，正因如此，他也将成为印度教最大的死敌。

——巴萨布·安贝德卡尔《种姓的消亡》

## 一、种姓与亚细亚生产方式

"印度革命向何处去？"这一问题至少关联如下两个问题："亚洲革命向何处去？"和"世界革命向何处去？"从普遍意义上可以泛指整个亚洲，特殊意义上则可以专指印度，它们都伴随诸多的矛盾性。一方面，当西欧还处于历史上的野蛮阶段时,自埃及、巴比伦、伊朗直至印度、中国以及远东地区的亚洲文明就已大力发展起了城市文明;另一方面,亚洲长期受制于封建统治,马克思将其称为"亚细亚专制主义"和"亚细亚生产方式",这种方式不仅区别于欧洲封建主义,甚至区别于欧洲历史本身。

20 世纪 60 年代至 70 年代间,印度左派开始将目光投向印度生产方式的本质上。一些人声称印度还处于半封建社会,其他人则将印度界定 **61** 为"殖民地生产方式",但也有人称印度为资本主义生产方式。① 这里并未看见马克思的分析,而是列宁与毛泽东成为分析印度生产方式的理论家。马克思对亚细亚生产方式作出的分析几近被忽略了,而现在必须回到那种生产方式上。因此,历史分析必须研究阶级与印度前资本主义社会构型间的辩证关系,这需要谨记马克思的亚细亚生产方式概念。

马克思曾经论述过,"在亚洲,从远古的时候起一般说来就只有三个政府部门:财政部门,或者说,对内进行掠夺的部门;战争部门,或者说,对外进行掠夺的部门;最后是公共工程部门"②。马克思应该再加上一个部门——种姓层化(Caste Stratification)部门——这一部门自古便是印度文明的支柱。种姓——印度社会的层化体系,基于一种不平等的本体论神学(onto-theology),它将自身呈现为农村公社的不开化的利己性(在后面从马克思那里的引述中我们将看到这一点),其崇尚禽兽而贬低人,只关注某种狭隘领域而无视外部世界——比佛教和伊斯兰教更具生命力,并且很快不仅会与殖民主义激起摩擦,还会与现代工业甚至现代性本身发生碰撞,而在这其中,种姓仍可继续存活。

那么种姓及其呈现为的农村公社又指意着什么呢? 难道它们仅仅表明了这种"印度式"层化的劳动分工:祭司、战士、商人以及无产者;或者

---

① Utsa Patnaik, ed. *Agrarian Relations and Accumulation: The Mode of Production Debate in India*, Bombay: Oxford University Press, 1990.

② Karl Marx, The British Rule in India, in *On Colonialism*, Moscow: Progress Publishers, 1976, p. 37. [《马克思恩格斯选集》(第一卷),人民出版社,2012 年,第 850 页。]

种姓还指意出了一种特殊的种族分类方式,供印度与伊朗的那些梨俱吠陀信仰下的人们所遵从?不论何种形式——经济的或种族的——种姓不仅作为印度"阶级"体系的基础,还是当代右翼保守主义运动的根基。尽管种姓会不断调整自身的存在方式(也尽管种姓歧视在印度遭到了绝对的禁止),但它们总是能够死灰复燃。

一般说来,正如马克思也同样认为的那样,种姓终将遇见它的天敌——工业和工业革命,[1]后者将成为掘墓人并亲手书写印度种姓体系的碑文。工业以及伴随它的现代性到来了,或者至少呈现出西方资本主义式的社会理性化,但种姓却始终不肯离去。这个幽灵纠缠着印度——其作为已经过时的生产方式,不仅对印度"文明",甚至对全球资本积累都显得过于亲近了。本章集中关注的是马克思的文化政治学,它将面向两种解放型的政治——阶级斗争理论和关于达利特底层贱民(subaltern-dalit)的种姓霸权理论("底层"在这里并非混同于后现代或者后马克思主义的"底层研究",尽管它们曾一度流行过。"底层"使我们直接意欲出的乃是人民群众)。马克思主义解决的是阶级斗争和社会主义斗争问题,本章则实际上继承了马克思的辩证法,也就是说,一方面从经验角度具体地直面印度种姓体系,另一方面基于马克思的法权理论,不仅要完成而且还必将完成对种姓体系的批判。

就像我们在上一章所指出的,对马克思主义而言,社会的经济结构是"历史的最终决定因素",但绝不是"唯一的决定因素"[2]。马克思与恩格斯亦反复强调,在基础与上层建筑之间存有一张巨大的辩证网络。历史不能被理解成静态的建筑性隐喻,在那里一个稳定的经济基础自然会矗

62

---

① Karl Marx,The Future Results of the British Rule in India, in *On Colonialism*, Moscow:Progress Publishers,1976,p.85. "由铁路产生的现代工业,必然会瓦解印度种姓制度所凭借的传统的分工方式,而种姓制度则是印度进步和强盛道路上的基本障碍。"

② Friedrich Engels,To Josef Bloc,in Marx,Engels,*Selected Works*,Moscow:Progress Publishers,1975,p.682.

立起对应的政治与意识形态上层建筑。相反,历史是由一系列实践构筑而成的:经济、科学、政治、宗教以及意识形态等,所有这些都处于彼此凝结与相互交替的状态下,其中这些互动着的实践在它们彼此碰撞的境遇内进行着"相互作用"(借用恩格斯的话)①,此时这些实践的一个方面构成了主体架构,即经济成为"最终的决定因素"。

63     这一辩证网络存在两个不同维度:一方面,体现在基础与上层建筑之间;另一方面,体现在多元性社会与异质性社会之间,其拒斥历史作为线性发展的形而上学。马克思并不秉持历史一元论(这一观点由俄国马克思主义之父格利奇·普列汉诺夫推而广之),实际上他恰好是一名多元论者,对马克思来说,历史是紧密联系现实的多元主义,而不是某种自为的抽象历史形式。根据我们对《1844 年经济学哲学手稿》的理解,马克思并没有谈及自在的抽象经济生产方式,而是关联于诸多上层建筑因素的生产方式,"宗教、家庭、国家、道德、科学以及艺术等,(它们)都是特殊的生产方式,并且遵循着一般的规律(即占统治地位的经济生产方式的规律,这是笔者个人的插话)"。如果马克思能够将宗教、家庭等其他方面作为特殊的生产方式,那么我们亦可以把种姓置于生产方式的矩阵(matrix)当中,种姓进而将会成为理解印度教和印度历史本身的有效线索。按照马克思的说法,种姓主要基于:

> 这些田园风味的农村公社不管看起来怎样祥和无害,却始终是东方专制制度的牢固基础,它们使人的头脑局限在极小的范围内,成为迷信的驯服工具,成为传统规则的奴隶,表现不出任何伟大的作为和历史首创精神。我们不应该忘记那些不开化的人的利己主义,他们把全部注意力集中在一块小得可怜的土地上,静静地看着一个个

---

① Friedrich Engels, To W. Borgius, January 25, 1894, in Marx, Engels, *Selested Werks*, Moscow: Progress Publishers, 1975, p.694.

帝国的崩溃、各种难以形容的残暴行为和大城市居民的被屠杀，就像观看自然现象那样无动于衷；至于他们自己，只要哪个侵略者肯于垂顾他们一下，他们就成为这个侵略者的驯顺的猎获物。我们不应该忘记，这种有损尊严的、停滞不前的、单调苟安的生活，这种消极被动的生存，在另一方面反而产生了野性的、盲目的、放纵的破坏力量，甚至使杀生害命在印度斯坦成为一种宗教仪式。我们不应该忘记，这些小小的公社带着种姓划分和奴隶制度的污痕；它们使人屈服于外界环境，而不是把人提高为环境的主宰；它们把自动发展的社会状态变成了一成不变的自然命运，因而造成了对自然的野蛮的崇拜，从身为自然主宰的人竟然向猴子哈努曼和母牛撒巴拉虔诚地叩拜这个事实，就可以看出这种崇拜是多么糟蹋人了。①

　　我们应当如何看待这样的解读呢？根据爱德华·萨义德的观点，是否我们就可以断言之，伟大的人本主义者马克思已完全拜倒在了欧洲中心论的霸权实践之下，就像欧洲中心主义吞噬了黑格尔与歌德那样？②或者说，马克思的解读是对印度社会主体结构的正确解读吗？这些结构也不可混淆为对"印度封建主义"的解读，而必须置于亚细亚生产方式中，此乃马克思（并非马克思主义者）所持有的观点，那么种姓是这种亚细亚生产方式的决定因素吗？种姓作为印度社会的基础，这已成为被诸多思想家验证了的事实，他们包括赫尔伯特·瑞斯利（Hibert Risley）、约翰·尼斯菲尔德（John Nesfield）、埃米尔·塞纳特（Emile Senart）、马克斯·韦伯（Max Weber）、路易斯·杜蒙特（Louis Dumont）、D. D. 高善必（D. D. Kosambi）、E. M. S. 纳博瑞帕德（E. M. S. Namboodripad）、M. N. 斯

---

　　① Karl Marx, The British Rule in India, in *On Colonialism*, Moscow: Progress Publishers, 1976, pp. 40 –41. [《马克思恩格斯选集》（第一卷），人民出版社, 2012 年，第 853 ~ 854 页。]

　　② See Edward Said, *Orientalism: Western Conceptions of the Orient*, London: Penguin, 1995.

里尼瓦斯(M. N. Srinivas)以及撒拉德·帕蒂尔(Sharad Patil)等。种姓的社会进程,及其通过社会分层与同族部落(varna-jati)间的辩证关系所体现出的一切可怕的迷信与波及的后果,既构成了印度社会的基础,也是印度社会的梦魇,不仅马克思捕捉到了这一点,反种姓运动的中坚力量亦看到了这一点,其中就包括乔泰奥·菲勒和巴萨布·安贝德卡尔。反种姓的革命始终是他们激进政治的主旋律。

在菲勒和安贝德卡尔看来,反抗种姓体系必须被当作重中之重。通过此二人可以对印度历史进行彻底的重新解读,当其直面对印度进行有关东方主义与婆罗门式梦幻般的解说时,那种激进主义必会使他们站在这一解说的对立面上。菲勒与安贝德卡尔就印度教的理解如何能够在根本上区别于浪漫派,包括维韦卡南达(Vivekananda)、赛斯特·尼维戴特(Sister Nivideta)、甘地、阿南达·库马拉斯瓦米(Ananda Coomaraswamy)以及奥罗宾多(Aurobindo),就在于前者要对印度教进行釜底抽薪。种姓连同由婆罗门创立的迷信的和精神性的上层建筑,必须被一起粉碎,而婆罗门精英们自19世纪中晚期甚至可以追溯到更久远时期所建构出的"族群",也终将消融为断片。印度历史就要从这种底层民众的解构视角出发,它将击垮婆罗门的印度教并使其永无翻身之日。正是基于这样的种姓压迫批判与对印度历史的激进解读,革命性的马克思主义才会走进印度革命的宏图当中。革命性的马克思主义就应该有效把握印度的种姓进程,并且对印度历史展开激进的底层式解说。

根据菲勒对印度历史的解读,婆罗门将首陀罗和类似首陀罗之人以及外邦人(即低等的种姓阶层和穆斯林)列为妖魔化的"他者",这也使得婆罗门自己被解构为敌对的"他者"——因为这些原始的婆罗门就是来自伊朗的"他者",并且他们毁灭了"真正的"印度文明。① 婆罗门的历史

---

① Jyotirao Phule, *Slavery*, trans. P. G. Patil, Bombay: The Education Department, Government of Maharashtra, 1991, pp. XXIX – XXXI, 4, 5, 40.

将不再拥有其一直引以为傲的稳定而坚固的根基,它会直接暴露出非民族性与非民本性的特征。但菲勒反而揭露出了婆罗门教的帝国主义和自身固有的残暴本性,他所建构的主张构成了反婆罗门运动的基础,也正是从这一基础出发,才会在现当代的印度促生底层反对婆罗门的运动。安贝德卡尔承接了菲勒的遗产后,自然也会进入印度的这一历史场景中。尽管安贝德卡尔并不会全盘接收菲勒的历史批判,特别是有关"雅利安人"的问题和镇压印度底层阶级的缘起问题,它们都不同于对婆罗门教批判的历史分析。[1] 但是这两方面的批判在解决印度教与种姓问题当中,一定会形成一个政治认知同盟(epistemico-politico alliance)。

在印度教的主要文本《梨俱吠陀》第十曼荼罗(mandala)里,有关创生的神话描述了作为神同时也作为最原始的"人"——后来被称作梵天(Brahmâ)的 Prajâpati("万物之主")存在于宇宙形成之前,而婆罗门(Brahmins)出生在他的嘴里,Râjanya(后来的刹帝利)出生在手中,吠舍(Vaisyas)出生于大腿,首陀罗(Sudras)出生于小腿。[2] 社会分层(varna)体系首先在这一文本中被提及,后来成为证明种姓层化合理性的意识形态表意机器,并构成了强调纯洁性、玷污性以及排他性的社会政治主张。那么问题首先在于:什么是社会分层? 其在词源学上有何意义? 文献学

---

① Babasaheb Ambedkar, *Who were the Shudras? How they came to be the Fourth Varna in the Indo-Aryan Society*, Bombay: Thacker & Co., Ltd, 1946.

② *Sacred Writings. Hinduism. Rg Veda*, trans. Ralf T. F. Griffith, New York: Quality Paperback Books, 1992, p.603. "婆罗门是他的嘴,刹帝利构成了双臂。他的大腿成为了吠舍,而首陀罗则从脚那里生长出来。"正是基于这种对原始人的赞美诗,婆罗门才构筑起了其霸权。A.L. 巴沙姆(A.L. Basham)表明,印度教的本质秩序并不依赖于神,而是遵照着婆罗门阶层,他们通过"献祭的巫术"保有这种本质。婆罗门比天上的神和地上的王都更具权力,其能够运用巫术仪式将献祭转为迫害他进而将其消灭。*The Wonder that was India: A Survey of the History and Culture of the Indian Sub-Continent before the coming of the Muslims*, New Delhi: Rupa & Co., 2001, p.241。

又会怎样将"社会分层"这一词汇归类呢？① 第二个问题关系同族部落
**66** （jati）的形成过程和对这一词汇的历史语言学分析。第三个问题主要是
根据马克思主义的阶级斗争理念，并结合亚细亚生产方式的具体分析，来
审视社会分层与同族部落的形成过程。若想更好地抓住种姓层化的分析
线索，我们有必要参照《梨俱吠陀》与《波斯古经》的对比研究，这是为了
了解部落和阶级冲突的本质，并且真正探索出为什么伊朗人那里没有产
生种姓，但在印度人那里却形成了。这也恰好显示出对印度人与伊朗人
的意识形态机器的对比研究。

我们需要做的就是对印度种姓与阶级构型之间的关系进行科学分
析，并准确把握种姓在具体历史经济生产方式中的地位。至今依然没有
落实的就是，对种姓与亚细亚生产方式进行彼此间的独立研究。出现在
20 世纪的亚细亚模式（Asiatic mode）问题，被限定在了水利专制体系与东

---

① 安贝德卡尔并不同意，Kosambi's Marxism and Ancient Indian Culture, in *History and Socie-*
*ty*：*Problems of Interpretation*, Bombay：University of Bombay，1989，p. 77；Nripendra Kumar，Dutt's Ori-
gins and Growth of Caste in India，Vol. I，London：Kegan Paul，1931，p. 21；Romila Thapar, *A History of*
*India*，Vol. I，New Delhi：Penguin，1996，p. 38 中表明的 varna 没有"颜色分类"之意，而是不断借用
"我的朋友达斯特·波德（Dastur Bode）"就《波斯古经》的解释中指意的对这一概念的观念化用
法（因而使得 varna 等同于宗教或伦理），这主要体现在 *Who were the Shudras*? 当中。为什么安贝
德卡尔要这样做呢？一个可能的理由就是他不想把种姓问题混淆于种族问题，这两方面问题他
都亲身经历过，前者是在印度，后者是在自己学生时代的美国。安贝德卡尔也反对早期印度历
史中的种族主导论，这主要由东方学者们提出。实际上，安贝德卡尔指责婆罗门的正是其持有
的此般种族主义观念，因为他们信仰"两种民族理论"（Ibid.，p. 76），以及他们自己想象出的"优
越性"，其中他们——代表雅利安民族的婆罗门——将统治印度的其他人，即统治所谓的非雅利
安人（Ibid.）。马克斯·韦伯在 The Sociology of Hinduism and Buddhism（Glencoe：The Free Press，
1958）中也反对将种姓体系解释为源于种族理论——源于"种族心理学""血统"或者"印度心灵
说"（p. 124）。更多说明详见于早期《波斯古经》和查拉图斯特拉的《禅诗》，在那里充斥着对梨
俱吠陀时代人们的更无情的看法，他们被查拉图斯特拉发现是骗子和暴徒，他们毁坏了原始农
业和牧区经济。杰拉多·戈诺利（Gherardo Gnoli）在 *Zoroaster's Time and Homeland. A Study on*
*the Origins of Mazdaism and Related Problems*（Naples：Istituto Universitario Orientale，1980，p. 186）中
也表明，《禅诗》时代确实存在这两种现象。戈诺利认为斗争主要介于 ratheshtra /刹帝利与
*vâstryô-fšuyant*/ 吠舍之间（Ibid.）。了解印度人如何制造了这种奇怪而又令人费解的种姓体系是
至关重要的，因为伊朗人也有三层阶级体系：包括 âthravan，ratheshtra 和 *vâstryô-fšuyant*，伊朗传统
上将这种三层划分归因于伊摩（Yima），尽管其并没有由此进化出种姓体系。

方国家的问题域中,种姓问题似乎已被这一分析框架消解了。并且有关亚细亚模式本身的讨论,哪怕没有被国家资本主义官僚集团所避讳——M. N. 柯琴(M. N. Kokin,1906—1939 年)作为一名受害者据推测被害于臭名昭著的大清洗中,也受到了严格的"限定";苏维埃之外的学者对它的关注也是很不充分的。卡尔·魏特夫(Karl Wittfogel)的《东方专制主义——对极权的研究》(Oriental Despotism——A Study of Total Power)以及后来劳伦斯·克拉德(Lawrence Krader)所作的分析,都被证明存在着严重缺陷。实际发生的恰恰倒向了对马克思亚细亚生产方式的道德性解读,其声称马克思所使用的"东方专制主义"完全是对非欧洲社会的蔑视。这种道德性的解读不仅误噬了曾经的左派主义者后来变为叛徒的魏特夫,还包括爱德华·萨义德,以及高喊"印度封建主义"口号的印度马克思主义者。马克思对国家与文明的道德性了无兴致,而是热衷于生产方式的研究。宣称马克思是一名颂扬黑格尔与公司制的欧洲拥护者,这一观点由萨义德借福柯对西方遭遇东方的解读而得出,其不过是谬误罢了。萨义德本应该再等一等福柯的《伊朗人正梦想着什么》,其中阿亚图拉·霍梅尼(Ayatollah Khomeini)作为民主主义者与共产主义者的屠夫,其政治理念被福柯盛赞为"政治唯灵论"①。

当马克思谈及印度田园风味的且一成不变的体制时,他指的正是种 67
姓体制②——在安贝德卡尔看来,此乃一种缺乏理性的体制——马克思认为这一体制在于"自给自足的公社不断地按照同一形式把自己再生产出来,当它们偶然遭到破坏时,会在同一地点以同一名称再建立起来,这

---

① Michel Foucault,What the Iranians are Dreaming About? in Janet Afary and Kevin B. Anderson,*Foucault and the Iranian Revolution:Gender and the Seductions of Islamism*,Chicago:University of Chicago Press,2005.

② 伊凡·哈比指出,马克思在亚细亚模式中提出的"一成不变"的要素是有失公允的,而农村公社理念也是"高度理想化的"。参见 Irfan Habib,*Essays in Indian History—Towards a Marxist Perception*,New Delhi:Tulika,1997,pp. 35,234.

种公社的简单的生产有机体,为揭示下面这个秘密提供了一把钥匙:亚洲各国不断瓦解、不断重建和经常改朝换代,与此截然相反,亚洲的社会却没有变化。这种社会的基本经济要素的结构,不为政治领域中的风暴所触动"①。正是从这一角度出发,对亚细亚模式与印度教的批判才得以成行——马克思与安贝德卡尔现在构筑起了坚实的同盟。这种批判表明存在众多单子式的鲁滨逊·克鲁索,他们基于小资情怀和氏族家庭的劳动机制,其抑制理性的培养和物质与精神财富的生产;社会生活沉醉于图腾与纯洁性的禁忌当中,并充满对族内通婚制和社会排外性的崇拜。在这种由社会分层与同族部落所统领的生产方式内部,绝不会出现资本主义式的工具理性,更别说共产主义式的批判理性了。但马克思的分析不能混同于黑格尔对文明的理解图示,在黑格尔那里,印度连同中国和波斯都位列于欧洲文明之后。② 黑格尔是一位欧洲中心主义者,而马克思则是一位人本主义者与国际主义者:他的人生格言即**"人所具有的我都具有"**(Nihil humani a me alienum puto)③。马克思从不责难人民和文明,他在意的是生产方式。

科学的目光必须转回到种姓问题上来,因为只有通过对种姓与阶级问题的解读才能理解印度历史,并且说明印度革命的问题。在阶级斗争以及抗衡种姓压迫与对妇女和少数民族的暴力当中,印度共产主义者充当先锋并发挥了领导作用,但种姓问题本身似乎逃离在他们的激进政治理念之外,以致其始终无法打破印度统治阶级的霸权。除非揭露种姓与

---

① Karl Marx, *Capital*, Vol. I, trans. Samuel Moore and Edward Aveling, Moscow: Progress Publishers, 1983, pp. 338 – 339. [《马克思恩格斯全集》(第 44 卷),人民出版社,2001 年,第 414 ~ 415 页。]

② G. W. F. Hegel, *Lectures on the Philosophy of World History*: Introduction, trans. H. B. Nisbet from the German edition of Johannes Hoffmeister, Cambridge: Cambridge University Press, 1980, pp. 200 – 202.

③ Karl Marx, Confession, in Eric Fromm, *Marx's Conception of Man*, New York: Fredrick Ungar Publishing Co., 1967, p. 257. [《马克思恩格斯全集》(第 31 卷)(下),人民出版社,1972 年,第 589 页。]

阶级间的这种辩证性,否则就不可能出现资产阶级民主革命,更谈不上社

68 会主义革命了。种姓问题是阻碍民主进程的最恶劣的构造。正是基于这
一角度,我们方能明白占主导地位的生产方式和理解:①印度氏族的崛
起;②对印度真正资本主义发展的压制与阻碍(因为资本主义需要自由劳
动力作为它的先决条件,但与此相对的却是种姓,而种姓则基于世袭式的
不自由劳动力);③新法西斯式印度教民族主义的国民志愿会的出现,以
及伊斯兰教主义者的伊斯兰传道会与伊斯兰大会党的诞生。我们必须知
道,种姓是一个鲜活的实在,它并不会伴随资本主义的增长而消亡。种姓
在今天带来的最大威胁就是,以联合家庭(Sangh Parivar)为代表的印度
教民族主义法西斯。要知道,较斯大林领导下的共产国际以及德米特里
耶夫(Dmitriov)在 20 世纪 20 年代到 30 年代间对法西斯主义的理解而
言,法西斯主义远是一个更加复杂的现象。对法西斯主义的正统定义,亦
如界定为"开放式的恐怖独裁,这种独裁表现为金融资本中最反动、最沙
文主义也最帝国主义式的机理",便将资本积累从具体的历史条件中分离
出来了。更显而易见的则是,消弭的金融资本最终引发了暴力,并推动了
第一次帝国主义世界大战的爆发,以及意大利、德国与西班牙反共产主义
法西斯的形成。但在此分析中却没有对德意志氏族(German gens)残余
力量的研究(正如马克思于 1868 年引用凯撒的话来提醒恩格斯,"日耳曼
人总是按血族共同体集体定居,而不是单独定居的:'他们是按氏族和亲
属关系一起居住的'"。)①这些原始德意志氏族的存留在德国充当了极端
的反革命角色,同样的场景也发生在了现当代的印度——种姓体系在印
度正借助于帝国主义地缘政治的推动,从而形成了一个保守的新法西斯
主义政治体系。像安贝德卡尔在 20 世纪 40 年代作出的预言性总结那

---

① Karl Marx,To Engels in Manchester,London,March 25,1868,in Marx,Engels,*Selected Correspondence*,Moscow:Progress Publishers,1975,pp. 188 – 190.[《马克思恩格斯选集》(第四卷),人民出版社,2012 年,第 470~471 页。]

样,政治统治精英们,也即议会,不仅不会进行社会改革,反而还会将社会改革过程联系到邪恶反动的以及法西斯式的印度教大斋会身上。① 尼赫鲁也曾提出:"一个又一个的议会议员在各自的民族斗篷下面,都不过是教派主义者而已。"②

**69** 底层的反种姓运动表明,在种姓体系与婆罗门教图腾崇拜统治下的印度,秉持一种强调纯洁性、玷污性以及排他性的社会理念,这就使得社会在本质上是反民主的。同样的底层批判视角坚称,除了钟表时间的理念外,印度哲学不涉及任何有关工业革命的理念,这就解释了那种循环的历史理念——实际上这却是从未发生过的历史,但却如同反复发作的创伤性神经症一样。印度教婆罗门哲学既不像关乎进步与发展的欧洲启蒙思想,亦不同于历史漩涡中的拜火教、犹太教、基督教以及伊斯兰教的相关理念,其不具备任何关于进步的思想。种姓作为社会结构,它的上层建筑是宣传反进步和崇尚亘古循环的意识形态。对种姓体系必须进行切实深入的研究,因为种姓并不会伴随资本主义而消亡,却是与其共在。

为什么会如此呢?其中一个原因在于,资本主义的增长并不是基于观念型的逻辑,在这样的逻辑内部某种整齐划一的阶级体系以"纯粹形态"发展,而这种纯粹性又不受种姓结构束缚或其他干扰因素影响。当马克思谈及"纯粹形态"并且说明我们必须理解发生于"最典型的形态内部以及完全不受干扰因素影响的"社会过程时,他所呈现的是一种方法论,其能够帮助窥探到社会的"细胞形态"。③ 这种纯粹形态存在于细胞形态层面的实在中,而细胞的纯粹形态往往伴随于混沌形态(chaotic form)。抽象与具体的辩证法,即为从细胞的纯粹形态朝向身体的混沌形态的运动。

---

① Babsaheb Ambedkar, *What Congress and Gandhi have done to the Untouchables*, Bombay: Thacker & Co.,1945,23.

② Jawaharlal Nehru, *An Autobiography*, New Delhi: Oxford University Press,2001, p. 136.

③ Karl Marx, *Theories of Surplus Value*, Part I, Moscow: Progress Publishers,1975, p. 40; *Capital*, Vol. I, trans. Samuel Moore and Elward Aveling, Moscow: Progress Publishers,1983, p. 19.

　　既然提出了社会构型与生产方式的问题，就必须要进入经验层面的分析上来，从而有效规避所有意识形态的干扰。更顺理成章的是，这样我们就不会将由封建主义向西欧资本主义的过渡方式强加给印度。同时，我们也不能把被马克思称为"现成的逻辑体系"的东西作为放之四海而皆准的应用，①所以提出印度的阶级与种姓问题，就是要超越先验的形而上学预设。然而非常不幸，共产主义运动的队伍里不仅闯入了上层种姓人员，甚至早前共产主义运动的中坚力量都充斥着改良主义者。如 S. A. 丹吉(S. A. Dange)就将柏拉图的方法论引入对印度的分析中，这显示出的 70 不过是所谓的左派主义者的婆罗门式偏好。他宣称**雅佳纳**(*Yagna*)作为一种嗤之以鼻的献祭，实际上只是一种生产方式②——更准确地说，是一种值得庆幸的原始共产主义方式，丹吉借此弘扬了吠陀(Vedic)社会。同时，对机械唯物主义而非马克思的辩证唯物主义的依赖，必然会遭受历史目的论的挟持：历史受铁一般的规律所主导而独立于人的意志，一切历史都被看作沿着一条预先决定的线路——从原始共产主义经过奴隶制、封建主义、资本主义直到通过不可抗力最终实现共产主义。显而易见，马克思拒绝遵从这种形而上学机制，这不仅体现在《政治经济学批判大纲》和《资本论》中，也可见于《人类学笔记》和与俄国民粹主义革命者的通信中：

　　　　关于原始积累的那一章只不过想描述西欧的资本主义经济制度从封建主义经济制度内部产生出来的途径。因此，这一章叙述了使生产者同他们的生产资料分离，从而把他们变成雇佣工人（现代意义上的无产者）而把生产资料占有者变成资本家的历史运动。在这一历史中，"对正在形成的资本家阶级起过推动作用的一切变革，都是

---

　　① Karl Marx, To Friedrich Engels in Manchester, Feb. 1, 1858, in Marx, Engels, *Selected Correspondence*, Moscow: Progress Publishers, 1975, p. 95.

　　② S. A. Dange, *India from Primitive Communism to Slavery*, Bombay: People's Publishing House, 1949.

历史上划时代的事情;尤其是那些剥夺大量人手中的传统的生产资料和生存资料并把他们突然抛向劳动市场的变革。但是,全部过程的基础是对农民的剥夺。这种剥夺只是在英国才彻底完成了……但是,西欧的其他一切国家都正在经历着同样的运动"等等。①

71　　如果我们问马克思,"这个历史概述"的分析对非西欧国家会如何呢? 这意味着,农民首先要转变为无产者并倒进"资本主义经济的怀抱"②当中。但是马克思又警告说,绝不可将西欧资本主义起源的历史概述变成"一般发展道路的历史哲学理论,一切民族都注定要走这条道路……(人们也不应使用)一般历史哲学理论这一把万能钥匙,因为这种历史哲学理论的最大长处就在于它是超历史的"③。

　　因此,马克思主义如何能够摆脱自身已深陷其中的超历史的形而上学束缚,进而正确理解印度与种姓问题呢? 我们又应当怎样把握种姓与阶级的内在辩证关系,从而打破印度非正义的政治经济基础呢?

　　这种超人文的历史思想在普列汉诺夫与卡尔·考茨基的理论中开始蔓延,随之具体化为一种本体论教条,后来经阿尔都塞的"理论反人本主义"而变得流行起来。这样的实证主义是种异化的推理,在马克思早期对历史与**人的本质**( *das menschlichen Wesen* )的解读中就有了明显的论述。马克思表明,人才是全部人类活动和全部人类关系的本质和基础:"历史什么事情也没有做,它'不拥有任何惊人的丰富性',它'没有进行任何战斗'!其实,正是人,现实的、活生生的人在创造这一切,拥有这一切并且进行战斗。并木是'历史'把人当做手段来达到自己——仿佛历史是一个独

---

　　①② Karl Marx, To the Editorial Board of the Otechestvenniye Zapiski, London, Nov., 1877, in Marx, Engels, *Selected Correspondence* , Moscow: Progress Publishers, 1975, p. 293. [《马克思恩格斯选集》(第三卷), 人民出版社, 2012 年, 第 729 页。]

　　③ Ibid., pp. 293 – 294. (同上, 第 730 页。)

具魅力的人——的目的。历史不过是追求着自己目的的人的活动而已。"①

　　当马克思说明经济基础决定意识形态上层建筑时，他的意图在于强调"**决定**"（Bestimuung）一词对经济基础与意识形态上层建筑这两个场域的联结与绑定效用，但"决定"绝不表示决定论之意。如我们先前阐述的那样，"决定"一词关系**构型**（Gestaltung）理念，它将自身联系到社会构型的具体现实层面。修正主义的解释将马克思主义（特别是第二国际时期以及后来苏维埃形而上学）肢解为经济基础与上层建筑的断片，从而开启了还原论与目的论之先河，这是对马克思主义的误读。经济主义诞生在无产阶级运动中，当今的社会民主人士依旧深陷经济还原论与政治观念论的二元态势，以至于他们无法提出种姓问题。为什么会如此呢？经济决定论又源于何处呢？其源于将精神（政治和意识形态上层建筑）抽离于身体（社会的经济基础）。这就好比一个人没有身体就不会有精神一样，同样，没有精神也就不会意识到这个身体。我们必须超越这种僵化的且机械的方法论（将精神抽离于身体），从而以科学的方式提出阶级与种姓的问题。经济决定论是种粗鄙的经济学，而马克思主义恰好是对政治经济学的批判。对经济决定论的扬弃因而成为必然。机械主义的国际社会民主派将基础从上层建筑中抽离，与此类似，在印度我们所面对的则是将种姓问题从阶级斗争中抽离，这必然成为印度革命的灾难性时刻。

　　对比于经济决定论，我们将转向历史的更深层领域，这关系对印度生产方式的讨论和**公社**（Gemeinschaft）与**社会**（Gesellschaft）的问题，它们首先经马克思而后由德国社会学家于19世纪末提出。时至21世纪，印度仍是由诸多公社构成的一个杂乱联合体，这是个事实。种姓不单纯是前资本主义的残余，还是一个活生生的有机社会经济结构，这种社会经济结

---

　　① Karl Marx and Friedrich Engels, *The Holy Family or Critique of Critical Criticism*, Moscow：Progress Publishers, 1980, p. 116. ［《马克思恩格斯文集》（第一卷），人民出版社，2009年，第295页。］

构也可被看作"公社"形式。这些"公社"同现代阶级构型共存,这亦是事实。至今仍可以观察到那些众多的公社是如何与阶级斗争发生着历史性共生的。基于此,我们必须走进马克思已经完成了的在科学上的伟大革命。历史上"起推动作用的力量"(借用恩格斯的话)就这样呈现在了生产力、生产关系以及意识形态上层建筑的辩证冲突当中,正是这些永恒运动着的冲突构成了历史的推动力。在这些冲突内部,经济、政治、科学以及意识形态的不同立场之间既相互凝结又彼此交替,它们所创生出的震荡转变,最终造成了生产方式的历史性变化。马克思于 1859 年在《〈政治经济学批判〉序言》中已强调过这一历史机制,其论述主旨如下:

73　　　　法的关系正像国家的形式一样,既不能从它们本身来理解,也不能从所谓人类精神的一般发展来理解,相反,它们根源于物质的生活关系,这种物质的生活关系的总和,黑格尔按照 18 世纪的英国人和法国人的先例概括为"市民社会",而对市民社会的解剖应该到政治经济学中去寻求……人们在自己**生活**(Lebens)的社会生产中发生一定的、必然的、不以他们的意志为转移的关系,即同他们的物质生产力的一定发展阶段相适合的生产关系。这些生产关系的总和构成社会的经济结构,即有法律的和政治的上层建筑坚立其上并有一定的社会意识形式与之相适应的现实基础。物质生活的生产方式制约着整个社会生活、政治生活和精神生活的过程。不是人们的意识决定人们的存在,相反,是人们的社会存在决定人们的意识。社会的物质生产力发展到一定阶段,便同它们一直在其中活动的现存生产关系或财产关系(这只是生产关系的法律用语)发生矛盾。于是这些关系便由生产力的发展形式变成生产力的桎梏。那时社会革命的时代就到来了。随着经济基础的变更,全部庞大的上层建筑也或慢或快地发生变革。在考察这些变革时,必须时刻把下面两者区别开来:一种是生产的经济条件方面所发生的物质的、可以用自然科学的精确性指明的变革,一种是人们借以意识到这个冲突并力求把它克服的那些法律的、政治的、宗教的、艺术的或哲学的,简言之,意识形态的形式。我们判断一个人不能以他对自己的看法为根据,同样,我们判断这样一个变革时代也不能以它的意识为根据,相反,这个意识必须从物质生活的矛盾中、从社会生产力和生产关系之间的现存冲突中去解释。无论哪一个社会形态,在它们所能容纳的全部生产力发挥出来以前,是绝不会灭亡的;而新的更高的生产关系,在它存在的物质条件在旧社会的胎胞里成熟以前,是绝不会出现的。所以人类**始终**(immer)只提出自己能够解决的任务,因为只要仔细考察就可以发现,任务本身,只有在解决它的物质条件已经存在或者至少是在形成过程中的时候,才会产生。大体说来,亚细亚的、古希腊罗马的、封建的和现代资产阶级的生产方式可以看作社会经济形态演进的几个时代。资产阶级的生产关系是社会生产过程的最后一个对抗形式,这里所说的对抗不是指个人的对抗,而是指从个人的社会生活条件中生长出来的对抗;但是,在资产阶级社会的胎胞里发展的生产力,同时又创造着解决这种对抗的物质条件。因此,人类社会的史前时期就以这种社会形态而告终。①

因此,正是在这一引人入胜的历史分析领域内,历史问题本身才会显现。这里的观点在于,马克思预见了统筹不同亚细亚生产方式的多元线性历史。历史并非简单的目的论过程,即以原始共产主义为开端进而走向奴隶制、封建主义、资本主义以及社会主义;世界历史反而源于多样性的"原始共产主义"路径,一方面包含希腊与罗马式的奴隶制,另一方面

---

① Karl Marx, Preface, *A Contribution to the Critique of Political Economy*, Moscow: Progress Publishers, 1978, pp. 20 – 22. [《马克思恩格斯选集》(第二卷),人民出版社,2012 年,第 2 ~ 3 页。]

又包含了德意志形式以及非洲、美洲、印度和斯拉夫等诸多亚细亚模式。正是从这样的亚细亚模式出发,方能认清种姓作为世袭的、职业的、层化的以及内部通婚制的群体构型。也正是在这样的亚细亚模式当中,种姓才充当了印度历史的侍者。重点在于理解前梨俱吠陀时代的印度文明,以及梨俱吠陀时代下的人民与印度社会的发展采取了什么样的生产方式,并且还要解读出《梨俱吠陀》中"**原人歌**"(*pursu sukta*)这一章节所表露的社会分层的断片状态。伊凡·哈比(Irfan Habib)指出:"四种社会分层的原初状态相较于种姓而言,更像是对社会阶级的描绘:刹帝利(rajan-yas)代表贵族,**婆罗门**(*brahmanas*)代表祭司,**吠舍**(*vis*)包含大多数平民(主要是农民),而**首陀罗**(*sudras*)则是源自**达西斯**(*dasyas*)的公社奴隶。在吠陀时代,并没有线索表明世袭制的劳动分工与族内通婚的任何形态,因而社会分层在最初根本没有预示出后来成长迅速的种姓体制。"[1]所以首先出现的问题是:这些阶级是从何时化为种姓的? 社会分层与等级式的种姓体系存在怎样的关系? 如何能够同时消灭社会分层与种姓? 这随之又引出两方面问题:对亚细亚生产方式与种姓的历史分析(伴随这一方面的还有:"印度真的是资本主义国家吗? 它会永远这样下去吗?"),以及种姓在 21 世纪的印度所扮演的角色。

75

既然现在面对的是资本主义与种姓的问题,那么就应该重视种姓所表现出的对个人与劳动自由化的限制,因为资本主义必须依赖"自由的"劳动。根据马克思的观点:

> 雇佣劳动的前提和资本的历史条件之一,是自由劳动以及这种自由劳动同货币相交换,以便再生产货币并增殖其价值,也就是说,使这种自由劳动不是作为用于享受的使用价值,而是作为用于获取货币的使用价值被货币所消耗而另一个前提就是自由劳动同实现自

---

① Irfan Habib, *Essays in Indian History:Towards a Marxist Perception*, p.165.

由劳动的客观条件相分离，即同劳动资料和劳动材料相分离。可见，首要的是，劳动者同他的天然的实验场即土地相脱离，从而自由的小土地所有制的解体，以及以东方公社为基础的公共土地所有制的解体。①

由此可见，在殖民主义推动下才具备了资本主义市场的印度，存在一种相当复杂的社会构型。对于以**亚细亚公社**（*Gemeinschaft*）所有制为基础的种姓而言，新兴的资本主义社会构型与其紧密联系在一起。这里并没有伴随资本与雇佣劳动发生对抗的高度发达的资本主义，而是像马克思表明的那样，出现的却是所有者或"同时也进行劳动的共同体成员"。马克思继续论述道："这种劳动的目的不是为了创造价值——虽然他们也可能造成剩余劳动，以便为自己换取他人的产品，即剩余产品——相反，他们劳动的目的是为了维持各个所有者及其家庭以及整个公社的生存。个人变为上述一无所有的工人，这本身乃是历史的产物。"②由此便将我们带进了罗莎·卢森堡（Rosa Luxemburg）的相应论述当中，即资本主义的中心必然需要非资本主义的外围来实现前者的剩余价值：

　　资本积累作为一种历史过程，形成于多种前资本主义构型的环境当中，亦形成于永恒的政治斗争与互惠的经济关系当中。在一种毫无血腥感的虚幻理论中，即宣称那些政治斗争与经济关系都不存在的背景下，试问我们如何能够把握住这一历史过程呢？……

　　资本积累可以发生在超越了资本家与工人的经济圈之外寻找到

76

---

① Karl Marx, *Pre-Capitalist Economic Formations*, trans. Jack Cohen, edited with an introduction by E. J. Hobsbawm, London: Lawrence & Wishart, 1964, p. 67. Also see Karl Marx, Grundrisse, trans. Martin Nicolaus, Middlesex: Penguin, 1974, p. 471. [《马克思恩格斯选集》（第二卷），人民出版社，2012年，第724页。]

② Ibid., pp. 471–472.（同上，第725页。）

消费者,在这个意义上,销售份额在非资本主义地区与国家的增长,便构成了资本积累的前提条件。①

如果非资本主义的外围构成了全球资本积累的前提条件,那么这样的非资本主义外围作为"最原始的经济形式,也可能书写出资本主义技术与文化的遗言"②。首先,在全球经济中,资本主义的不均衡发展和非等价的交换方式(尽管它们以联合的形式),将必然默许种姓与前资本主义要素的存在。种姓因而不仅是前资本主义的残余,还成为全球资本积累的活跃代理人。其次,由资本积累的帝国主义暴力本质生发出的政治买办,比如右翼组织,正在积极重塑那些原始认同[不论印度教民族主义和太比力克活动(Tablig),还是重生的新保守主义基督教]。基于这一视角,在与地方统治阶级和帝国主义的直接斗争当中,反种姓的民主革命将不得不另辟蹊径。

正是从亚细亚模式与晚期帝国主义资本积累入手,我们才能够理解马克思关于生产方式理念的多元决定特征,从而弄清马克思主义为何是辩证性的和反还原论的。第一,一种经济生产方式关联着多种社会构型;第二,基础与上层建筑(家庭、宗教以及国家)的诸多要素也可划归为不同的生产方式,尽管特定的生产方式遵循着私有财产与异化的规律;③第三,生产关系领域也包含着复杂性和多重性,其囊括如下方面:

1. 生产资料所有制的历史形态、权力的平衡以及阶级斗争的局势;

77　　2. 自然经济形式或者商品经济形式,以及种姓与阶级的形式:价值、

① Rosa Luxemburg, *The Accumulation of Capital*, London: Routledge and Kegan Paul, 1951; Rosa Luxemburg and Nicolai Bukhar, *Imperialism and the Accumulation of Capital*, trans. Rudolf Wichmann, London: Allen Lane, The Penguin Press, 1972, pp. 61 - 62, 77.

② Leon Trotsky, The Death Agony of Capitalism and the Tasks of the Fourth International, in *The Founding Conference of the Fourth International*, New York, 1939, p. 40.

③ Karl Marx, *Economic and Philosophic Manuscripts of 1844*, Moscow: Progress Publishers, 1984, p. 91.

交换价值、货币、资本积累以及剩余价值。剩余价值作为"无偿的劳动"正是商品生产的理想化能指;

3. **异化**(*Entfremdung*)、**物化**(*Verdinglichung*)以及**拜物教**(*Fetischismus*);在这里异化表现出了缺失、畏惧与恐怖[回想一下弗洛伊德对"恐惑"或**卑污**(*das Unheimlich*)的分析],物化按字面理解就是"物象化"或者人的祛人性化以及"物"的人性化(指意出了商品生产的特征),拜物教则是对既存在而又非存在的异化客体的病态附庸;

4. "现实的个人"①;

5. **人的本质**(*das menschliche Wesen*)。②

基于以上角度,我们便可见证历史唯物主义的非还原论本质。那些声称马克思主义没有给种姓留下任何讨论空间的人,以及那些断言马克思将一切还原为"阶级"的人,最终都将证明是完全错误的。正是从全球资本积累时代中的阶级与种姓角度出发,对种姓主义的批判才能有的放矢。消灭种姓并不会实现在著书立说和法律条文的强制中,也不能成行于创建原初认同和以本土主义反对幻想式的婆罗门教幽灵,重点在于要以实际行动摆脱现实中的婆罗门教、印度的意识形态与压迫性国家机器(其仍受"原人歌"中宣扬的排他性与霸权性概念所统领)以及具体的资本积累。否则对婆罗门教的逆袭就会成为一种逆袭了的婆罗门教。为什么会得出如此结论呢?因为总是存在着幻想般的反婆罗门教主张(与历史脱节并且和具体的生产方式相疏离),它作用于社会分层框架内,其中,所谓的"底层"种姓却要求挽回"失去的"(或者在精神分析的意义上指相疏离的甚至"被阉割的")刹帝利地位。在这样的结构中,社会分层框架反而得以保留,即便是以其疏离的与被阉割的形式。然而重点在于一定

<hr />

① Karl Marx and Friedrich Engels,*The German Ideology*,Moscow:Progress Publishers,1976,pp. 36 – 37.

② Karl Marx,*Economic and Philosophic Manuscripts of 1844*,Mosow:Progress Publishers,1984, pp. 89,92,94 – 98,101,120,127,131 – 134,136,140,143,145.

要彻底颠覆种姓体系,也正如菲勒和安贝德卡尔所提示的,我们必须首先 78
推翻以种姓为基础的婆罗门教意识形态本身,并且按照革命性的马克思
主义辩证法曾指明的,我们也必须消灭资本主义和帝国主义本身。消灭
种姓的征程,现在已注定成为一次伟大的长征。

## 二、异化、道德与前现代的延异(*Différance*)

对于马克思的**异化**(*Entfremdung*)概念,他将其表述为全球阶级历史
在本体论发生学上的推动力,并在现代资本主义生产方式中达到了全盛
形态。但它在印度历史中却表现出一种非常奇怪的路径,这尤其反映在
印度教的意识形态国家机器当中。异化作为疏离化和可怕的缺失,指意
出了一种自相矛盾的分裂,并将自身显示为"原人歌"的前现代延异以及
摩奴(Manu)那里的种姓法系(caste laws)。印度教对于印度底层大众而
言可能是唯一的宗教,其根植于不平等的本体论神学,这是在世界文明中
唯一被写入法律条文的排他性体制。它的道德实际上是一种非道德,它
的教法亦是层级种姓的教法(*varnashrama dharma*),即基于种姓划分的道
德。像黑格尔和安贝德卡尔解读出的那样,它的义务也是基于种姓法系
的义务:维护种姓的纯洁性,防止其被种姓混合和"低等血统"所玷污。

如果人们将《薄伽梵歌》(*Bhagavad Gita*)中的"道德"——安贝德卡
尔视其为印度反革命的主要文本①——当作"为了义务的义务"(duty for
duty's sake),实际上就大错特错了,它所指意出的恰恰是"保护种姓纯洁
性的义务"。我们直接可以将这种基于种姓的反革命的(非)道德联系到
康德的《道德形而上学的奠基》,"为了义务的义务"理念就出自那里。与
克利须那神(印度伟大的史诗英雄)相反,在康德那里存在另一种理念,

---

① Babasaheb Ambedkar,*Buddhist Revolution and Counter-Revolution in Ancient India*,Delhi:B.
R. Publishing House,1996,pp. 155 – 182.

其把人看作目的本身（end in itself），随之也就设定出了善良意志（good-will）理念：为了善（goodness）而行善以及目的王国的观念。对印度教而言（根据激进的底层民众的说法），不存在任何有关自主性个体的理念，因而也就没有关于善本身的理念，并且这里表现出了人作为目的本身的严重缺失。马克思将部落道德比作兽群状态，这可详见于种姓法系的教法中。安贝德卡尔表明："印度社会已将自身的道德放宽到了相当危险的境地。"①延异就是社会堕入种姓的本体论断片。**社会**（*Gesellschaft*）变成了**公社**（*Gemeinschaft*）的形式，道德意味着强制性的排外与没有任何意义的仪式。黑格尔对《薄伽梵歌》的道德论述如下：

79

> 在这其中，印度的阿朱那（Arjuna）精神附着在家庭纽带上。从欧洲人的道德角度理解，这种纽带的意义就寓于道德本身当中，因而对于自己家庭的爱才会毫无保留，并且道德仅仅在于这样的事实，即与这种纽带相联系的各类情感，如尊重、服从和友谊等，以及关联于家庭关系的行动和义务，正是它们使得那样的爱成为其基础以及一种自足的开端。然而我们看到，在英雄那里却并非此般道德情感致使他的亲属免遭屠戮。他说，如果我们绞杀了那些劫匪（威尔金斯：恶霸），那么我们也要承担罪行；并不是在将他们作为亲属而绞杀（老师也总是包含在内的）的意义上构成了犯罪本身，而是犯罪作为一种结果，也就是说，只有通过对几代人的清除，**氏族祭典**（*sacra gentilitia*），即家庭的义务与宗教活动才会被完全消灭。当这一切发生时，神祇对整个部落的影响便会减少。在这个意义上，神圣的妇女——部落中的男人会首先被杀害，因为只有他们参加了战斗——就会被玷污，从中产生种姓分层的商羯罗（varna-sankara），即种姓的混合（杂性的血统）。然而种姓差异的消失又会形成这样一部分人，

---

① Babasaheb Ambedkar, *Ranade, Gandhi and Jinnah*, Bombay: Thacker & Co., Ltd, 1943, p. 30.

他们对部落的消亡以及部落的永久毁灭内疚不已……因为祖先从天堂被驱逐是由于日后缺乏糕点和水,即没有获得足够的敬奉,因而他们的后代也就没有维护好其部落的纯洁性……如果死人没有获得足够的供祭,那么他们就要承受被贬为禽兽杂种的命运……

然而这里的重点却在于将这一纽带转附到迷信的背景当中,即转附为一种非道德的信仰,其中死后的灵魂有赖于亲属用糕点和水对他的祭拜,这些亲属也就是仍然相信种姓差异的那部分人。

印度的宗教狂热以及相关的义务教条,其意义与价值只能从种姓法系的角度去理解——这一机制已经使得并且仍然在使道德与真正的教化文明在印度人那里永远无法实现。①

与这种亲缘谱系和血统排序(这些东西不仅陶醉着摩奴与婆罗门,也深深吸引着尼采和后来的纳粹党)相反,康德指出:

道德在于一切行动与为目的王国立法的关系上。这种立法必须见之于每一个理性存在自身当中,也必须源于他的意志。他的意志原则因而绝不会支配出行动,除非一种准则成为普遍法则,并且最终这种意志通过其准则同时能够视自身为树立普遍法则……

现在道德便成了唯一条件,理性的存在借此得以成为目的本身;因为只有这样它才能够成为目的王国的立法者。所以只有道德以及与道德相适应的人性,才是唯一具有尊严的东西。②

---

① G. W. F. Hegel, *On the Episode of the Mahabharata known by the Name Bhagavad-Gita by Wilhelm von Humboldt*, ed. and trans, Herbert Herring, New Delhi: Indian Council of Philosophical Research, 1995, pp. 17, 19, 51.

② Immanuel Kant, *Groundwork of the Metaphysics of Morals*, trans. H. J. Patton, London: Hutchinson University Library, 1966, pp. 96 – 97.

在这里我们获得了一种直接的对立：世俗化的自主性个体作为目的而非手段的道德，以及部落本体论神学的兽群式教法——从不将人作为目的，而始终作为手段。正是在这样的对接当中，我们才能够理解亚细亚生产方式与专制教法（那些东方专制主义）的困境。如果人们真诚地渴求世俗的现代化国家，就必须抛弃种姓体系和专制教法，正像安贝德卡尔所激情表露的，我们必须消灭印度教本身！但是这样的颠覆与消灭何以可能呢？科内利乌斯·卡斯托里亚迪斯（Cornelius Castoriadis）已经指出，理性、个体性、自主性和民主都源于希腊**城邦**（*polis*）的建立，尽管受到了海德格尔"哲学的终结"的反动阻挠，但其仍然是希腊式西方规划的核心议题。① 正是这种希腊式的社会结构才使得有别于上帝神话的世俗化现实哲学呈现出来。这里的重点并不是其他世界的体系没有产生作为哲学的哲学，众所周知，世界革命已颇具国际性和跨区域性特征，并且它不会被限制在任何局部空间内。源于希腊的现实哲学的诞生固然重要，但是我们亦不能忘记：源于查拉图斯特拉、佛陀、奥义书、古希腊人、孔子以及早期基督教和伊斯兰教关乎人性的"普世"理念，欧洲启蒙运动，以及最后且最为重要的马克思主义与国际共产主义运动。

81

黑格尔在《〈哲学史讲演录〉导论》中就已经表明，神话领域与哲学领域之间存在一条深邃的鸿沟。② 哲学化意味着带有批判精神的理性思考，神话则是世界历史初级阶段的"精神"舞台，而哲学只能孕育在思想的成熟当中。对黑格尔来说，东方世界沉浸于神话王国，而西方则充满着哲学反思，所以哲学首先在希腊人那里产生。然而黑格尔却代表了那些东方学者们主要的批判对象，这些批判对象也可以追溯到希罗多德，直到海德格尔与卡尔·波普尔。东方学者批判的是这样一种荒谬主张，即"东

---

① Cornelius Castoriadis, Philosophy, Politics and Autonomy, ed. David Ames Curtis, Oxford：Oxford University Press, 1991.

② G. W. F. Hegel, *Introduction to the Lectures on the History of Philosophy*, trans. T. M. Knox, Oxford：Clarendon Press, 1985, pp. 17 – 19, 159.

方"似乎没有哲学;神话与哲学之争真实存在,并且时至今日其依然在延续。就印度底层民众而言,婆罗门是神话,但确实并不存在任何理性来填充他们的头脑。

马克思主义强调批判哲学中所蕴含的科学性与理性,并视神话为"压迫的重现",其同样包含了对人性的颠覆。马克思认为黑格尔哲学即类似于神话,它表现为以疯癫与异化的精神面对世界——他在自我异化的领域内思考,并抽象地理解自身。①

让我们回顾一下印度的种姓斗争如何呈现为神话与反神话的过程,其中彼此都力求消灭对方从而获取霸权。如果"原人歌"呈现出原始婆罗门的霸权神话,那么也同样存在着与其平行的底层民众的神话。基于这种平行性的神话政治经济学,使得底层民众得以撼动婆罗门的霸权。

菲勒的反神话理论如下:如果婆罗门创生于口中,那么婆罗门的母亲又是从哪里创生出来的呢? 或者说婆罗门难道没有母亲吗? 而欧洲人又是怎样的情况呢? 如果婆罗门创生于口中,那么这个"口"即成为孕育婆罗门的子宫。② 但是作为孕育婆罗门的子宫的"口"发生月经时,婆罗门的这种"口"要怎样消除玷污呢?③ 又如果创生发源于身体的不同部位,那么每一个相疏离的部分为了生育都要附上阴道,因而梵天的经期时间也会延长。④

众所周知,梵天的妻子是莎维德丽(Savitri),那么为什么他还要亲自承担起将胎儿含口九月的负累,随后再生下并抚养长大呢? 这

① Karl Marx, *Economic and Philosophic Manuscripts of 1844*, Moscow: Progress Publishers, 1982, p. 129; Karl Marx, Nationalökonomie und Philosophie (1844), in Karl Marx, *Die Frühschriften*, Stuttgart: Alfred Kröner Verlag, 1964, p. 253.

② Jyotirao Phule, op. cit., p. 2.

③ Ibid., pp. 2 – 3.

④ Ibid., p. 3.

未免也太奇怪了！

他的（四个）口中却有三个能够免于这样的负累，性无能的梵天怎能够像儿童游戏那样轻易受人信服呢？

如果我们称其性无能，他又是怎样引诱自己的女儿——萨拉斯瓦蒂（Saraswati）（智慧女神）的呢？那也是为什么他被称之为诱奸女儿的梵天。正是由于如此恶劣的行径，他在任何地方都不会受到尊崇。

如果梵天确实有四口，那么他就应该有八个乳房、四个肚脐、四个尿道和四个肛门。①

从力比多经济学角度解读婆罗门教义的这种**恐惑之说**（*unheimlich*），必将撼动婆罗门的印度教，并且有效揭露婆罗门进行异化的自我繁殖的神学游戏。印度教的确是种游戏，但却不是哲学上"没有输赢的游戏"（game for nothing）（从另一背景角度借用阿尔都塞的话）②，它是一种关乎有（something）与无（nothing）的游戏，即一种"宗教，（它）既是纵欲享乐的宗教，又是自我折磨的禁欲主义宗教；既是崇拜林加（Lingam）的宗教，又是崇拜札格纳特（Juggernaut）的宗教；既是和尚的宗教，又是舞女的宗教"③。

目前看来，印度教体系引以为傲的正是这样的异质性与矛盾性。当一个印度人称自己是印度教教徒时，这一方面包含着具体的内容，即印度教代表着始于《吠陀》与《奥义书》直到《摩奴法典》的正统体系；另一方面，印度教还表现出一种虚空，它既意味着一种浪漫的普世主义——《萨

① Jyotirao Phule, op. cit., p. 3.

② Louis Althusser, *Lenin and Philosophy and Other Essays*, trans. Ben Brewster, London: Allen Lane, 1975, p. 55.

③ Karl Marx, The British Rule in India, pp. 35 – 36. [《马克思恩格斯选集》（第一卷），人民出版社，2012年，第849页。]

纳塔纳法》(或者一种普遍道德)——由甘地践行的思想路线。但在第三个层面,它又显示出一种种族自恋的倾向,这尤其体现在以萨瓦卡和戈尔沃克为代表的极端右翼政治势力当中。

然而对于激进的底层民众而言,浪漫主义和法西斯主义都勾起不了他们的兴致,而如果先验普世主义与新保守种族主义也未能成功的话,那么就亟须在文化、政治方面进行范式转移,这是因为印度教背后总是矗立着种姓层化体制。由此,正是那些左翼底层宣称,不仅"印度教民族主义"(首先由萨瓦卡提出)的法西斯式旗号,就连"印度教"这一术语本身,都不过是舶来品,其最开始出现在波斯的阿契美尼德王朝(公元前549—前330年)——乃是《波斯古经》中的词汇。① 后来波斯与阿拉伯的著述者们则用其作为历史和地理学方面的术语。但是当上层阶级的种姓精英们于19世纪中期使用这一词汇时(主要用以反对穆斯林),内在于其中的矛盾已经表露无遗。印度教的本质——种姓——充当一种幻象,其主宰着众多类型的主人与奴隶的游戏(master-slave games),现在它终将在其联结处崩溃。霸权与反霸权的战争已然打响,在反对印度教过程当中,菲勒与安贝德卡尔的政治主张必将组成非谈判式的联盟。如果种姓得以延续,那么印度教亦然。没有种姓也就不会存在印度教,就像有了印度教就没有道德一样。印度教是一种奴隶制的道德,但现在这些奴隶已经准

---

① B. T. Anklesaria, ed., *Pahlavi Vendidad*, Mumbai: The K. R. Cama Oriental Institute, 2002, pp. 12 – 13 中这样描绘了"印度教教徒"的土地:
在第十五块土地上,我创建了最好的一片土地,
我,米兹德(Ohrmazd),就是那个哈普特—印度坎(Hapt-Hindukân)。
而成为哈普特-印度坎就要掌控七位首领,
我为什么这么说呢,那是七条河流吗?
因为,在《波斯古经》中说得很明显:
"从东方河流到西方河流之间",
有个人是这样说的:"每一个地域都有一个神。"
于是,甘那-米努依(Ganâ-Mînûy)既已死亡,便拒绝重生,
在这种拒绝的过程中,显示出了异常的举措(非常决绝),也异常的激烈——其远超帕特曼。

备好了反抗。底层的奴隶们并不会被尼采的主人道德（master morality）所迷惑，而是黑格尔的主奴辩证法引导着他们；正是这样的辩证法见证了婆罗门站在舞台中央跳起的死亡之舞，并且解读出了等待在舞台两侧的伟大反抗。奴隶们要的是共和，而非延异。反对这种恐惑的延异（unheimlich différance）的公民战争已经打响，唯一的问题在于它似乎显得并不高调。历史的任务就是要把这样的隐形公之于众。

## 三、神话与反神话

如果婆罗门的霸权隐含在神话中，那么底层种姓的反神话也同样如此。作为种姓链条最下层的**马哈尔人**（*Mahars*），即便隶属于"不可触碰"阶层的那部分人，也存在一种有关自身创生的神话，其具体描述了他们的"堕落"。圣经神话阐明了整个人类的堕落，但与此不同，马哈尔的神话仅重申了马哈尔人的堕落；可与圣经神话相同的是，在它的核心处也存有禁忌，即不可食用禁食。根据这一神话的说法，相传有四个由母牛生出来的兄弟，母亲问他们，在她死后他们会如何对待她。前三个兄弟都说他们会拜祭她，而第四个兄弟则回答说会像她生下她的孩子们那样，把她吃进他的肚子里。母牛的第四个孩子就这样成为典型的罪人，并被构建成了贪食腐肉的马哈尔人的先祖，因为正是他欲将死去的母牛吃回他的肚子里。①

但是如果存在有关这种堕落的神话，那么也同样存在着马哈尔人作为被征服部落而受婆罗门统治的神话。马哈尔的领袖们曾对马哈尔部众以不同种类的民俗方式刺激其种姓自豪感：马哈尔人是马哈拉施特拉邦的原住民，但却被侵入的雅利安人摧残且奴役着。基桑·法格吉·班斯德（Kisan Fagoji Bansode）是一名早期马哈尔领袖，他就曾将马哈尔人动

---

① See Eleanor Zelliot, *From Untouchable to Dalit*: *Essays on the Ambedkar Movement*, New Delhi: Manohar, 2005, p. 54.

员到这一问题上来；1890 年，复员的马哈尔士兵戈帕尔·巴巴·瓦朗卡尔（Gopal Baba Walangkar）也进行过请愿，并拉起条幅宣传"抹除非雅利安群体的罪过"，要求部队重新接纳不可触碰之人。[1] 埃利诺·泽利奥（Eleanor Zelliot）声称，早先对恢复前雅利安人（pre-Aryan）高尚地位的诉求，已淹没在了对刹帝利地位的诉求之中。[2]安贝德卡尔在其晚期所作的《不可触碰之人》（1948 年）中提出了这样一个主题，即马哈尔人是昔日的佛教徒，在 4 世纪时被狡诈的婆罗门所打倒。[3] 随之，一个英雄式的形象便进入马哈尔人的意识当中，由此马哈尔人也有了自己的英雄领袖（正是安贝德卡尔本人），而到 1956 年（安贝德卡尔离世的那一年）的时候，他们又有了一个新的意识形态话语，即佛教。

通过独立运动，底层阶级生成了一种新的认同，它既非不纯洁的不可触碰之人，亦非负罪者、羞耻的劫匪、"堕落者"、贪食腐肉的母牛之子，以及无辜的贱民或者甘地那里神的子嗣。安贝德卡尔的杰出贡献在于，他灌输给底层民众以一种非一般的主体地位，最为重要的恰恰是对这种崭新主体地位的消化与理解。

列宁说过，资本主义与帝国主义能够表意出多重的主体地位，它们中的每一个都是不可化约的，而被压迫民族（以及少数民族）的自主权乃世界共产主义运动的核心议题，这一核心议题就是民主——一切人民的自主权，这里强调的不仅仅是劳动人民或者无产阶级，而是一切人民。我们必须理解好"一切人民"这一理念，马克思在其论述当中已对这一理念作了高度概括——**人的本质**（*das menschliche Wesen*）。

①② See Eleanor Zelliot, *From Untouchable to Dalit : Essays on the Ambedkar Movement*, New Delhi : Manohar, 2005, p. 57.

③ Ibid., pp. 59, 72.

## 四、人的本质

正像种姓与亚细亚生产方式在马克思主义当中仍待进一步理论化那样，马克思的人本主义哲学，即人的本质也同样如此。它被留给了法国结构主义大师阿尔都塞，在《保卫马克思》那里，阿尔都塞将这一基本理念修正为资产阶级虚假的意识形态残余，其首先是由路德维希·费尔巴哈提出的。[①] 因而阿尔都塞表明需要作出一种"认识论断裂"，即从青年马克思与狂热的人本主义马克思那里提炼出"科学的马克思"[②]。但我们接下来必须开放性地解读这种"理论反人本主义"[③]。

在某种程度上，这似乎成了法国哲学对马克思进行的斯拉夫式误读的辩解，同时也扼杀了马克思本人。然而由这种误读所建构出的更早期的哲学与意识形态，不仅是马克思，就连康德、黑格尔和费尔巴哈都已经完成了对于它们的扬弃。欧洲启蒙的世俗主义化与人本主义化的革命，是我们的必经之路。有关社会的理念和社会本身，也必然源于关乎人的相应理念和人本身。但需要指出的是，马克思的人本主义并不能混淆于前马克思主义的相关用法，不论是卢梭、伏尔泰，还是法国唯物主义者，以及那些乌托邦社会主义者。马克思那里人的本质概念关系历史的起源、异化的机制、私有财产以及商品生产等，它直接站在了**物化**（*Verdingli-chung*）与人沦为物的对立面上。对马克思来说，现代资本主义将人物化为商品，也是这种物象化游戏的主导者。人已经成为**自在之物**（*Ding an Sich*）。当下对我们来说重要的，乃是这种具有物化性质的物象化在前资本主义社会是如何运作的，尤其是对种姓与氏族层化而言——人如何在

① Louis Althusser, *For Marx*, trans. Ben Brewster, London: Allen Lane, 1969, pp. 51 – 86, 222 – 223, 227 – 231, 236 – 237.

② Ibid., pp. 13, 28, 32 – 34, 32 n., 37 – 39, 47, 168, 185, 192n., 244, 249, 257.

③ Ibid., p. 229.

哈努曼猴子面前卑躬屈膝，又如何能够遵从这样的律法条文，包括将熔铅灌注进人耳、面对神圣的吠陀时要割断舌头，以及将寡妇活活烧死。就印度底层民众而言，印度教在现实中正是反人本主义的，而印度的反人本主义常伴随残忍的法西斯形式，其目的在于把人民消灭。它也显示为无辜的"美学"形态，印度唯灵论大师库马拉斯瓦米就将殉难盛赞为"身体与心灵完美统一的见证……是超越了入葬的献身"，并鼓励妇道的理想化形式从而追求"永恒的天堂"。①

如果这不是专制主义，那又是什么呢？但是马克思并未将东方专制主义对比于英雄式的和理性的西方世界，而是联系到了毁灭性的殖民主义上。因而马克思对亚细亚专制主义与欧洲专制主义作了比较，②此二者共同寓于异化的人的本质领域当中。如今这种异化的人的本质理念，仍是马克思对一切阶级社会进行批判的重要哲学萌芽。历史，也就是历史本身抑或阶级社会的历史，正是受这样的辩证法所统领，即异化的人的本质与为占有这种人的本质的斗争。由此我们便看到了人的本质的异化和对这种异化的扬弃(Aufhebung)，而扬弃体现出的恰恰是马克思历史唯物主义与辩证唯物主义的人本维度。这种关于异化的辩证法直接交织在了历史唯物主义的矩阵当中，也即生产力、生产关系以及意识形态上层建筑间的辩证性。

显然，人的本质的异化直接关系阶级的压迫与种姓的祛人化。欧洲启蒙运动与法国大革命所做的，就是将封建主义及其意识形态连根拔起，取而代之的是把"人"置于话语中心。现在，契合于世界历史(不同于地方历史)的乃是"人"的权利(Rights of 'Man')，而非强调纯洁性与玷污性的病态权利仪式(rights-rites)，以及创造一个恐怖的法西斯主义超人。

---

① See Ambedkar's criticism of Coomaraswamy in Castes in India, in Dr. Babasaheb Ambedkar, *Writings and Speeches*, Vol. I, Bombay：Education Department, Government of Maharashtra, 1989, p. 13.

② Karl Marx, op. cit., p. 14.

与尼采和法西斯主义者类似，对婆罗门来说，人终将会被超越；而马克思与安贝德卡尔则认为，人必须被重新呈现出来。早期的马哈尔领袖瓦朗卡尔曾表明，真正重要的正是"人的恰当权利"——人在马拉地语中就是"人道"（*manuski*）之意。① 印度目前所做的一切却都是在忘却"人"，而种姓同样是对"人"本身的忽略。如果菲勒在理论上理解这一点，那么安贝德卡尔在实践上也一定经受过此般种姓的祛人化历程——他仿佛重新经历了一遍种姓历史的整个时代，那里到处都是非人化的人。

当安贝德卡尔大声疾呼"人"并不是一种经济存在时，他无疑切中了要害——"人"活着并不仅仅是为了面包。② 马克思在《1844 年经济学哲学手稿》中提出劳动作为"**人的本质**"（*Wesen des Menschen*）③，其并不可混淆于纯粹的经济劳动。马克思指出的是一种劳动本体论的概念，乔治·卢卡奇后来也致力于此：

> 因此，黑格尔的《现象学》及其最后成果——辩证法，作为推动原则和创造原则的否定性——的伟大之处首先在于，黑格尔把人的自我产生看做一个过程，把对象化看做非对象化，看做外化和这种外化的**扬弃**（*Aufhebung*）；可见，他抓住了劳动的**本质**（*Wesen der Arbeit*），把对象性的人、现实的因而是真正的人理解为人自己的劳动的结果。人同作为类存在物的自身发生现实的、能动的关系，或者说，人作为现实的类存在物即作为人的存在物的实现，只有通过下述途径才有可能：人确实显示出自己的全部类力量——这又只有通过人

---

① Eleanor Zelliot, op. cit., p. 57.

② B. R. Ambedkar, Buddha or Karl Marx, in Dr. Babasaheb Ambedkar, *Writings and Speeches*, Vol. 3, Bombay: Education Department, Government of Maharashtra, 1987, pp. 461 – 462.

③ Karl Marx, *Economic and Philosophic Manuscripts of 1844*, Mosow: Progress Publishers, 1984, p. 132; Karl Marx, Nationalökonomie und Philosophie, 1844, in Karl Marx, *Die Frühschriften*, p. 269. [《马克思恩格斯文集》（第一卷），人民出版社，2009 年，第 205 页。]

的全部活动、只有作为历史的结果才有可能——并且把这些力量当做对象来对待，而这首先又只有通过异化的形式（*FormderEntfremdung*）才有可能。①

88　有必要将佛教中"苦"（*Dukha*）的概念联系到马克思对于异化、物化和拜物教的分析当中。在安贝德卡尔看来，苦难的根源在于阶级冲突。②所以苦与马克思的异化概念间的关系可能并未获得充分的研究。"*Entfremdung*"作为异化并不表示"堕落"，而是导向了可怕的、无道的、层化的以及恐怖的阶级种姓世界。通过异化、物化和拜物教这些概念，种姓与阶级不仅能够在理论上获得解读，也可以在实践上被扬弃。就马克思而言，对异化的**扬弃**（*Aufhebung*）具有根本的重要性——对私有财产、阶级、种姓历史和氏族制的扬弃，以及共产主义的实现，其具体策略都与对这种异化的扬弃紧密相关。而安贝德卡尔则认为，对这种社会学意义上的苦的扬弃也至关重要。菲勒对于毁灭性的和异化的婆罗门的解构，加之安贝德卡尔的社会改良主张，都源于对**异化与苦**（*Entfremdung-Dukha*）之扬弃的深邃哲学概念中。否则对婆罗门教的逆袭就会演变成逆袭了的婆罗门教，而对异化与苦的颠覆也就意味着一种颠覆了的异化。既然人们不想让压迫重现，就必须一劳永逸地将其消灭。

阶级与种姓并不是两种"事物"，由此可以通过"或者……或者……"的语式原则作以对比性分析和形式性联合。与之相反，它们必须被共同理解为社会的过程，并且像资本那样被看作一种社会关系③——不是仅仅作为糟糕的事物，而是社会关系如何通过这些事物表达出来。

---

① Karl Marx, *Economic and Philosophic Manuscripts of 1844*, Mosow: Progress Publishers, 1984, p. 132; Karl Marx, Nationalökonomie und Philosophie, 1844, in Karl Marx, *Die Frühschriften*, p. 269. [《马克思恩格斯文集》（第一卷），人民出版社，2009 年，第 205 页。]

② B. R. Ambedkar, op. cit., pp. 444 – 445.

③ Karl Marx, *Capital*, Vol. III, Moscow: Progress Publishers, 1986, pp. 814 – 815.

　　对比于把人性化作物性的非难，马克思的类存在与人的本质概念，在理论和实践方面成为实现共产主义的哲学钥匙。类存在与人的本质共同指向了无阶级的状态，马克思对一切阶级社会的批判亦是基于这两个理念在哲学理性层面上的推断。当人们宣扬用理性思考人的本质时，其自然会表露出马克思主义的国际主义观（在"一国建成社会主义"之后，印度共产党忽略了一个重点，那就是"俄国资本主义的复辟"以及后来共产国际在西方帝国主义压力下的解体）。伴随无阶级状态的人的本质必然是一种国际主义，当前，亚洲的一切进步力量都要将亚洲苏维埃的革命政治势力接合到反对帝国主义与地方反动统治当中。安贝德卡尔歇斯底里般进行批判的种姓公社的铁笼，[①]在这样的框架内必将倾倒。安贝德卡尔对马克思主义的批判，是对他所必须直面的充满宿命论和还原论意味的伪马克思主义的批判。当国际主义与人本主义的辩证法完全进入对历史的理性思考图景中时，类似于婆罗门霸权主义那样的斯大林主义和其他形式的反革命政治，都必将寿终正寝。

　　面对民族性的国家（nation-state），以及伴随其左右的一切反动异象，包括阶级、种姓和氏族等，我们必须从中作出范式转移，进而寻找到一种能够真正解决人之问题的手段。对印度革命而言，若想超越民族性国家的架构，资本主义与婆罗门教都将成为其拦路石，并且民族性的国家、资本主义以及婆罗门们无一会放任革命的发生。从这个意义上说：还能怎么办呢？

---

　　① B. R. Ambedkar, Untouchables and the Children of India's Ghettos, in Dr. Babasaheb Ambedkar, *Writings and Speeches*, Vol. 5, Bombay: Education Department, Government of Maharashtra, 1989, p. 62.

第三章

# 魔法师及其学徒：全球化与文化

因此，无产阶级只有在世界历史意义上才能存在，就像共产主义——它的事业——只有作为"世界历史性的"存在才有可能实现一样。而各个人的世界历史性的存在，也就是与世界历史直接相联系的各个人的存在。

——马克思、恩格斯《德意志意识形态》

## 一、资本先生的故事

资本主义的历史，连同自由主义与法西斯主义的历史，最好被一起写进资本先生的故事当中。有一天，资本先生突然未经宣布而长驱直入地来到了地球上。当摩西指责罪孽深重的夏娃需坦诚"堕落"时，马克思也将质询的指头指向了资本先生。资本先生从襁褓到幼儿直至成长为少年，似乎更加显示出是个无辜的家伙，因为在成长过程中他发现了美洲，开辟了航路并唤醒了当时年轻的资产阶级。① 可见，尽管资本先生把征

---

① Karl Marx and Friedrich Engels, The Manifesto of the Communist Party, in Marx, Engels, *Selected Works*, Moscow: Progress Publishers, 1975, p. 36.

服全球作为他的首要目标，但在最开始的时候，他看上去也并不那么令人厌恶。

资本先生声称，自己是一位正派人士，其反对封建领主的故事有效发挥了对历史书的粉饰作用。曾几何时，他告诫那些领主们收起他们的神学，所以故事的发展并没有走向对王权的分化，资本先生要求的是世界市场、现代工业和生产工具上的永恒革命。他不仅促生了科学革命，社会结构也由此发生了戏剧性的变化。进而这个由资本先生创建的世界市场又吸引了他的诸位好友的悉数到场，即来自全球各地的资产家。时至今日，资本先生虽年事已高，但仍然在全世界不停地奔波，力求"到处钻营，到处落户，到处建立联系"①。没有任何界限能够阻挡他的死亡之舞和令人厌恶的步伐——即便中国的万里长城也不能。② 他笃信自己所施以的能够改变他人信仰的布道，并试图把每一个人都变为资本家。③就像犹太教与基督教中古老的神灵那样，他也"按照自己的形象创建了一个世界"④。资本先生摧毁了"愚钝的乡村生活"，从而使乡村依赖于城市、使野蛮的和半开化的国家依赖于文明的国家。⑤ 随之，他要建立起一个统一民族的帝国，包括统一的政府、统一的国界、统一的律法以及统一的关税。⑥ 这一帝国现在已经形成了，喀布尔、巴格达、阿布·佳里布和关塔那摩湾就是这一帝国的镜子。以自由贸易为基础的"无边"（borderless）世界，不过是这一帝国塑造出的全景监牢。

本章主要致力于对晚期帝国主义的批判，虽然其戴着看似无辜的"全球化"面具，可却总是充满着数之不尽的危机和游行。若想回答全球化与

① Karl Marx and Friedrich Engels, The Manifesto of the Communist Party, in Marx, Engels, *Selected Works*, Moscow：Progress Publishers, 1975, p. 38.

②③ Ibid., p. 39.

④ Ibid., p. 39；Karl Marx, *Capital*, Vol. I, trans. Sanwel Moore and Edward Aveling, Moscow：Progress Publishers, 1983, p. 19.

⑤ Karl Marx and Friedrich Engels, *The Manifesto of the Communist Party*, p. 39.

⑥ Ibid., pp. 39 – 40.

文化的问题,就需要走近资本先生的历史。尽管全球化包含着资本的过度积累和商品的极大丰富,并且冠冕为互联网、卫星电视和数字技术等技术指向,但它还是囊括了一种怪异的技术理性形式,而这一理性形式则基于帝国主义意志对经济权力的掌控。它所刻画出的图景,即地球村,看上去清清白白——因为这个村庄没有所谓高贵的野蛮人,然而恰恰相反,统治这个村庄的野蛮人不仅更为暴力,并且对比于传统上强调排他性、纯洁性和玷污性的种族隔离律法的印度村庄而言,其显示出了更加露骨的歧视性。

97　　全球化是一种政治经济学,是一种意识形态,也是被良好建构在全球资本积累核心深处和金融资本中心地域的一种规划。但全球化还是一位精神错乱患者,他从自由民主的睡椅上逃脱了理应接受的精神分析治疗,从而为其日常的掠夺奔走于整个世界。全球化的故事亦像圣骑士连同被杀死的恶龙随着时间的消逝而被人忘却一样。在这个意义上,塞万提斯的《堂吉诃德》就成了一部典型的有关全球化的经济哲学著作。但这位堂吉诃德骑的马却是一匹野马,它较其封建同伴的马和《梨俱吠陀》中马贼的马更桀骜不驯。

　　既然文化(作为文化工业)被理解为是统治阶级的主流意识形态,那么本章也将文化理解为人民群众的意志。从这样的民众意志出发,笔者会提出以下问题:基于资本先生有关统一民族、统一政府、统一律法和统一关税梦想的全球化,可以生成同质性的文化吗? 或者说资本积累那里联合的和不均衡的发展规律,既不能带来一种同质性的文化,也无法生成一种异质性的文化,而是凝结出一种联合的和不均衡的文化态势,并在各个领域均由国际阶级斗争状况所决定? 对于这样的表述,即全球化作为全新的固有生产方式能够避免矛盾,并且如今又建立在后物质生产(post-material production)基础上,本章将从两个角度分析全球化的这种后物质假象:一方面是马克思关于商品作为异化的和敌对事物的本体论,另一方面是弗洛伊德的精神错乱。进而我们会从受金融资本专制的这种商品化幽灵(spectral-commodified)的精神错乱视角来审视全球化。其涉及五个方面的主题,本章将把它们作为资本主义联合的和不均衡的特征的变形加以考量,具体如下:

1.政治哲学话语提出了这样的疑问:人本主义在理论和实践上如何得以可能? 这一视角又引出了另一视角——激进底层民众的国际主义。这种国际主义的世界是无阶级的世界:激进底层民众专制的世界。

2.全球资本积累中的文化工业生出了两方面的反人本主义机制:①使思考过程变得不再必要,②转换痛苦并安于享乐。

3.与对这种美化了的安乐进行社会学的研究相反,我们要在黑格尔、马克思与弗洛伊德话语体系内提出全球化的问题。以弗洛伊德马克思主义(Freudo-Marxist)现象学话语分析那些被美化的精神,可以有效透视全球文化工业中的主流意识形态,因为它们恰恰表露着那种被美化了的安乐。

4.正像弗里德里希·尼采说过"上帝死了"那样,因而我们也要说"资本与民族国家死了";也正像尼采问过的那样:"这些教堂和庙宇除了作为神的坟墓,还会是什么呢?"因而我们也要问:"国家如果不是宣判资本主义与民族国家死亡的国家,还会是什么呢?"

5.历史无法倒回,我们暂且站在了上帝、资本和国家的记忆链上,并且我们也注定会和它们道别。

本章主要基于三方面的批判:①商品作为"异化之物"的本体论批判,在这里商品被赋予了魔法的和妖术的力量——伴随着这些被赋予的力量,商品得以统治全球;②全球化造就了这种阶级历史的巅峰;③这些阶级历史中的垄断政治与霸权政治。这三个方面共同构成了资本流通的全球化基础,在**异化**(Entfremdung)的黑洞中需要对其进行有效探讨。而这种怪异和恐惑的异化世界,亦构筑了全球化世界的根基。

　　大多时候,资本主义的兴起都对立于封建主义令人窒息的集权的衰退,而全球化的世界则对立于种姓迷信与教派冲突的旧世界。被隐藏起来的往往是资本主义榨取剩余价值的殖民地暴力方式,这不仅体现在资本的原始积累时期,还包括从第三和第四世界的外围那里将剩余价值吸纳到资本积累中心地域的当今时代。人们忘记了资本主义与种姓体制能够和平共处,也忘记了资本主义对封建主义的妥协,以及资本主义从封建主义意识形态银行那里所大量借用来的东西。

99　　自从 20 世纪 90 年代以来,也就是在我们的后意识形态时代(post-ideological times),印度人民不得不承受世界银行和国际货币基金组织的反人民政治所带来的冲击,现在他们又成了美国的警察,而印度业已做好了向其屈服的准备(加之甘愿接受美利坚帝国主义奴役的外交政策)。人民也不得不承受印度作为一个更加集权国家的冲击,这个国家宣称放弃福利体制,接纳教派法西斯主义,并将对少数民族的迫害作为其官方意识形态。就印度而言,全球化表明科学发展的同时,还伴随有种姓主义、婆罗门与上层种姓的统治,以及网络舆骗、工资弥低、卫星电视、农民自杀和以创建文明社会的方式而屈从于美利坚帝国意志的半法西斯国家。全球化是一个矩阵,其中包含着数之不尽的矛盾,如高度福利与极端贫困共在,技术与神学和谐并存,以及自由欣然面对自身的非自由形态。全球化的主流话语在于金融资本的自由流通,在印度的文化政治中,这却伴随有精神错乱式的右转。

　　全球化作为涵盖多国资本的政治经济学,被冠之以诸多明显的外在表征。它是第二次帝国主义世界大战后世界资本主义的重组,其以布雷顿森林体系为基础,以世界银行与国际货币基金组织为手段。这些表征还包括货币主义者对凯恩斯式资本主义的猛烈攻击,工会运动,由里根和撒切尔于 20 世纪 70 年代倡导的福利国家,以及随之生成的并被吉米·卡特的国家安全顾问兹比格涅夫·布热津斯基(Zbigniew Brezinski)称之为的"阿富汗陷阱"，在罗纳德·里根任期内由中央情报局局长威廉·凯西（William Casey）建立的全球瓦哈比恐怖监控网络，国家资本主义苏维埃模式的瓦解和资本主义盎格鲁-撒克逊模式的垄断。

100　　全球化总是把自身调整成伦理的、中立的和超道德的说辞，并且表现为基于"后物质"生产——一种假象性的生产，其中符号政治经济学（借用让·鲍德里亚的说法）分化了资本主义的政治经济学——的资本、商品与信息的自由流通。全球化的这种价值中立和后意识形态的政治文化，悬停了对帝国主义垄断的一切分析。与新柏拉图主义者和后现代主义者的欢欣庆贺相反，萨米尔·阿明宣称全球化具有五个方面的垄断特征：①技术垄断，②对世界金融市场的金融控制，③对全球自然资源的垄断，④媒体与通讯的垄断，⑤大规模杀伤性武器的垄断。①

　　现在可以看出，这种垄断主义话语完全有别于价值中立的后现代话语和理想化的全球资本主义文化政治，它将全球化文化政治的价值中立性表露为小资产阶级自我陶醉的且根深蒂固的政治焦虑——一种被精神分析称为"阉割焦虑"（the castration anxiety）的中性态度——它既是中产阶级文化政治的基础，也是资本主义晚期精神疾病的主要特征。批判全球资本主义的有机知识分子们不再寻求关于全球化的政治经济学解决方式，他们转而在神秘的"后政治"（post-politics）安全场所里寻求一种"文化"路径。在全球化时代，资本主义为什么以及如何会必然呈现到这种拜物教的"后政治"形态当中呢？这是因为，亦如马克思所表露的，自资本主义产生的那一刻起，文化政治就形成了异化的和拜物教的形态。按照马克思的说法，这种异化，即 *Entfremdung*，构成了资本主义生产方式的基础，异化是父母，资本主义不过是其备受宠爱的孩子。那么全球化的现当代图景看上去如何呢？我们当下又能观察到什么呢？我们观察到的是，

①　Samir Amin, *Capitalism in the Age of Globalization*; *The Management of Contemporary Society*, New Delhi: Madhyam Books, 1997, pp. 4 – 5.

资本主义正背负着其无法承受的异化父母前行,还携带着其同样无法承受的"后政治"孩子。

马克思在《资本论》中表明,资本先生作为异化的主人呈现为一种空洞的形态,在那里身体与精神完全分裂,并且他无法整合其碎片化的自身。现在,这个异化的和空洞的资本先生依旧在故弄玄虚地不断伪装着自己。他始终在"变换他的面容、他的头发以及许多其他方面"①。然而这一事物以及这一事物的变换都没能逃离马克思的视线,随后它又激起了弗洛伊德的兴趣。在法兰克福学派那里,这一事物被证明是工具理性,而拉康则将其看作阳具能指(phallus signifier)。转眼间,资本先生及其变换的面容、头发连同自身的诸多方面就呈现为一种"有别于其物理外形的状态"②。因此,如果人们决定接纳这位善变的资本先生的话,那他们就必须慎之又慎。

马丁·海德格尔(一度积极支持过纳粹)曾提出过相关的帝国主义问题:怎样使"整个世界和全部人类的彻底欧洲化"(*vollständige Europäisierung der Erde und des Menschen*)得以可能? 对于整个世界的控制,大多时候指的就是西方理性的规划(其以世俗的和哲学的形态出现于希腊人那里,这也发生在本体论神学对世界的统治当中,而这种在犹太教与基督教传统中接受上帝的统治,乃是第一波垄断主义与全球资本主义过程)。霍克海默和阿多诺的《启蒙辩证法》即为描绘法西斯主义谱系学的文本,法西斯主义从荷马到纳粹始终内嵌于西方人的目的观念之中。但是这种对于全世界的掌控——追权逐利的恐怖意志——亦可呈现为阶级文明,且并不必与西方理性的垄断相混淆。西方文明所做的就是依靠资本先生与地租女士的帮助,将这种意志垄断到帝国主义权力上,因此资本先生与地租女士乃是帝国主义权力意志的原因和基础,而西方的理性

101

---

① ② Karl Marx, *Capital*, Vol. I, trans. Samuel Moore and Edward Aveling, Moscow: Progress Publishers, 1983, p. 58.

仅仅是其结果。认识到这种"实在的历史基础"①——借用马克思的话——是极为重要的,因为正是基于这一实在的基础,而不是从黑格尔的"理念"和精神错乱角度出发,我们才会发掘出一条解题之道。然而"理念"与精神错乱作为幻象式的上层建筑也会介入历史,从而与资本先生形成旷日持久的友谊。就这样,"理念"、精神错乱与资本先生达成的这种友谊,对整个世界带来了毁灭性的后果。

102　　到 20 世纪结束时,资本先生已演变成了自由主义与法西斯主义。他发动了两场残忍的世界大战,成功引诱了前牧师约瑟夫·朱加什维利(Jusif Jugashvili)(或者被称为约瑟夫·斯大林,历史会记住他的)。他越是生长,就生产得越多,其完全遵从着上帝的指令,因为上帝告诫负罪的人们要"生养众多,昌盛大地"②。现在,大地由于资本先生的创生已变得超负荷了,一场瘟疫随之爆发——生产过剩的瘟疫。③ 与上帝的意志相反,马克思表明:"社会突然发现自己回到了一时的野蛮状态;仿佛是一次饥荒、一场普遍的毁灭性战争,使社会失去了全部生活资料;仿佛是工业和商业全被毁灭了。这是什么缘故呢? 因为社会上文明过度,生活资料太多,工业和商业太发达。"④我们正生活在文明过剩的时代,等待着命运再次把我们变回野蛮人。

　　资本先生渴望对全世界的彻底征服,但是伴随着这位几近疯狂先生一起到来的还有无产阶级,他们作为民主众庶(democratic multitude)宣布拒绝一切国家和一切对国家的迷信。⑤ 这些民主众庶遍布全球,资本先生就在北美和西欧积极建立反移民法案来遏制他们,但是民众们拒绝退

---

①　Karl Marx and Friedrich Engels,*The German Ideology*,Moscow:Progress Publishers,1976,p. 61.

②　The First Book of Moses commonly called Genesis,in *The Holy Bible*,New York:Wm Collins, 1952,p. 7 – 9,1.

③④　Karl Marx and Friedrich Engels,The Manifesto of the Communist Party,p. 40. [《马克思恩格斯选集》(第一卷),人民出版社,2012 年,第 406 页。]

⑤　Karl Marx and Friedrich Engels,The Manifesto of the Communist Party,p. 51.

场,他们的活动范围是整个世界。如果资本先生认为世界的全球化乃其独占式和垄断性的特权规划,那么他必然犯了大错。全球化是一幅斗争图景,它甚至比奥玛兹(Ohrmazd)和阿里曼(Ahriman)更为恐怖。而全球范围内的无产阶级都将认同马克思的观点:共产主义必将成为全球现象,它不会仅在一国发生。

如今,全球化的规划从资本主义者那里被盗取过来,而国际无产阶级就是现代的普罗米修斯,他从资产阶级那里盗取了国际主义之火,并将其分燃给普罗大众。

## 二、癔症性失明 103

黑格尔曾表明"真理是一个过程",我们在之前也指出过要把这一过程寓于大全之中。① 那么问题就在于如何把握这一整体过程。既然当代社会科学要么被抽象定义预先占领,要么趋向于纯粹的形式分析,因而我们必须超越抽象的王国,从神话直捣现实。

我们被全球化的支持者们告知,全球化开辟了新的纪元,它吸引人眼球的地方首先在于其宣告了社会主义与意识形态(意指马克思主义)的消亡,而发展——根据市场规律——才是当今时代的王道。它亦声称创建了一个全新的无边世界,其中资本与商品将进行畅通无阻的自由流动。我们进而获得了这样的保证,即资本在这种无边世界的自由流通会消除一切不平等与贫穷。

"距离的消失""失重的世界""数字经济""网联世界""以经济为基础的知识"和"虚拟组织"等,它们共同装点着全球化的景象。② 我们现在

① G. W. F. 黑格尔在他的 *Phenomenology of the Mind*(trans. J. Baille, London: George Allen & Unwin Ltd.,1966,p. 81)中说:"真理是大全",而科学的分析必须寓于这种大全当中。

② Ursula Huws, Material World: The Myth of the Weightless Economy, in *Global Capitalism Versus Democracy——Socialist Register*, ed. Leo Panitch and Colin Leys, London: Merlin Press,1999,p. 29.

正处于后意识形态（post-ideology）的绚丽新世界内部，在这个超现实主义世界当中，早前的手工经济和农耕经济画面已被清除。哪怕其没有被清除，那么我们也会被再次告知，让我们一起清除它！我们必须透视这些新技术，因为在那里只存在完全清除了物质材料的"假象"。马克思主义被废弃了，连同其一起废弃的还有福利国家体制和整个现代性规划。如果后现代始于 20 世纪 60 年代的西方世界，并作为对抗马克思主义的学术和意识形态话语，那么与此同时，凯恩斯经济政策与福利国家体制亦被里根和撒切尔政府的货币主义和反工人政治举措颠覆了。福利国家体制遭到了抛弃，工会也被压制在新保守主义政治的烈火之下，但是帝国主义——其已被证明是极度非人性的和种族主义的——却在里根时代中情局局长威廉·凯西的麾下，制造出了一种政治伊斯兰主义来对抗苏维埃政权。当人们被提醒正骑着一匹全球化的理性骏马时，那他们同样应该清楚的是，这种货币主义经济、后现代的政治文化和有关文明冲突的意识形态，将共同构成全球化旨趣的根基。伴随以上致命的三头统治出现的，乃是显现为"帝国"形态的帝国主义政治话语。"资本帝国"将现实化为这种被全新树立起来的（美利坚）帝国规划，而这种被全新树立起来的规划却倚仗着曾经的先例，即在纳粹（以及更早之前的沙皇俄国）深埋于地下的地方，作为全球资本主义警察与哲学王的美利坚规划成功起飞了。还记得恩斯特·布洛赫（过去的海德堡学术圈成员，也是马克斯·韦伯、李凯尔特、狄尔泰、齐美尔和青年卢卡奇的同事）说过，法西斯主义在 1945 年并未被击溃，它只是将其总部由柏林搬到了华盛顿而已。

所以现在的问题是如何接受这种全球化的协议。这一协议几乎与所有资本主义协议一样，都是一揽子协议。伴随着"商品的巨大积累"[1]同样会出现帝国，而伴随帝国出现的则是哲学王和武士。如果古印度哲学

---

[1] Karl Marx, *Capital*, Vol. I, trans. Samuel Moore and Edward Aveling, Moscow: Progress Publishers, 1983, p. 43.

（尤其针对意识形态与战争方面）将婆罗门的理论家与武士们置于神的头颅和手臂的位置，那么我们就应当理解腿部也必然寓于其中。这一寻找着其全新腿部的帝国正试图建立"一个拥有统一的政府、统一的法律、统一的民族阶级利益和统一的关税的统一的民族"①。

人们很容易被引诱进全球化的文化与技术王国中（因特网、卫星电视等），并将其视为首要事业（而且迷恋于那一帝国提出的超现实主义"知识型社会"），却没有看到正是全球资本积累的现实基础支撑起了这些文化（大多时候是虚假的）话语。借用马尔库塞的话说，技能（technics）正是技术（technology）所"钟爱的方面"②。技能"既可以带来集权主义，也可以带来自由主义；既可以带来匮乏，也可以带来丰产；既可以延长劳动，也可以消除劳动"③。资本主义生产方式所做的，就是利用技能达到其创建丰产与匮乏的自私目的，而全球化则是对这种丰产与匮乏的技能性管理。

105　技能是一种工具理性，其使得帝国主义意志能够加之于经济权力之上，也志在建构出一种彻底的管理型社会（a totally administered society）。

技术理性作为管理理性所做的，就是在驱赶走批判理性这一观念的同时，连同将人的本质观念一起埋葬。技术理性建立在一种合理性物化（rationalized-reified）的生活世界概念基础上，而基于这种合理性物化世界所繁殖出的乃是精神错乱的疯狂精神。现代性技能必将失去有关人的本质的哲学根基。按照马尔库塞的说法（紧随胡塞尔的思想）："自从科学脱离了这种哲学根基，理性的人本框架亦随之瓦解了。"④技术与科学将自身转变为意识形态并代替了神学（以及与其合为一体），从而成为主流

---

①　Karl Marx and Friedrich Engels, The Manifesto of the Communist Party, pp. 39 - 40. [《马克思恩格斯选集》（第一卷），人民出版社，2012 年，第 405 页。]

②　Herbert Marcuse, Some Implications of Modern Technology, in *The Essential Frankfurt School Reader*, eds. Andrew Arato and Eike Gebhardt, New York: Continuum, 1985, p. 138.

③　Ibid., p. 139.

④　Herbert Marcuse, Science and Phenomenology, in *The Essential Frankfurt School Reader*, p. 476.

意识形态,全球的工程师们也随之摇身一变,成为现代资本主义的牧师。哈贝马斯指出(引用马尔库塞的话):

> 技术理性这一概念恰恰是意识形态的。不仅是技术的应用,甚至技术本身就是一种(对自然与人)统治——方法上的、科学上的以及计算上的精确控制。统治的特殊目的与特殊利益并不需要"随后"强加到技术上,其也并不源于外部;它们会直接进入到技术设备的构成当中。技术总表现为一种历史社会性的规划:一个社会以及社会的统治利益试图作用于人和物上的意志都会投射于其中。统治的这一"目的"是实质性的,也正是在这个意义上,它才隶属于技术理性的形式内。①

由此,当资本先生开始炫耀他的商品时,哪怕是那些被冠之以"科学与技术"的商品,我们都要倍加小心地看待它们,因其已被资产阶级理性的反人本主义侵染了。资产阶级意识形态甚至攻击了"纯粹的科学",但它却无法贬低科学理性这一理念本身。我们需要反复斟酌的乃是科学的物化,以及马克思意欲出的一门建立在**"人的自然科学"**(*die menschliche Naturwissenschaften*)或者说**"关于人的自然科学"**(*die natürliche Wissenschaft vom Menschen*)②原则基础上的新科学。

106　　资本并不单纯生产剩余价值,就像"一台永久的吸取剩余劳动的抽水机"③那样,它也生产幻象。资本的流通总是伴随有精神错乱的流通,当

---

①　Jürgen Habermas, Science and Technology as Ideology, in *Toward a Rational Society: Student Protest, Science and Politics*, trans. Jeremy J. Shapiro, London: Heinemann, 1971, p. 82.

②　Karl Marx, *Economic and Philosophic Manuscripts of 1844*, Moscow: Progress Publishers, 1982, p. 99.

③　Karl Marx, *Capital*, Vol. III, Moscow: Progress Publishers, 1986, p. 822.

弗洛伊德把精神错乱定义为"从现实当中的逃避"①时,这一精神疾病领域同样契合于马克思对商品生产的概述(伴随它的还包括阶级社会和现代资本主义的历史根基)。在这种本体论的基础上,马克思表明作为"物质的东西"的存在却被置于"看不见"②的境地(这种对现实的无视状态我们在下一章中还会继续探讨)。现在对这种"物质性存在"的无视既表现为"癔症性失明"③,又是一种精神错乱。所以当我们欣然投入到资本主义全球化绚丽新世界的怀抱中时,我们必须是失明且疯癫的,而这样的失明与疯癫则饱含着拜物教和思维的退化。全球化意识形态的当下复杂性(或者表现为美国生产过剩的政治经济,或者表现为第三和第四世界的消费不足,因而呈现出的也就或者是福山的自由主义和亨廷顿的剥夺性暴力,或者是印度教民族主义、传播福音式的右翼和瓦哈比原教旨主义)涵盖着一种思维的退化——其完全可以由"意识形态的终结"这种极端的意识形态主张来概括。

因此,当说起全球化对应着一种失重的且无边的(weightless-border-less)虚拟经济时,人们千万不要忘记货币主义(伴随福利国家的消亡)和资本积累的暴行如今已达到了登峰造极的程度。与资本同行,将会驱使美国新保守政府以十字军精神的意识形态寻求消灭"邪恶轴心"土地上的恐怖分子,这种"邪恶轴心"指的是瓦哈比保守派的真主,他因异教徒而显得非常震怒,并且最近在印度建立起了极端右翼法西斯组织罗魔神教,其目的在于消灭现代性、世俗主义、民主、共产主义者以及少数民族。后现代本体论神学家表明人本主义是个错误,而世俗主义和整个启蒙规

① Sigmund Freud, Neurosis and Psychosis and Loss of Reality in Neurosis and Psychosis, in *The Penguin Freud Library*, Vol. 10, On Psychopathology, London: Penguin Press, 1993.

② Karl Marx, *Capital*, Vol. I, trans. Samuel Moore and Edward Aveling, Moscow: Progress Publishers, 1983, p. 45.

③ Sigmund Freud, The Psychoanalytic View of Psychogenic Disturbance of Vision, in *The Penguin Freud Library*, Vol. 10, On Psychopathology, London: Penguin Press, 1993, p. 108.

划就在于建构一种无神论。我们被告知,无神论(伴随启蒙的人本主义与 107
世俗主义规划)摧毁了我们文化的根基。危机之所以存在,就是因为我们
破坏了与上帝的圣约,即当代伊朗什叶派的海德格尔式意识形态主张,[①]
这一主张由伊朗的伊玛目们(imams)、全球瓦哈比运动甚至他们的美国
劲敌所共同享有。全球化必然囊括了对人的忘却,反现代、反世俗和反人
本一起构成了全球化的核心意识形态。如果后现代被称作晚期资本主义
的文化逻辑,[②]那么全球化便可称得上是永远处在危机中的晚期帝国主
义政治经济逻辑。妄图将全球化从资本主义(及其反人本主义的意识形
态)危机内部剥离出来,这无疑是错误的做法。就像霍克海默与普兰查斯
已经表明的,人们在谈及法西斯主义时不可能忽略资本主义和帝国主
义,[③]同样,人们在探讨全球化时,也必须顾及资本积累的永恒危机和受
其所制约的意识形态。

　　存在这样一种对全球化的批判,据说它呈现为"底层"的形态,甚至
超越了霍克海默和阿多诺在《启蒙辩证法》中对西方理性的批判。对于
这样一种保守的批判,威廉・赖希(Wilhelm Reich)称其为伪激进(pseu-
do-radical)[④]的批判,它可以在 19 世纪和 20 世纪新浪漫派那里找到原
型——拉斯金(Ruskin)、库马拉斯瓦米和甘地等。现在这些相同的浪漫

---

① Riza Davari-Ardakani, *Inqilab-i Islami va Vaz'-I Kununi' Alam* [ *The Islamic Revolution and the Current Conditions of the World* ] ( Tehran: Markaz-e Farhangi-I' Alame Tabatabai, 1982 ), Falsafih Chist? [ *What is Philosophy?* ] ( Tehran: Anjuman-i Islami-I Hikmat va Falsafih-i Iran, 1980 ), See Farzin Vahadat, Post-revolutionary Islamic Discourses on Modernity in Iran: Expansion and Contraction of Human Subjectivity, in *International Journal of Middle East Studies*, Vol. 35, Nov. 2003, No. 4.

② Frederic Jameson, *Postmodernism, or, The Cultural Logic of Late Capitalism*, London: Verso, 1991.

③ 麦克斯・霍克海默在 The Jews and Europe 中说:"如果有谁不想论及资本主义的话,那他对于法西斯主义同样应该保持沉默。"参见 Max Horkheimer, The Jews and Europe, in *Critical, Theory and Society. A Reader*, eds. Stephen Bronner and Douglas Kellner, London: Routledge, 1989, p. 78; Nicos Poulantzas, *Fascism and Dictatorship: The Third International and the Problem of Fascism*, trans. Judith White, London: Verso, 1979, p. 17.

④ Wilhelm Reich, *The Mass Psychology of Fascism*, trans. Vincent R. Carfango, New York: Farrar, Strauss & Giroux, 1970, p. XIV.

派主张又出现在了米歇尔·福柯的哲学当中,他疯狂支持什叶派伊玛目的意识形态,并称赞 20 世纪 70 年代晚期对共产主义者进行的神学屠戮乃是"唯灵论的政治"①。我们无法利用第三世界的国家资本主义来回击盎格鲁-撒克逊的帝国主义,这就好似我们无法用异化去回击异化,用私有财产去回击私有财产一样。

108

所以我们不必为争取独立的印度、巴基斯坦、孟加拉国和以色列而斗争,因为它们的轮廓都是由渗透着人民鲜血的殖民画笔所描绘的。相反,我们必须超越对资本主义、殖民主义和民族国家的思考,从而进一步反思出一种属于一切人民的自主权。这种自主权将幻化出一个为实现亚洲自由而奋斗的人民阵线——一种在根本上体现了非国家与非阶级性质的先锋,而这种非阶级性通过积极地对私有财产与**人的异化的扬弃**(*die Aufhebung der Entfremdung*),以及主动地**对人的本质的占有**(*die Aneignung des menshlichen Wesens*)②,将重新在实践中发掘出人的本质。共产主义是"人向自身、向社会的(即人的)人的**复归**(*Ruckkehr*)——这种复归是完全的、自觉的而且保存了以往发展的全部财富的"③。我们必须学会如何保存这种人的本质和以往发展的全部财富,因为只有这样,才能解答马克思所称的"历史之谜"(the riddle of history)④。

三、解剖资本先生

为了研究这个特殊而又矛盾重重的全球化世界——宣称自己是自由

---

① Michel Foucault, What are the Iranians Dreaming of? in Janet Afary and Kevin B. Anderson, *Foucault and the Iranian Revolution; Gender and the Seductions of Islamism*, Chicago: University of Chicago Press, 2005.

② Karl Marx, *Economic and Philosophic Manuscripts of 1844*, Moscos: Progress Publishers, 1982, pp. 90, 94, 109.

③④ Ibid., p. 90.

且开放的,但不过是座贮存死人的监牢,我们就需要研究对资本先生的解剖学。而若要转向全球化的文化,我们则必须转向其文化工业,这又自然转向了对资本先生本身的研究上。在马克思看来,被资产阶级占领的世界就像一个邪恶的魔法师,他利用其污浊的咒语从地下召唤出恐怖的亡灵,但他自己却又无法驾驭他们。① 我们一定要谨记资产阶级的世界(以及全球化和国际主义)与马克思视域下的世界历史与共产主义间的重要区别。前者以反人本主义的姿态面对异化的对象,②其沉迷于无生命的劳动、神秘主义、妖术以及从地下召唤出的亡灵;而共产主义者不仅拒绝与异化的对象为伍,也反对这种幽灵学(specterology)。对比于斯大林主义者,社会民主派、法西斯主义者和甘地那样的国家主义者都趋向全球资本主义,而马克思主义却并不屑于对资本主义进行乌托邦式的前资本主义批判。马克思庆幸的是能够把世界作为可以表演的剧场,他呈现出了"人在其世界历史中的现实存在,而不是狭隘地域性的存在",并确证了"生产力的普遍发展"和"人们之间的普遍交往",这种交往"在生成了一切民族的同时","最终以世界历史性的、真正普遍的个人代替了狭隘地域性的个人"。③ 自从20世纪60年代以来,由美国底层学术团体和法国后现代主义者[连同马哈拉施特拉邦的右翼势力湿婆神军党(Shiv Sena)]倡导的"狭隘地域性"话语,按照马克思的理解,不过是一种消费不足的文化,其创造了个人的和普遍的欲望,随之发生的即为阶级历史"以往肮脏贸易"的死灰复燃。④

因此,有一件事情是可以确定的:全球化绝不会是任何种类的狭隘地

① Karl Marx and Friedrich Engels,The Manifesto of the Communist Party,p. 37.
② Karl Marx,*Economic and Philosophic Manuscripts of 1844*,Moscow:Progress Publishers,1982,pp. 63,68,70,136.
③ Karl Marx and Friedrich Engels,*The German Ideology*,Moscow:Progress Publishers,1976,pp. 54 – 57.
④ Ibid.,p. 54.

方性或者任何种类的民族主义。人们大可不必在自己国家的领土上抗争帝国主义。与此类似,马克思认为,除了封建主义、氏族制和白痴外,并没有太多东西源于封建的、氏族的和田园风格的关系内部。① 相比之下,必须拥护现代工业和技术理性,但拥护方式却既不能体现为资产阶级科学的意义上,也不能寓于资本主义生产方式的结构中。这就是为什么我们要强调法兰克福学派针对资产阶级的"科学"与后资本主义科学间的差异而进行的解读。所以科学并不必然被看作客观过程,而应当被理解为马尔库塞称之的"规划"(project),它关联于统治阶级及其意识形态。②

但是随后,资本先生和地租女士来到了现代,他们(不仅给封建主还)给技术理性进行了不止一次的教育,并且通过把"他们的幽灵化作现有的社会人物那样"③,从而使资本先生和地租女士较欧洲的那些封建主们在政治上展开的广泛迫害,显得更加残暴且隐秘。由此,我们便能够认识到资本主义魔法师是如何从赤裸的、不知羞耻的封建主义残暴④中出生的了,他戴着"虚假的外表与幻象"的面具,也就是说从今以后,只会充满着"真假参半的现实和解决不完的矛盾"⑤。

因此,当资本先生声称,作为幽灵同时又作为单纯的物,它具备本有的权利使自己大步调地跨向全球,但这种被美化出的优先性和对那一权利的期望,至少在马克思看来是极度令人不悦的。现在马克思作为一名无神论者和人本主义者,根本不会相信资本先生及其怪异的虚假外表和呈现出的幻象。马克思决定剥去资本先生的外衣,看看除了自由贸易和对自由、平等、博爱的篡改之外,它究竟还能提供出些什么。马克思坦言他并未看到自由、平等和博爱,取而代之的是步兵、炮兵和骑兵。资本先生坚

110

---

①④　Karl Marx and Friedrich Engels, The Manifesto of the Communist Party, p. 38.

②　Herbert Marcuse, Industrialization and Capitalism in the Work of Max Weber, in *Negations. Essays in Critical Theory*, trans. Jeremy J. Shapiro, London: Allen Lane, The Penguin Press, 1968, p. 224.

③⑤　Karl Marx, *Capital*, Vol. III, Moscow: Progress Publishers, 1986, p. 830.

称他能够提供真正的平等,因而马克思决定对"这样的平等一探究竟"①。
想要看清资本先生的面目总归是件难事,所以除了法理学之外,马克思还
学习了哲学与科学,以避免单纯法律视角上的局限。但是不仅存在呈现
于以上学科中的内容,马克思知道资本先生还会使用魔法和妖术,②所以
他又研究了神学、妖术和黑魔法。为了既避免单纯法律视角上的局限,又
能够抓住资本先生的把柄,马克思决定前往人性的墓地,因为他确信资本
先生就出生并且生活在那里。马克思带上了他的望远镜和显微镜,以此
在宏观与微观的视域内探索资本主义的生产方式。作为一名科学家,他
想做的不仅是要彻底看清资本先生的本来面目,还要观察其细胞形态。③
因而他还带着把铲子用以掘出一座坟墓,来埋葬资本先生和他的资产阶
级伙伴。他试图研究其本质,明辨出不同资本躯体间的"共同的东西"④,
他从现实之人的人性特征与物性特征那里发掘出了"全部的抽象性"⑤。
在经过细致入微的验证后,马克思惊呼它们并不是为了使用,也"不包含
任何一个使用价值的原子"⑥。他继续深度挖掘,进而在这些资本化的躯
体中发现了一些"残渣"⑦。从无神论者和人本主义者的角度出发,马克
思对着他的发现之物"不明觉厉"——"**幽灵般的对象性**"( *gespenstige
Gegenständlichkeit* )⑧。这些幽灵现在从坟墓中逃出来,并且"**表现为独立
存在的东西**"( *selbständige Gestalten* ),因此马克思要求我们必须时刻警惕
那些"赋有生命的、彼此发生关系并同人发生关系的东西"⑨。我们被诅

---

① Karl Marx, *Capital* , Vol. I, trans. Samuel Moore and Edward Aveling, Moscow: Progress Pub-
lishers, 1983 , p. 66.

② Ibid. , p. 80.

③ Ibid. , p. 19.

④⑤⑥ Ibid. , p. 45.

⑦ Ibid. , p. 46.

⑧ Karl Marx, *Das Kapital. Kritik der politischen Ökonomie* , Erster Band, Berlin: Dietz Verlag,
1981 , p. 52.

⑨ Karl Marx, *Capital* , Vol. I, trans. Samuel Moore and Edward Aveling, Moscow: Progress Pub-
lishers, 1983 , p. 77; *Das Kapital—Kritik der politischen Ökonomie* , Erster Band, p. 86.

咒了！封建神学家们声称他们已经消灭了所有巫师,但却唯独剩下了资本主义的幽灵般对象性的鬼魂。这个鬼魂纠缠着整个世界——全球资本主义的鬼魂。资本先生和地租女士会敲开每一扇门,没有一个人会幸免于难。当这位文明的先生披上"虚假的外衣"①时,也正是在这里,"中介运动在它本身的结果中消失了,而且没有留下任何痕迹"②,那么对此我们该怎样办呢? 当资本先生作为幽灵、骗子和凶手,并且洗刷掉了他已经死亡事实的一切痕迹时,我们又应当怎样面对他?

111

在资本主义的墓地上,马克思捕捉到了资产阶级的鬼魂。他看到它们悬停在禁树上,随即勒令它们立即离开,不要再侵扰人类。熟谙古代驱魔艺术的马克思将它们全部驱离,这些鬼魂们幸而折回对着马克思怒吼,并将资本积累的圣书掷向他。马克思拾起这本圣书品读起来,书中向人们展示了世界如何被分化为向善的资本主义地域和浑噩的外围地域。上帝告诫浑噩的外围地域的人们要进行改革与私有化,还教会了善良的资本家们如何将整个世界转变为向善的宗教,即永葆资本主义生产方式的宗教。那些对此加以反抗的人被认为是邪恶的,是被撒旦的诱惑迷住了的人们。他们的土地由此被宣布为"邪恶轴心",在其上居住的都是恐怖分子,甚至都是注定要从地球表面被清除的人。圆桌骑士们被命令一次性地全部消灭那些邪恶之徒。

但是还存在一些模糊的字迹极难辨认和分析,因此马克思在文献学领域继续运用他娴熟的技巧。他拿起他的显微镜,开始仔细斟酌这种难辨的古老手迹。突然,马克思放声大笑,那种模糊的字句就寓于《梨俱吠陀》第十曼荼罗中:

　　　婆罗门是他的嘴,

---

①② Karl Marx, *Capital*, Vol. I, trans. Samuel Moore and Edward Aveling, Moscow: Progress Publishers, 1983, p. 95.

他的双手由刹帝利构成。

他的大腿成为了吠舍，

从他的脚中生出了首陀罗。①

　　从马克思的笑声中可以看出，为什么来自第三世界的可怜的桑乔会跟从自欺欺人的堂吉诃德。同样遵从这一观点，即有关全球化的政治合法性与文化工业的探讨，贝托尔特·布莱希特以另外一种方式呈现为：

两个强盗洗劫了黑森州，　　　　　　　　　　　　112

很多农民被拧断了脖子，

其中一个强盗瘦弱得像只饿狼，

而另一个则肥硕得像教皇。


奈何什么东西使其差异如此巨大？

那是因为他们是主人与奴仆的关系。

主人狼吞虎咽地吃着由牛奶制成的奶酪，

然而，仆人只获得了已经发酸的原奶。


农民们逮到了这两个强盗，

当他们用一条绳子悬挂示众时，

其中一个挂在那里瘦弱得像只饿狼，

而另一个则肥硕得像教皇。


农民们站在那里面面相觑，

---

①　*The Rig Veda*, trans. Ralph T. H. Griffith, New York: Quality Paperback Book Club, 1992, p. 603.

　　每当望向这两个强盗时，

　　他们看到那个肥硕的人的确像个强盗，

　　但为什么那个瘦弱的也是个强盗呢？①


四、墓志铭

　　其实这个秘密寓于非常简单的事实当中——如果货币来到世间，"在一边脸上带着天生的血斑"，那么"资本来到世间，从头到脚，每个毛孔都滴着血和肮脏的东西"②。那些假象和知识型社会都不能洗刷掉这些斑迹。

　　就是这么简单而已！

---

　　① Bertolt Brecht, The Robber and His Servant, in Bertolt Brecht, *Poems*: *1910 – 1956*, London: Eyre Methuen Ltd., 1976, p. 244.

　　② Karl Marx, *Capital*, Vol. I, trans. Samuel Moore and Edward Aveling, Moscow: Progress Publishers, 1983, pp. 711 – 712.

第四章

# 解放的回归

——论马克思的问题：哲学的扬弃与实现如何可能？


啊，我已学习了哲学，

还有医学以及法理学，

为了我那悲怆的神学啊，

我周而复始、翻来覆去地研读着它们。

——歌德《浮士德》（第一部）


理性注注是存在的，但却并不总是以理性的方式。

——马克思《致阿尔诺德·卢格》1843 年


不仅是它的回答，而且连它所提出的问题本身，都包含着神秘主义。

——马克思、恩格斯《德意志意识形态》


曾经被看作过时的哲学仍然苟活着，因为我们错过了实现它的时刻。

——T. W. 阿多诺《否定辩证法》

## 一、引入

马克思专门对黑格尔辩证法的批判,以及整体上对哲学史的批判,一言以蔽之,不外乎是在探讨**哲学本身的扬弃与实现**(*Aufhebung und Ver-wirklichung der Philosophie*),这可能是马克思哲学中最为重要的问题,然而不幸的是,它却并未得到充分的关注。之所以说不幸,是因为对马克思主义批判本质的忽视,从而造成了研究黑格尔与马克思的鱼目混珠态势。这样的忽视在意识形态斗争中(自从列宁离世后)发挥了关键作用,并基于以下方面达到了高潮,即托洛茨基领导的左翼反对派连同其他革命群体的无能表现(尤其是苏联资本主义的复兴),以及德国法西斯主义的崛起。苏维埃集团的消沉仅仅是一种必然的结果,其源于国家资本主义官僚阶级对马克思主义的篡改。

在推翻国际资本主义的革命热望中,第二国际早已强调过政治的首要性。然而作为理论与实践的辩证统一,马克思主义哲学的这一首要性问题却被完全搁置了。伴随对第一次帝国主义世界大战的怒气,列宁深深投入到了对黑格尔的研究当中。这些手稿后来在历史上被称作《哲学笔记》,其中列宁坚决诉之于黑格尔的知识(实际上绝大部分都是指《逻辑学》),并且他指出,如果没有这些知识根本就无从理解马克思的《资本论》,特别是其第一章。最终列宁哀伤道,即便马克思以后的半个世纪之久,那些马克思主义者都不能真正理解马克思。这些话是多么的真切啊!

## 二、解放回归的序幕

哲学在本质上必然是政治的,因为其面对着这样的问题:"人"是什么? 康德提出过以下三个问题:"我能知道什么?""我应当做什么?""我

117

能够期望什么?"伴随其后的还有第四个问题:"'人'是什么?"这是一个在本质上隶属于政治范畴的哲学问题。

20世纪见证了四场极端的恐怖事件:两次帝国主义世界大战,法西斯主义的崛起,以及美利坚"帝国"的形成。法西斯主义(至少在名义上)已经消亡了,但是那一帝国(本应该一同消亡)却生机勃勃,并且像幽灵一样大踏步地跨向全球。在这样的背景下,我们不禁会问:马克思主义在21世纪会有怎样的效用? 它将如何处理在本质上隶属于政治范畴的那一哲学问题:"'人'是什么"?

一般认为,哲学作为西方理性的终极目的(telos)首先产生于希腊,哲学论证则源于古希腊城邦(polis)。哲学之为哲学,不仅在于探求被看作存在之命运的人(beings)的存在(Being),还在于解读民主与自由的问题,即"人"是什么的问题。即便这一问题被提出的2500年后,我们依旧在沉思:"人"是什么? 马克思针对"人"提出了两方面的疑问:"什么是**类本质**(*Gattungswesen*)和**人的本质**(*das menschliche Wesen*)?"正是基于这些疑问,我们才能够提出我们时代最为重要的问题:"什么是社会主义,以及社会主义如何可能?"

尽管阿那克西曼德(Anaximander)与泰勒斯(Thales)为苏格拉底、柏拉图、亚里士多德以及智者学派奠定了基础,使得哲学成为西方理性的终极目的,但是在关乎"人"的政治根基处,仍然存在着把"理念"看作终极目的的情况,它从《摩西之书》(Book of Moses)起——经过犹太教、基督教以及伊斯兰教对创生的解读——直至黑格尔。如今,马克思作为现代的智者和犬儒,与这种"理念"没有任何瓜葛,但却竭尽所能地分析"理念",正像弗洛伊德没有任何精神错乱的症状,但却竭尽所能地研究精神错乱一样。走近"理念"便是走近了哲学史,同时还伴随有这样的问题:"'人'是什么"? 在这种"理念"中,既能看到西方文化与文明的完美之处,但同时也彰显着它的不完美;依旧是在这种"理念"中,既能看到理性,也能看到精神错乱。按照甚是无辜的全球化名义而建立起来的帝国,乃是这一"理念"作为精神错乱的完美表达,但它也暗示着"人"的消亡。正是基于这样的完美与不完美,我们提出了如下问题:"什么是马克思主义哲学?它能为 21 世纪做出何种贡献?"带着这样的疑问,让我们对哲学开启马克思主义式的诘难。

本章主要基于如下方面内容从而进入马克思关于哲学的扬弃问题之中:

第一,存在(Being)的问题。这里积攒下来的是对存在的忘却与纪念。存在的复归乃是面对全球阶级社会而产生的创伤性神经症的回溯,哲学因而也同样被看作这种神经症(the neurotic)的永恒复归。"存在"作为"物质"(Matter)和"理念"(Idea),是哲学的神经症所玩控的游戏。我们必须理解这种神经症乃根植于具体的实在当中。马克思从不认为哲学的神经症能够被清除掉,在《资本论》中他重拾了存在问题,其具有三个维度——"Being""being"以及"beings"。现在,"beings"(即本质上隶属于政治范畴的"人")是异化了的,因此我们所拥有的也是一种虚假层面上的"being"和"Being"。"being"和"Being"都意味着物化的结果,即那些被赋予了生命的恐怖之"物"。如今,这些活生生的"物",连同炼金术士们施以的魔法力量,就这样被呈现为哲学范畴中关于"being"和"Being"的故事。所以谈及"Being"的故事时,就是在言说对于"人"与"人"的政治性的双重忘却的故事。

在《资本论》中,"being"是物化的社会和事物间的物化关系;而"Being"则代表"本质""实体"以及"存在"的"根基"。现在,"being"是一种"物",而"Being"(人的存在)则意味着一种完全的丧失,其不仅体现在人的一切特征的丧失,还体现在人的一切物质性与具体性的丧失。再次借用马克思的话说就是:作为**物质的东西**(*sinnlichen Beschaffenheiten*)的存在却被置于**看不见**(ausgelöscht)的境地。① 哲学的故事就是将感性(sensuousness)抛于视线外的结果,哲学亦是有关失明的故事。

第二,脱离(disembodiment)与变形(metamorphosis)。存在诸多的二元对立统领着哲学史:物质与理念,身体与精神以及必然与自由等,尽管不同的哲学家都尝试着给出其解决方案,但最终证明都仅仅是反复回到了这一相同的问题域中。神经症再次发作了。柏拉图最根本的哲学诉求在于:远离黑暗的洞穴和其中的投影,拥抱光明的世界,但这却被人们抛到了脑后。我们转而回到了洞穴,并在永恒的黑暗中越陷越深。

当马克思说"**作为物质的东西**的存在却被置于**看不见**的境地"时,他想要表达的是,不仅是哲学(以及神学,尤其是基督教),就连作为起始点的阶级文明,都呈现出这种失明状态。为何会如此呢? 这是因为,处于商品生产中的阶级文明必须消除其物质性特征(使用价值),从而设定出那种理想化的价值特征,即交换价值。阶级社会与哲学都要祛除这种物质性,这样的脱离与变形过程构成了阶级社会与哲学的本质维度。马克思将这些过程称作拜物教的、非理性的、魔法般的和妖术化的过程。② 哲学乃是对这种物质的东西的典型性忘却,而对哲学的扬弃将必然发起与这种健忘症的战争。

第三,异化、物化和拜物教。基于这样的三位一体而构成的细胞形态与支撑力量,将作为医治哲学失明的认识机制,所以提炼出这种细胞形态势在必行。

第四,本质上隶属于政治范畴的"人"的问题。回忆这一故事也就是在叙述回归**人的本质**(*das menchliche Wesen*)的故事。

在本章当中,马克思主义哲学会对以下两方面进行叠加推理:关于异化的谱系学与关于转化的解释学,这里将把哲学上的"存在""意识""真

---

① Karl Marx, *Das Kapital*, Erster Band, Dietz Verlag: Berlin, 1993, p. 52.

② Ibid., pp. 85 – 98.

理""本质"以及"真理的本质"等统一转化为本质上隶属于政治范畴的"人"的问题。如果路德维希·费尔巴哈认为神学的真相在于人类学,那么就马克思而言,哲学的真相就是"人",即本质上隶属于政治范畴的"人"。

由此,相对于将哲学作为阶级斗争的大众化理解,我们会发起另一视角——异化的视角。而在把哲学解读为阶级斗争与异化的双重视角中,实践理性哲学家马克思(也被看作非实践理性的)不仅书写出了"回到"哲学史的另一种方式,并且还要加以激进的颠覆。从这种颠覆出发,哲学将不再作为**知性**(*Verstand*)与**理性**(*Vernunft*)的内容加以解读——例如康德与黑格尔对哲学的解读方式——它将内嵌于这样的双重流通(flows)当中:资本与精神错乱的流通。正是基于以上视角,马克思提出了如下问题:"哲学如何才是现实的与实践的,因而我们怎样能够扬弃并实现哲学?"

121

马克思的历史唯物主义标题为:经济基础**决定**(*bestimmte*)意识形态上层建筑,其却被篡改为物化的经济基础决定了哲学的上层建筑,因而从这一标题幻化出的哲学精神也就成了一种异化精神。当下,这种哲学的异化精神表明,其自身正流通于存在与思维之中——资本积累与精神错乱之中。那么在这些流通内部,什么才是最根本的呢? 这就好比哲学家亚里士多德(马克思认为他是古代最伟大的思想家)①骑着一匹集理性和野蛮于一身的骏马,因而这也必然伴随他的学生,即分裂性的亚历山大大帝,其昭示出"伟大"的同时又显得十分"**可憎**"(*guzastag*)②。伟大与咒骂总是携手并进,哲学与人类历史都必然遵从这样的铁律。伟大的文明总是伴随极度的野蛮,这不禁让人回想起瓦尔特·本雅明的话:"没有哪

---

① Karl Marx, *Capital*, Vol. I, trans. Samuel Moore and Edward Aveling, Moscow: Progress Publishers, 1983, pp. 64 – 5.

② 根据《波斯古经》的记载,伊朗传统认为亚历山大大帝对伊朗及其意识形态的瓦解负有责任。拜火教文本中的章节"*Ardâ Viraz Nâmag*"说,恶灵把"该死的亚历山大和罗马人……送到了伊朗(*Eransahr*)来"。

一个文明书简是不带有野蛮印记的。"①

因而赫拉克利特关于一切都在流动的格言，就转变成了一切都在以可憎的方式流通着。我们现在能够把握的是，资本和精神错乱的双重流通最终决定了历史，它将激起马克思主义对哲学进行积极解读的兴致，同时这也正是马克思所倡导的特定解读方式。在资本与精神错乱的双重异化流通当中来解读哲学，也就是在幻想性的疯癫背景下来审视哲学。因为当青年马克思提出应该将哲学解读为异化的人的本质的言语行为（speech act）时，②他所意欲的即是这一表述必须被转化为（精神分析的）压迫性的表述。哲学不仅制造压迫，它也明确提出了对压迫的反抗。若想抓住哲学的重心，便要抓住人类受压迫的历史这一重点。

路易斯·阿尔都塞在《列宁与哲学》中提出了两方面要旨：把哲学理解为一种迷失的路径，即一种错误的**歧途**（Holzweg）；而把马克思主义理 122 解为一种独特的哲学实践，其能够有效圈点出这些错误路径。③ 那么我们不禁会问：如何把哲学解读为有关人的压迫的故事？这难道没有把话题扯远了许多吗？如果将压迫与哲学联合，甚至将异化与哲学联合（青年马克思的经典论域），那么这种联合会指向无人问津的弥赛亚式乌托邦主义吗？智慧作为对哲学有恃无恐的定位，为什么偏要伴随着疯癫呢？我们又能在这条路上走多远？为了把自我从幻想性的疯癫那里解放出来，我们必须转向哪个领域呢？

从以上对哲学作为误入**歧途**的观察当中，我们得出了三方面要点：①从病理学角度理解哲学作为异化的压迫，②找到这种异化的压迫的"病

---

① Walter Benjamin, Eduard Fuchs—Collector and Historian, in *One-Way Street. And Other Writings*, trans. Edmund Jephcott and Kingsley Shorter, London：New Left Books, 1979, p. 359.

② Karl Marx, *Economic and Philosophic Manuscripts of 1844*, Moscow：Progress Publishers, 1982, p. 127; Nationalökonomie und Philosophie（1844）, in Karl Marx, *Die Frühschriften*, Stuttgart：Alfred Kröner, 1964, p. 250 – 251.

③ Louis Althusser, *Lenin and Philosophy and Other Essays*, trans. Ben Brewster, New York and London, 1971, pp. 30 – 31, 26, 32.

原"(origins),③研究哲学的这种"病原"并找到阶级文明的这种"病原"。正是从这些要点出发,探险家马克思才走上了可行性的哲学之路。但这一行程并不孤寂,因为德国辩证学家、苏格兰政治经济学家和法国社会主义者都陪伴着他,并且马克思知道法国的起义运动就要到来了。

马克思坚持将历史解读为阶级斗争的历史,以及解读为渴望人的异化的哲学史。现在他宣称哲学史中蕴含着多个维度,并且(借用马克思解读黑格尔的思想)我们必须发掘出隐藏在哲学论证神秘外壳中的合理内核。① 为了真正理解哲学,我们不得不做一名考古学家。因为在马克思看来(除了理论领域内的阶级斗争)②,哲学化即意味着一种十分特殊的运动,我们在其中既要面对人的**异化**(*Entfremdung*),以及充满暴力和普遍扭曲的历史,还要对这些异化和扭曲进行抗争。如果我们能够定义马克思主义,哪怕只是出于暂时性的认识论目的,那么我们完全可以称其为123 异化的谱系学和对异化的辩证批判地**扬弃**(*Aufhebung*)。哲学史可被看作异化与反异化不断调整各自姿态的历史。马克思的哲学论域的主旨就是要在理论与实践中正式提出阶级斗争,而他的主要目的就是标示出"异化的终结"。异化逝去之日,方是智慧诞生之时。但即便在这种"终结"的现代性体制内,疯癫的消亡、真实性的诞生以及望眼欲穿的人的本质就自然能够实现吗? 正是从这一角度出发,我们要不断提出马克思的哲学问题,这一问题的针对性可以再次表达为:"马克思主义哲学能为 21 世纪做出何种贡献?"

现在我们知道,"什么是马克思主义哲学"这一问题是不能被一次性提出从而获得彻底解决的。它也是个重生的幽灵,其纠缠着资本主义的欧洲甚至整个世界。尽管全球资本家们(自斯大林式的社会主义工程衰

---

① Karl Marx, *Capital*, Vol. I, trans. Samuel Moore and Edward Aveling, Moscow: Progress Publishers, 1983, p. 29.

② See Louis Althusser, Reply to John Louis, in *Essays on Ideology*, London: Verso, 1984, p. 67.

亡后)都把"历史与意识形态的终结"高歌为"马克思主义的消逝",但是历史、意识形态以及马克思主义却死而复生,并再一次萦绕于整个世界。我们早前生活在实在界,现在却被诅咒为与亡灵为伴。为何如此呢? 因为我们没有恰当地埋葬死人。或许我们进行祭奠的仪式并不恰当,我们认为应当让死人去埋葬死人,但是现在那些死人却从坟墓中爬出来抓住了活人。"不仅活人使我们受苦,而且死人也使我们受苦。死人抓住活人!"①

因此列宁的那些箴言再次浮现:马克思主义者们根本就不了解马克思! 为什么这么说? 因为马克思主义者忽略了黑格尔,所以他们也就无法理解唯心主义的病理学和全球的幽灵学历史。而如果他们不能理解这些,那又如何驱赶异化的幽灵与幻想性的疯癫呢?

对探险家马克思而言,哲学化就意味着走迄今为止还没人走过的路。在这些人迹罕至的路途中,马克思经历了众多交叉路口——唯心主义之路(黑格尔)与哲学人类学之路(费尔巴哈)。正是站在这些路口的尽头,马克思和他的两位挚友,苏格兰政治经济学与法国社会主义,共同书写了关于那些幽灵的讣告。因而基于以上的论述,我们必须理解特殊层面的黑格尔和普遍层面的哲学史。在走近哲学的歧途伊始,马克思便作出了具体的观察:现实仅作为**客体的形式**(*der Form des Objekts*)②,正是那些异化的客体扰乱了哲学的路径。③ 哲学史被"异化的对象世界"④统治着,因此哲学的论证形式便处于"**异化的形式**"(*entfremdete Form*)⑤当中,而在这种"**异化形式**"(*der Form der Entfremdung*)⑥之下,则生成了"**异化的本**

---

① Karl Marx, *Capital*, Vol. I, trans. Samuel Moore and Edward Aveling, Moscow: Progress Publishers, 1983, p. 20.

② Karl Marx, Theses on Feuerbach, in Marx, Engels, *Selected Works*, Moscow: Progress Publishers, 1975, p. 28.

③ Karl Marx, *Economic and Philosophic Manuscripts of 1844*, Moscow: Porgress Publishers, 1982, pp. 63, 136.

④ Ibid., p. 63.

⑤ Ibid., p. 131.

⑥ Ibid., p. 132.

质"（*fremden Wesen*）①。现在,"哲学出现了什么问题"可以连同"阶级文明出现了什么问题"一起,作出如下的简要回答——因为它们都受"**异化的现实**"（*fremde Wirklichkeit*）②统治。所以我们都生活在被占领区。

基于此,让我们转向马克思主义的具体问题:当马克思说经济基础决定意识形态上层建筑时,他想要具体说明什么? 异化、物化和拜物教这些概念如何能够进入马克思主义哲学图景当中,从而使得历史唯物主义将基础与上层建筑的关系问题改写为:异化的政治经济决定了物化的精神? 进而人们如何将这种**决定**（*Bestimmung*）范畴把握为异化的决定?

正是围绕历史唯物主义这一主题的诸多变形,我们才能将视线转移到被忽视了的哲学问题域上,即青年马克思在 1843—1844 年对黑格尔的批判中所提出的问题。在那篇文章中,马克思提出了哲学的革命和相关的特殊性问题,包括哲学意识的物化和哲学本身的**扬弃**（*Aufhebung*）与**实现**（*Verwirklichung*）。恰恰在这种扬弃与实现的辩证当中,我们才能理解马克思革命理念的本质。马克思将哲学史(特别是哲学根本架构的转变,其发生于从古希腊哲学家经基督教中世纪到启蒙运动和文艺复兴,直至现代哲学和国际共产主义运动)不仅关联到阶级斗争的历史上,还联系到人的异化的问题中。那么异化与哲学的这种奇妙关系究竟如何? 人们能够证明出这样的关系吗? 这种关系又暗示出了什么?

关于马克思伟大的思想革命的本质问题仍未获得解答。如果哲学由压迫和幻想性的疯癫所书写,那么马克思主义会采用何种方式以所谓的临床医师身份而显露自身呢? 马克思主义究竟是"科学""意识形态"还是"哲学"? 或者说它是后现代世界中自由穿梭的"邮差"而拒绝被定义吗? 还是相对于后现代话语而言,马克思主义在与资本主义生活世界激

---

① Karl Marx, Nationalökonomie und Philosophie(1844), p. 248.

② Karl Marx, *Economic and Philosophic Manuscripts of 1844*, Moscow: Progress Publishers, 1982, pp. 93 – 94; Nationalökonomie und Philosophie(1844), p. 239.

进的参与和脱离过程中,切实提出了关于革命大众的哲学问题了吗? 即因为能够抓住群众,所以变得彻底的一种理论?① 而这样的"抓住群众"又如何可能呢?

本章进而分为如下部分:①"辩证唯物主义与异化精神的问题",其强调了马克思的"异化精神"理念和作为"人的本质的异化"的哲学概念;②"幽灵的诞生",其把哲学关联到精神分析的**"恐惑"**(*das Unheimlich*)概念上以及唤起恐惧和不安的感觉上,这主要基于马克思对黑格尔哲学理念的概括,他将其表述为颠倒了的意识并最终要将这种物化颠倒过来;③"对哲学的幽灵诗情(Spectropoetics)的颠覆",其呈现出马克思如何颠覆那种阴暗的幽灵般的意识形态世界,这个世界自古便纠缠着人。

### 三、辩证唯物主义与异化精神的问题

在《共产党宣言》中,马克思和他的革命伙伴恩格斯表明,共产主义"要废除永恒真理,它要废除宗教、道德,而不是加以革新,所以共产主义是同至今的全部历史发展相矛盾的"②。从那时起,马克思主义便与传统思维划清了界线,这里更包含着与传统意识形态和哲学的**彻底决裂**(*das radikalste Brechen*)。③进而马克思主义不仅成为路易斯·阿尔都塞所称的"独特的哲学实践"④,还是一种囊括了理论与实践的独特哲学,其构筑了

126

---

① Karl Marx, A Contribution to the Critique of Hegel's Philosophy of Right: Introduction, trans. Rodney Livingstone, in Karl Marx, *Early Writings*, New York: Vintage Books, 1975, pp. 249 – 250; Zur Kritik der Hegelschen Rechtsphilosophie. Einleitung, in Karl Marx, *Die Frühschriften*, Stuttgart: Alfred Kröner, 1964, p. 251.

②③ Karl Marx and Friedrich Engels, Manifesto of the Communist Party, in Marx, Engels, *Selected Works*, Moscow: Progress Publishers, 1975, p. 52. [《马克思恩格斯选集》(第一卷),人民出版社,2012 年,第 420 页。]

④ Louis Althusser, *Lenin and Philosophy and Other Essays*, pp. 26, 32.

一片知识的新大陆。①

那么这片知识的新大陆又是什么呢? 马克思这样回答:这是一片未为人知的大陆,而移居到这片大陆上的乃是更未为人知的"**异化精神**"(*entfremdete Geist*)②。现在我们知道,马克思已将"异化精神"这一术语保留给了黑格尔,这位集欺骗与真理于一身的大师。但对马克思来说,在这场哲学史的宏大博弈之中,黑格尔不过是更具异化精神的肇始罢了。因而马克思追问道:我们要怎样面对移居到那片遥远大陆上的异化精神呢?他回答说:必须使哲学承认(即便其处于遥远大陆上的安全处所内)它:

> 不过是变成思想的并且通过思维加以阐明的宗教,不过是人的本质的异化的**另一种形式和存在方式**(*eine andere Form und Daseinweise der Entfremdung des menschlichen Wesens*),因此哲学同样应当受到谴责。③

此刻,被贴上所谓非实践理性标签的马克思表明,还有许多种类的禁地共同构成了这片异化精神的大陆,那些禁地把这片大陆上真正的人隐藏了起来,即"真正的唯物主义"和"现实的科学"之中的那些人,他们内部依赖于"'**人与人之间**'**的社会关系**"(*gesellshaftliche Verhältnis des Menschen zum Menschen*)④的自由流通。

在这片殖民大陆的诸多禁地中,马克思公开宣称了哲学的**自我否定**

---

① Louis Althusser, *Lenin and Philosophy and Other Essays*, pp. 15 – 17, 38 – 39, 42, 72, 92, 99; Louis Althusser, *Montesquieu, Rousseau, Marx*, trans. Ben Brewster, London: Verso, 1982, pp. 166 – 168.

② Karl Marx, *Economic and Philosophic Manuscripts of 1844*, Moscow: Progress Publishers, 1982, p. 129; Nationalökonomie und Philosophie(1844), p. 253.

③ Ibid., p. 127; Ibid., pp. 250 – 251. [《马克思恩格斯文集》(第2卷),人民出版社,2009年,第200页。]

④ Karl Marx, *Economic and Philosophic Manuscripts of 1844*, Moscow: Progress Publishers, 1982; Nationalökonomie und Philosophie(1844).

（*Negation der Philosophie*），即"哲学作为哲学"①的否定。实际上，马克思始终在为那些原住民们发声，即那些现实的、真正的人。

我们必须指出，面对哲学在这片大陆的残暴统治，马克思主义始终与之进行着"正义之战"，但在这里它表现出的并不是实证主义，因为实证主义把一切知识都瓦解为一种想象的和典型的"科学性"自然科学体系。 127
马克思认为，这是技术领域内的理性主义者和实证主义者对自然科学的一种滥用——是对知识的瓦解，就像德国唯心主义哲学家谢林建构出同一性的神秘哲学一样，借用黑格尔的话说即生活在"满是黑牛的黑夜当中"。马克思主义不是海德格尔式的"哲学的终结"。哲学对马克思来说依旧是本质性的，但其理解方式却并非是阿那克西曼德、泰勒斯、柏拉图直至黑格尔的传统哲学意义上的，而是表现为一种"新"哲学（这种哲学敢于承认自身幻想性的疯癫）。从他以下的阐述便可明确这一点，即对于人的解放，这种解放的头脑是哲学，它的心脏则是民主众庶，也就是无产阶级——哲学把无产阶级当作自己的物质武器，同样，无产阶级也要把哲学当作自己的精神武器。②

## 四、幽灵的诞生

为了在这片异化精神的未知大陆上和遏制真正的唯物主义与现实科学的禁地中明确马克思对哲学史的解读，我们将挺进意识形态的上层建筑王国。基于以上视角而衍生出问题在于："马克思哲学理论的特殊性体现在哪？我们如何探求关于压迫、异化和阶级斗争的病理学？"经济基础与意识形态上层建筑因果关系的本质是什么？又怎样将哲学联系到有关

---

① Karl Marx, A Contribution to the Critique of Hegel's Philosophy of Right: Introduction, pp. 249 – 250; Zur Kritik der Hegelschen Rechtsphilosophie. Einleitung, in Karl Marx, *Die Frühschriften*, Stuttgart: Alfred Kröner, 1964, pp. 214 – 215.

② Ibid., p. 257.

异化和阶级斗争的政治经济学上？我们知道，自从卢卡奇和巴赫金以来，机械的因果关系概念已从革命的马克思主义那里被过滤掉了，但这一怪异思想却拒绝从历史图景中退场。为何如此呢？一种可能的解答就是，因为这里隐藏起来的是显在的拜物教因果关系（expressive-fetishized causality），由此人们也就无法理解，一种天马行空般的意识形态上层建筑究竟是如何从经济基础那里所生发出来的。这难道还不足以提醒人们认识到那种魔法和炼金术——从经济土壤中催生出的哲学之树？

128　　现在为了理解马克思对哲学进行的炼金术和幻象性的解读，我们首先转向它的外围——对革命政治实践的书写和对疯癫的描绘——从而进入它的核心处。我们将参照以下两个文本，即《共产党宣言》和 E. T. A. 霍夫曼的《沙人》，由此看出异化精神的本质如何迁移到那片不幸的大陆上并妄图无情地毁掉它，进而我们将深入到马克思对黑格尔的解读当中。

　　在《共产党宣言》里，马克思已经指出至今的一切历史都是阶级斗争的历史。阶级斗争直接关系异化、物化和拜物教的问题，这一方面已被诸多学者所接受，包括乔治·卢卡奇、莱雅·杜娜叶夫斯卡娅、西奥多·阿多诺、艾萨克·鲁宾、罗姆·罗司道尔斯基、埃里克·弗洛姆、赫尔伯特·马尔库塞、尤尔根·哈贝马斯、弗雷德里克·詹明信、雅克·德里达以及斯拉沃热·齐泽克等；另一方面，它又遭到了阿尔都塞的诟病。阶级斗争关联于物化理念，特别是物化意识，这可详见于《共产党宣言》的开篇：**"一个幽灵——共产主义的幽灵，在欧洲游荡"**（*Ein Gespenst geht um in Europa—das Gespenst des Kommunismus*）[①]。这意味着什么？其意味着神圣的资本帝国联合了一切势力，包括教皇和沙皇、梅特涅和基佐、法国的激进派和德国的警察，它将以前的反基督罪名呈现为当下的共产主义革命形式，就因为共产主义革命旨在消灭一切神圣的和永恒的事物——私

---

① Karl Marx and Friedrich Engels, Manifesto of the Communist Party, p. 35；Manifest der kommunistischen Partei, in Karl Marx, *Die Frühschriften*, Stuttgart：Alfred Kröner, 1964, p. 525.

有财产、家庭体系以及国家。马克思敢于挑战神圣的资本帝国——他就是要把这个幽灵释放到革命者那去，因而马克思坦言，共产党人应向全世界公开说明自己的观点，并且能够"拿党自己的宣言来反驳关于共产主义幽灵的神话"①。

可见，这个"童话"问题并不是孩子们天真烂漫的童话书中的问题，它从一开始就是个唤醒内心恐惧的恐怖故事。在马克思与弗洛伊德的时代，同样，讲给孩子们的故事便带有这样的惊悚感。弗洛伊德对"**恐惑**"（*das Unheimlich*）②的观察永远有效。为了理解马克思的异化精神理念，让我们转向精神分析中的恐惑问题。弗洛伊德引用了 E. T. A. 霍夫曼的《沙人》的故事，在这个故事中，霍夫曼讲述了主人公纳撒尼尔总是受虚幻的"沙人"的心理创伤纠缠着，据说他每晚都能听见沙人的脚步声。③对于"沙人是谁"的问题——他被他的保姆告知，沙人是个邪恶之人，他把沙子洒进夜晚不睡觉孩子的眼睛里，然后奔向月亮，把这些眼睛分给其巢穴中的孩儿们吃。纳撒尼尔却不懂这个故事的隐喻成分，他把在夜晚中听到的脚步声和新萌生的害怕失去眼睛的恐惧，联系到了现实中不可预见的事情上。这种恐惧在加深，而虚幻的"沙人"更反复出现在他的想象中，起初它以一个名为科佩留斯（Coppelius）的令人生厌的律师形象出现（他父亲形象的变形），他把科佩留斯联想为一名炼金术士，其帮助他的父亲做一些奇怪的实验，但却直接杀死了他的父亲；后来他变成了一位奇怪的气压表推销员科佩拉（Coppola），转而兜售各类眼镜，纳撒尼尔误把它们当作了受损害的眼睛。[因而弗洛伊德和贝亚特·兰克（Beate

129

---

① Karl Marx and Friedrich Engels, Manifesto of the Communist Party, p. 35; Manifest der kommunistischen Partei, in Karl Marx, *Die Frühschriften*, Stuttgart: Alfred Kröner, 1964, p. 525.

② Sigmund Freud, The Uncanny, in The Penguin Freud library, Vol. 14, *Art and Literature*, London: Penguin, 1990, pp. 339 – 376.

③ E. T. A. Hoffmann, The Sandman, in *Tales of Hoffmann*, London: Penguin, 1982.

Rank)一样,都把"Coppo"称作"眼窝"。[①]每一次当沙人的形象出现时,纳撒尼尔都会陷入精神疾病之中,只有在美丽的克拉拉小姐的帮助下才会恢复意识。随后纳撒尼尔上了大学,也忘记了曾经心爱的克拉拉小姐,却将自己的爱倾注到人形的机器木偶奥林匹亚身上,她由他的教授斯普兰萨尼制作,并在肮脏的钟表匠科佩拉(沙人形象的复现)的帮助下装上了眼睛(注意这里出现了物化的过程。因为物化作为"**物象化**",即 *Ver-dinglichung* 或者 *Versachlichung*,表明将生命赋予无生命的客体和对这一客体疯狂的爱意,这一理论同时勾起了马克思和弗洛伊德的兴趣)。现在,不管是争论奥林匹亚所有权的问题,还是随后制作这个木偶的两个人的争斗扭打,奥林匹亚最终在其受惊的爱人面前被撕得粉碎。被深爱着

130 的无生命的客体破裂了!她的眼睛从眼窝当中脱落出来!纳撒尼尔再次陷入癫狂,只获得了暂时性的恢复。是日,当他和重归于好的克拉拉小姐在高塔之上瞭望风景时,他看到了一个神秘人在下面游走。他拿出了科佩拉送给他的袖珍望远镜,幻想地看到了恐怖的沙人现在正以令人生厌的科佩留斯的形象出现在那里。他又一次陷入了癫狂,并试图把克拉拉小姐扔向塔外,但最终自己跳下去摔死了。所以这个故事的寓意是什么?那就是异化的精神以挪借来的幻象置人于死地。

　　这种物化与恐怖的叙事在弗洛伊德那里尤为重要,因而也最为著名。很明显,马克思对此亦是极为看重,因为这一主题自始至终贯穿着阶级社会的历史,包括失明、精神错乱、暴力以及死亡。但是对马克思而言,其中蕴含着比弗洛伊德讨论的个体精神疾病更多的东西,也就是物化意识及其产生的对主体的奴役,这一主张进而转变为意识形态问题——"意识形态"不仅表示政治意识形态和统治阶级的原则,还藏匿着清除"现实"的拜物教本体论。马克思在《德意志意识形态》中坦言,意识形态就是纠缠

--------

① Sigmund Freud, op. cit., p. 352n., 1.

着**历史的幽灵**（*Gespenstergeschichte*）。① 所以意识形态便与哲学结盟，并成为"意识形态哲学"，它诉说着一种无意识的压迫性语言。现在发生的是，哲学作为锐意进取的甚是"无辜"的智慧，却与罪孽深重的意识形态狼狈为奸。因此，没有哪种哲学是无辜的，同样也没有哪一位哲学家能够洁身自好。

哲学的问题在于："存在""真理"等需要从"理念"的象牙塔中释放出来，从而进入在本质上隶属于政治范畴的"人"所居住于其中的街道上。马克思呼吁"**自足的哲学**"（*die selbständige Philosophie*）连带其"空洞的章句"一同终结，同时，在残酷的思辨世界**终结**（*aufhört*）的地方，迎来的乃是**现实生活**（*wirkliche Leben*）的开始和"**真正实证的科学**"（*wirkliche positive Wissenschaften*）。② 只有在这种"现实的"世界中，社会与思想的机能才会得到理解。根据马克思的看法，在人类文明的历史长河中，一方面存在着"**人的本质的异化**"（*Entfremdung des menschlichen Wesens*）的敌对势力，而另一方面则是民主众庶的极力反抗，其寻求着"**对异化的扬弃**"（*die Auf-hebung der Entfremdung*），或者说"**对人的本质的占有**"（*die Aneignung des menschlichen Wesens*）。③

我们正处于幻想性疯癫的歧途中，当马克思谈及必须认识到这一点的重要性时，他实际上是在说，应着重理解哲学如何建构出那一扭曲了的二元世界，这对于人而言是至关重要的。他进而追问："为什么这一**颠倒了的世界**（*verkehrte Welt*）的**颠倒了的意识**（*verkehrtes Weltbewusstsein*）会主导着整个社会？"④为什么它会成为统治形态？ 基于此，马克思宣称，如果

131

---

① Karl Marx and Friedrich Engels, *The German Ideology*, Moscow: Progress Publishers, 1976.

② Ibid., p. 43.

③ Karl Marx, *Economic and Philosophic Manuscripts of 1844*, Moscow: Progress Publishers, 1982, pp. 109, 127, 134; Nationalökonomie und Philosophie( 1844 ), pp. 251, 264, 271.

④ Karl Marx, A Contribution to the Critique of Hegel's Philosophy of Right: Introduction, trans. Rodney Livingstone, in Karl Marx, *Early Writings*, New York: Vintage Books, 1975, p. 244.

要把解放的旨趣作为认识学层面的主题,那么就**不得不站在其头顶**(*auf den Kopf stellen*)①来俯视这个令人困惑的世界。这种奇怪的、上下颠倒的、观念化的世界,成为"这个世界的总理论",也成为"它的包罗万象的纲要""它的具有通俗形式的逻辑""它的道德约束"以及"借以求得慰藉和辩护的总根据"。②

当哲学被理解为异化精神的显现和生活世界的物化时,那么当务之急就是将目光及时转向这一方面。因此,既诉说真理又言及谎言的黑格尔,其作为典型的异化哲学家,必将进入马克思主义的论域内:

> 因为黑格尔的《哲学全书》以逻辑学,以纯粹的思辨的思想开始,而以绝对知识,以自我意识的、理解自身的哲学的或绝对的即超人的**抽象精神**(*abstrakten Geist*)结束,所以整整一部《哲学全书》不过是哲学精神的展开的本质,是哲学精神的自我对象化,而哲学精神不过是在它的自我异化内部通过思维方式即通过抽象方式来理解自身的、异化的世界精神。——逻辑学是精神的货币,是人和自然界的思辨的、思想的价值——人和自然界的同一切现实的规定性毫不相干地生成的因而是非现实的**本质**(*unwirkliches Wesen*),——是外化的因而是从自然界和现实的人抽象出来的思维,即**抽象思维**(*das abstrakte Denken*)。③

问题仍然是:"如果黑格尔被认为是异化思维的根本,那么为什么不

---

① Karl Marx and Friedrich Engels, *The German Ideology*, Moscow:Progress Publishers,1976,pp. 41,101 - 102;Karl Marx,Das Kapital,p. 27.

② Karl Marx,A Contribution to the Critique of Hegel's Philosophy of Right:Introduction,trans. Rodney Livingstone,in Karl Marx,*Early Writings*,New York:Vintage Books,1975,p. 244.

③ Karl Marx,*Economic and Philosophic Manuscripts of 1844*,Moscow:Progress Publisher,1982, p. 129;Nationalökonomie und Philosophie(1844),p. 253.[《马克思恩格斯文集》(第一卷),人民出版社,2009 年,第 202 页。]

全盘否定它,就像实证主义者反驳黑格尔和整个大陆传统一样?"黑格尔的深远影响究竟体现在哪里,以至于强调经验观察的哲学家马克思都声称是这位完全忽略了经验观察之人的学生? 众所周知,黑格尔的讲师资格论文是关于行星运行轨道的,在他看来,这一问题完全可以由先验纯粹理性加以解决。因而他试图证明柏拉图的相关理论,即只存在七大行星,特别值得一提的是,黑格尔拒绝承认在火星和木星之间存在任何行星。他的错误显而易见,这从他的论证出版那一刻起便昭示出来,况且当时一颗被命名为"谷神星"的小行星已经被观察到,更别提后来发现的海王星和冥王星了。

我们应当认真阅读黑格尔,这里的重要性对马克思而言体现在何处? 马克思为什么谈及把黑格尔又重新浏览了一遍——为了能够阐释出淹没在神秘主义梦幻迷雾中的合理内核?① 为什么马克思要将"死的物质对人的完全统治"②这样的话语作为形而上学的说法?

我们既要注意伴随黑格尔思想的幽灵,也要注意作为驱魔人和"那一伟大思想家的学生"的马克思对黑格尔这位集欺骗与真理于一身的人所作的批判。我们将引用两部分文本:第一,《资本论》(第一卷)1873 年"德文第二版跋";第二,1843 年马克思对黑格尔国家形而上学的批判:

> 我的辩证方法,从根本上来说,不仅和黑格尔的辩证方法不同,而且和它**截然相反**(*direketes Gegenteil*)。在黑格尔看来,思维过程,即甚至被他在观念这一名称下转化为**独立主体**(*selbständiges Subjekt*)的思维过程,是现实事物的创造主,而现实事物只是思维过程的外部表现。我的看法则相反,观念的东西不外是移入人的头脑并在

---

① Karl Marx, To Friedrich Engels in Manchester, January 14, 1858, in Marx, Engels, *Selected Correspondence*, Moscow: Progress Publishers, 1975, p. 93.

② Karl Marx, *Economic and Philosophical Manuscripts of 1844*, Moscow: Progress Publisher, 1982, p. 58.

人的头脑中改造过的物质的东西而已。

133　　将近 30 年以前,当黑格尔辩证法还很流行的时候,我就批判过黑格尔辩证法的神秘方面。但是,正当我写《资本论》第一卷时,今天在德国知识界发号施令的、愤懑的、自负的、平庸的模仿者们,却已高兴地像莱辛时代大胆的莫泽斯·门德尔松对待斯宾诺莎那样对待黑格尔,即把他当做一条"死狗"了。因此,我公开承认我是这位大思想家的学生,并且在关于价值理论的一章中,有些地方我甚至卖弄起黑格尔特有的表达方式。辩证法在黑格尔手中神秘化了,但这决没有妨碍他第一个全面地有意识地叙述了辩证法的一般运动形式。在他那里,**辩证法是倒立着的**( *Sie steht bei ihm auf dem Kopf* )。必须把它倒过来,以便发现神秘外壳中的合理内核。

　　辩证法,在其神秘形式上,成了德国的时髦东西,因为它似乎使现存事物显得光彩。辩证法,在其合理形态上,引起资产阶级及其空论主义的代言人的恼怒和恐怖,因为辩证法在对现存事物的肯定的理解中同时包含对现存事物的否定的理解,即对现存事物的**必然灭亡**( *notwendigen Untergangs* )的理解;辩证法对每一种既成的形式都是从不断的运动中,因而也是从它的暂时性方面去理解;辩证法不崇拜任何东西,按其本质来说,它是批判的和革命的。①

──────────

① Karl Marx, *Capital*, Vol. I, p. 29; *Das Kapital*, Erster Band, Berlin: Dietz Verlag, 1993, pp. 27-28.[《马克思恩格斯选集》(第二卷),人民出版社,2012 年,第 93~94 页。]像摩尔(Moore)和艾芙琳(Aveling)一样,我们也把 notwendigen Untergangs 翻译为"必然的灭亡"( necessary downfall ),而不是"不可避免的爆裂"( inevitable breaking up )。那么问题是:"必然性"( necessity )与"不可避免性"( inevitability )之间的关系是怎样的呢? 为什么"不可避免的"( unvermeidlich )一词会嵌入在革命的马克思主义当中? 马克思在《共产党宣言》中的确使用过"不可避免"一词:"因此资产阶级首先生产的是它自身的掘墓人,资产阶级的灭亡和无产阶级的胜利是同样不可避免的( unvermeidlich )。"这里翻译成"不可避免的"在于赋予其革命意义,托洛茨基最善于使用这一词汇;而在革命的弥赛亚意义上对其进行应用的,我们一定会想到瓦尔特·本雅明;相反,秉持非辩证态度的人像右翼孟什维克主义者那样,对历史持有幻想般的和宿命论的观点,认为历史事件据说会"自动"发生。马克思正是把作为自动发生的历史批判为拜物教。

这位"老年"马克思痴迷于政治经济学，并不断试图规劝黑格尔，即便不是让黑格尔以正确的方式思考，至少也要让他摆正立场，进而使其聆听他（马克思）为躺在**废墟**（*Untergangs*）中的资本主义所谱写的挽歌。在大致了解"老年"马克思相关文本后，让我们走近"青年"马克思，来看看他对黑格尔精神分裂式的哲学所进行的激进批判：

> 现实的关系，用思辨的思维来说就是现象……这种现实的中介，仅仅是……在幕后进行的那种中介的现象。现实性没有被说成是这种现实性本身，而被说成是某种其他的现实性。普通经验没有把它本身的精神，而是把异己的精神作为精神……（最终）观念变成了主体，而家庭和市民社会对国家的现实的关系被理解为观念的内在想像活动……（因为）在思辨的思维中这一切却是颠倒的。可是如果观念变成了主体，那么现实的主体，市民社会、家庭、"情况、任意等等"，在这里就变成观念的非现实的、另有含义的客观因素。
>
> （所以我们看到人）的存在归功于另外的精神，而不归功于它们自己的精神。它们是由第三者设定的规定，不是自我规定……
>
> （因此）制约者被设定为受制约者，规定者被设定为被规定者，生产者被设定为其产品的产品……
>
> （黑格尔的）出发点是被当作主体、当作现实本质的"观念"或"实体"，那现实的主体就只能是抽象谓语的最后谓语。①

134

就马克思而言，对"本真"（genuine）的探求乃是其哲学奋斗的本质。所以成为"真正的现实主体"则意味着破茧而出的活动，这个茧缚就是异

---

① Karl Marx, Critique of Hegel's Doctrine of the State, in Karl Marx, *Early Writings*, New York: Vintage Books, 1975, pp. 61 – 62, 65. [《马克思恩格斯全集》（第 3 卷），人民出版社，2002 年，第 10 ~ 12 页、22 页。]

化形态(*Form der Entfremdung*)的生活：一种古怪的、奇异的和异化的**现实**(*fremde Wirklichkeit*)。① 批判的视角进而转向了这种异化的现实。马克思所谓的 *Bestimmung*，即**决定**，将基础与上层建筑间的、身体和精神间的缺失领域进行了填补，并且在马克思为寻求真正的哲学而砥砺前行中，它既是一座桥梁，也是一个被忽略的环节。决定成为连接没有灵魂的身体和没有身体的灵魂之间的桥梁，下面我们就将挺进这一伟大的判断力桥梁(bridge of judgement)。

## 五、对哲学的幽灵诗情的颠覆

本属于这一判断力桥梁的真理，现在却变得极其怪异。而哲学恰好诞生在这样的怪异王国，在它的出生地那里，人被肆意宰割。哲学生发了智慧的仪式，它宣称会不断追求智慧，但它撒谎了。为何如此呢？ 这是因为哲学(像资本流通那样)闭口不谈真理。因此，像资本流通(一种元要素，即一切阶级社会的基石)那样，哲学逃离了现实。精神分析的隐喻表明：为了创建出虚构的和象征的哲学世界，现实惨遭阉割。哲学便是这样的故事，其既饱含着阉割焦虑，又充满着对它的窃喜。

这就是为什么马克思表明，哲学不过是"人"的"幻想般的分裂与固定"②的思辨叙事。因而哲学意识究竟是什么样的？ 马克思作出了如下说明：

> 从这时候起意识才能现实地想象：它是和现存实践的意识不同 **135**
> 的某种东西；它不用想象某种现实的东西就能现实地想象某种东西。

① Karl Marx, *Economic and Philosophical Manuscripts of 1844*, Moscow: Progress Publisher, 1982, pp. 93, 132; Nationalökonomie und Philosophie(1844), pp. 239, 269.

② Karl Marx and Friedrich Engels, *The German Ideology*, Moscow: Progress Publishers, 1976, p. 43.

从这时候起,意识才能摆脱世界而去构造"纯粹的"理论、神学、哲学、道德等等。①

所以哲学到底怎么了? 恩格斯曾指出过康德在实践行动上的无能。② 为何如此呢? 因为哲学(伴随其阉割焦虑和窃喜)拜倒在了对异化的歧途的迷恋上。马克思坦言:"哲学和对现实世界的研究这两者的关系就像手淫和性爱的关系一样。"③哲学拒绝面向现实,反而对异化迷恋至极,在这样的情况下,荒谬的崇拜物便可以肆意屠杀人。哲学意味着**人的本质**( *das menschliche Wesen* )之死,或者说在人的本质被埋葬的地方生出了哲学。此即为何哲学不过是个幽灵之物,因而我们又不得不再次造访那一幽灵的国度。

为了回答"为什么哲学作为异化精神依然存在"的问题,我们万不可仅仅分析抽象的"精神",而是要注意观察哲学家胯下的那匹野马。借用历史唯物主义中的隐喻即为:只有把握住基础,才能理解矗立其上的上层建筑。在这场异化的博弈中,哲学与经济学成为伙伴,因而它们也被坚实地绑定在了一起。商品的变形必将联系到"人"的离奇变形上,其还将参与到随之由"理念"发起的死亡之舞中。当马克思称资本主义(连同一切阶级社会)是个本质上幽灵化的社会——它的元基础(Ur-base),即作为所有基础的基础,便是恐惑的"**幽灵般的对象性**"( *gespenstige Gegenständlichkeit* )④——一种"只有形式没有内容"⑤的社会时,那么从这一刻起,诸多将共产主义贬斥为反基督教的恶灵的控诉(由教皇和其他统

---

① Karl Marx and Friedrich Engels, *The German Ideology* , Moscow:Progress Publishers,1976,p.50.[《马克思恩格斯选集》(第一卷),人民出版社,2012 年,第 162 页。]

② Friedrich Engels,Feuerbach and the End of Classical German Philosophy,in Marx,Engels,*Selected Works* ,Moscow:Progress Publishers,1982,p.600.

③ Karl Marx and Friedrich Engels,op. cit.,pp.253 – 254.

④ Karl Marx, *Das Kapital* ,Erster Band,Dietz Verlag:Berlin,1993,p.52.

⑤ Karl Marx, *Capital* ,Vol. III,Moscow:Progress Publishers,1986,p.392.

治阶级成员发起的），都将证明是种倒行逆施。

136　　让我们考察一下生成异化的哲学精神的经济基础。哲学上的二元对立——"物质"与"理念""身体"与"灵魂"等，在资本主义二元态势——使用价值与价值的形式下，形成了另类的二元性。神学在于否定尘世和现实的个体来创建思辨性的灵魂和天堂；哲学在于否定本质上隶属于政治范畴的"人"的世界，从而设定出"理念"的精神错乱世界；而资本主义（类似于神学和哲学）在于否定身体的形态（使用价值）进而烘托出价值（资本主义的"灵魂"和"理念"）。这样的"灵魂"与"理念"乃是资本主义、神学以及哲学的元实体（Ur-substances），它们都是幽灵般的对象性（*gespenstige Gegenständlichkeit*）。

　　由此，让我们进一步来看这种幽灵般的对象性的现象学，其蕴藏在恐怖的资本流通当中。根据马克思的观点，资本主义乃是这样一种社会，其不断摆脱着它的具体形态（屠戮"人"和人的本质的政治属性），从而获得了资本流通的形式。因而它成为一种脱离现实的社会（以否定使用价值来彰显价值），即大力发展精神（价值）却枉顾身体（使用价值）。由此，那些熟谙马克思对资本流通的解读之人，便很容易理解其归纳出的 M—C—M′ 的公式。在这里，M 代表投入到资本积累循环中的货币（"精神""灵魂"和"理念"）；C 代表包含生产资料和劳动力（现实基础）在内的商品；而 M′ 则代表剩余价值（超级精神）或基于原始投入（M）所获得的价值。马克思把这一过程称为"拜物教"或者"幽灵学"，它是一种神秘的过程，其中被称作"M′"的果实好似通过魔法一般从名为"M"的自由之树上生长出来。马克思还将这样的无内容形式命名为幻象的形式，其中一切关于其出处的原始痕迹都被洗刷掉了，而这种幻象性的清除之所以发生，是因为它的元要素饱含着对人类生活世界的"物质要素和外形"的抽象化，在那里（正如我们在上一章所表述的），我们对物质性的存在变得视而不见。① 所以（在资本主义作为哲学，或者更精确地说作为神学的背景下），我们把"具体之物""撤除到视线之外"，随之不仅获得了形而上学与神学意义上的**"观念化"**（*Idealisierung*）世界，即"唯一的"与"抽象的"②世界，并且我们更愿意臣服于这个抽象的与形而上学的世界当中。此般神学性的异化世界与资本主义世界同样是"无形的""臆想的"和"观念的"③世界。正是基于这种关乎轮回与转世的世界，④即充满鬼魂的世界，哲学家与资本家们都像哈姆雷特一样，跟在幽灵的后面。进而我们在神学与资本主义之间发现了奇异的相似性，其中我们不仅掌握了对身体的解构从而创建幽灵般的精神，还明白了人们对这种幽灵般的精神世界的渴望。当马克思谈及对哲学的异化精神的批判时，这就是为什么他始终坚持要对这种异化的根基进行批判，因为受人唾弃的哲学之树正从这里萌芽。那么我们怎样用一句话把这一过程凝练出来呢？可以总结如下：资本积累——资本流通——在这种与现实相脱离的幻象性过程中生产物化精神。

此即为何马克思坦言我们不能背对哲学低声抱怨，而应当敢于否定哲学，⑤其本身就是要主动投入到反抗哲学根基的持久战当中。这也是为什么当马克思趋向这一基础时，他不仅要发掘出经验性意识形态上层建筑的基础，还要找到那个元基础，即一切事物的本体论基础，哪怕其并非阶级历史的基础，因而他说这一基础是十分狡猾和奸诈的。但是马克思坚称他已在人的墓地中发现了这一宏伟的元基础，那就是被赋予了生命的魔幻事物的世界——庞大的商品堆积的世界。现在这种魔幻般的巨大积累创建了"自动的拜物教"（automatic fetish）⑥，而这种"自动创建出

137

---

① Karl Marx, *Capital*, Vol. I, trans. Samuel Moore and Edward Aveling, Moscow: Progress Publishers, 1983, p. 45.

② Ibid., p. 46.

③ Ibid., pp. 98 – 99.

④ Ibid., p. 199.

⑤ Karl Marx, A Contribution to the Critique of Hegel's Philosophy of Right: Introduction, trans. Rodney Livingstone, in Karl Marx, *Early Writings*, New York: Vintage Books, 1975, p. 249.

⑥ Karl Marx, *Capital*, Vol. III, Moscow: Progress Publishers, 1986, p. 392.

的事物"①则是一个"奇趣之物,其饱含形而上学的微妙与神学的美好"②。哲学精神因而被移植到了这样的自动拜物教上,人们甚至更是祈求这种奇趣的形而上学和神学(假装成哲学家和神学家的模样)在山上为我们布道。

由于哲学从这种自动拜物教的土壤中生长出来,它便开始效仿此般恐怖的拜物教。因而哲学家就与异化联手,并欣然走上了异化的歧途——在对本质上隶属于政治范畴的"人"的遗忘之后,哲学家只记得神经错乱的"理念"——这就好似商品变形的过程:丢失了身体却获得了错乱的精神的精神分裂者—— 一个"刚刚诞生的平等主义者和犬儒主义者",既是妓女又是神学家。马克思告诉我们,她"**时刻准备着与任何其他商品交易自己的身体或灵魂,其讨厌程度比玛丽托纳斯**(以笔者的话说其就是个"傀儡")有过之而无不及"(*Geborner Leveller und Zyniker*,*steht sie daher stets auf dem Sprung*,*mit jeder andren Ware*,*sei selbe auch ausgestattet mit mehr Unannehmlichkeiten als Maritorne*,*nicht nur die Selle*,*sondern den Leib zu wechseln*)③。哲学妓女已经失去了它的身体,就像商品一样,它的存在仅仅是为了把自身与其他淫荡的商品进行交易,以乞求观念化的标志物:金钱("理念")。青年马克思说:"它混淆并且扰乱了一切事物。"④因此,卖淫与神学的这种怪异联合(欢庆身体之死)构成了我们思想的基础,我们的意识形态霸权工业也宣称,批判与革命的思想都是毫无意义的,它只属于反基督的共产主义者;而淫荡的神学——秉持物化精神和空洞身体的精神分裂者——既是社会的本质,亦是我们为之奋斗的理想。

① Karl Marx,*Theories of Surplus Value*,part III,p. 507.
② Karl Marx,*Capital*,Vol. I,trans. Samuel Moore and Edward Aveling,Moscow:Progress Publishers,1983,p. 76.
③ Karl Marx,*Das Kapital*,Erster Band,Dietz Verlag:Berlin,1993,p. 100.
④ Karl Marx,*Economic and Philosophic Manuscripts of 1844*,Moscow:Progress Publishers,1982,pp. 121 – 124.

现在我们看一下哲学精神是如何从不那么哲学的身体中产生的。基于这个隐喻我们便可了解**精神**(*Geist*)并不源于思维,而是源于**金钱**(*Geld*)——源于对资本的掩饰(M—C—M′)。当马克思说社会基础决定社会意识时,他所表明的是 M′代表着异化意识。众所周知,马克思坚称货币与资本乃资本主义的理念化本质,它们是"人尽可夫的娼妓",也是"一切事物的真实头脑"。① 作为既恐怖又美丽的标志,它们将自身呈现为幽灵般的哲学意识。当马克思谈及商品的变形时,即人消化为"物",而"物"消化为纯粹的标志时,他实际是在说人本身的变形——从人到物再到幽灵。资本主义是属于魔法师和炼金术士的社会——其"**通过印刷的魔法成功将纸张转化为金子**"(*die Magie seines Stempels Papier in Gold zu verwandeln*)②。因而资本主义既是魔法与物化的过程,还是一种恐怖与可怕的过程——失去自身的恐怖又创建了异化的拜物教,并且尤其崇拜从虚假的纸张中造就金子的魔法。资本主义的意识形态就在于它的疯癫,由此我们就抓住了这个可怕的、变态的资本主义的媚俗之处:物化即为精神错乱(弗洛伊德把精神错乱界定为"从现实中的逃避"),意识形态即为疯癫,而资本主义即为精神病。哲学乃是对这种精神错乱——物化——资本主义的概括、总结以及呈现出的世界观,它是幽灵的拟态和对脱离现实过程的叙事。所以当马克思宣称无产阶级作为民主众庶须承当资本主义的掘墓人时,他的意思就是我们必须一劳永逸地埋葬这种疯癫。

马克思表面上倡导一种反幽灵学,而实际上表达的则是一种抽象的力量,③其能够窥探到幽灵般的异化对象并昭示出它的罪恶本质。当马

① Karl Marx, *Economic and Philosophic Manuscripts of 1844*, Moscow: Progress Publishers, 1982, pp. 121 – 122.

② Karl Marx, *A Contribution to the Critique of Political Economy*, trans. S. W. Ryazanskaya, Moscow: Progress Publishers, 1977, p. 119.

③ Karl Marx, *Capital*, Vol. I, trans. Samuel Moore and Edward Aveling, Moscow: Progress Publishers, 1983, p. 19.

克思提出将阶级文明的深层结构作为幽灵般的现实时,他所意味的乃是这个幽灵会创造更深层次的幻想和欺骗,它们正在转变为"**景观社会**"(*society of the spectacle*)(居伊·德波这样称呼它)的意识形态上层建筑,不论其作为政治或者法律上的错觉,还是作为我们以异化拜物教的目光观之的、"**彻底错误的歧途**"(*der Holzweg*)的哲学幻想。当我们意识到哲学史乃是由自我意识、怪影、幽灵以及怪想等①内容书写时,我们同样需要意识到,与这种阴暗的形而上学历史关联在一起的,正是异化社会本身的脱离现实的形而上学内容。

　　我们面临的首要任务,便是把自身从虚幻的现实中解放出来,所以马克思在人的本质的判决席前坚决要求进行"意识改革"②。那么这种哲学改革将怎样落实呢?它必须驱赶走神、资本和国家的幽灵,并阻止其向全球的可怕蔓延。当马克思主义作为阶级斗争理论而凝结成对异化、物化和拜物教的病理学研究时,这就是在坚持向人本身的复归。马克思的人本主义(人的本质的实现化原则)昭示着与物(*Sache*,*Ding*)的世界之间的斗争,而这里的斗争对象还包括资本流通和精神错乱的流通。所以如果我们问及"人是什么"的哲学问题时,与此对应的另一半问题即为"物是什么?"

　　一旦"人"得以从物的茧缚内部以及神、资本和国家的幽灵手中逃脱,那么便可实现意识的改革。在1843—1844年对黑格尔的批判中,马克思基于哲学的扬弃与实现的主张从不同方面书写了对传统哲学的讣告,这实际上是把被神、资本以及国家偷走并囚禁起来的人的本质重新奉居高位。

　　这就是为什么青年马克思在1843—1844年对黑格尔的批判中谈及,

140

---

① Karl Marx and Friedrich Engels,*The German Ideology*,pp. 51,61.
② Karl Marx,To Arnold Ruge in Kreuznach,Sept.,1843,in Marx,Engels,*Collected Works*,Vol. 3,Moscow:Progress Publishers,1975,p. 144.

我们要受领双重任务——哲学的任务与历史的任务。哲学的任务在于揭露自我的异化,而历史的任务则在于确立此岸世界的真理。[①] 马克思主义哲学必须解决元哲学(Ur-philosophy)的问题——从现实中的荒谬逃避——其并不含有智慧,而只有糟践"人"的仪式;并不生出人性、平等和自由,而只宣称它们的消亡;并不欢迎人的本质,而一直在驱赶着人,因为哲学已被异化殖民了。

我们有必要指出:"构成哲学话语本质的东西是什么,而哲学的主要内容又包含什么?"与此相关的是阿那克西曼德与泰勒斯并经由苏格拉底沿袭至亚里士多德,以及希腊城邦的基础,还是阶级文明的基础与犹太教解释创生的说法? 难道哲学(在其本质形式上)不应该对充满罪恶的异化之"人"(对比于无恶的和无错的"上帝")的故事负责? 而哲学史难道不是诉说这种充满罪恶的异化之"人"的霸权故事? 在这个意义上,《摩西之书》中关于犹太教创生说法的演绎,不仅契合于犹太教、基督教和伊斯兰教文明,还是西方理性霸权的关键,其对解读"堕落的"男人和女人发挥了重要作用。那么它的基本主线是什么? 为什么男人和女人会从恩典中堕落而遭受惩罚,流浪在充满罪恶的世界,同时忍受痛苦、磨难和死亡? 这是因为他们选择了两件事:第一,叛逆;第二,探寻有关善与恶的知识。在这个故事中(其呈现出的可能不仅是哲学史,还包括男人和女人的历史),自恋的利己主义者上帝(第一个资本家和土地主)勒令人们去劳动,以承担痛苦、罪恶和死亡,这是为了惩罚他们竟胆敢听信撒旦(第一个叛逆者)的话,并且仅使其获得些许的剩余价值和掌握微不足道的意识形态国家机器(从善恶知识树上结出的果实)。基于此,当我们说以上内容构成了哲学话语的本质,而哲学哪怕在世俗革命之后(从希腊人往后)都没能将自身从这样的本质中解放出来,那么我们便可以说,我们仍

141

---

① Karl Marx, A Contribution to the Critique of Hegel's Philosophy of Right: Introduction, trans. Rodney Livingstone, in Karl Marx, *Early Writings*, New York: Vintage Books, 1975, p. 244.

然生活在"堕落"入歧途的状态中,在这种状态下,哲学的元崇拜(Ur-fet-ish)["物在"(*Sein*)或神对"人"和人性的打压]仿佛"一切已死的先辈们的传统,像梦魇一样纠缠着活人的头脑"①。而这种传统性的崇拜,例如沙人的迷绕和商品拜物教,按照马克思的说法(几乎就是在模仿集真理与谎言于一身的黑格尔),"用头倒立着,从它的木脑袋里生出了比(由鬼怪唤起的——笔者的插话)'桌子跳舞'还奇怪得多的狂想"②。

问题仍然是:"**骑在幻想的幽灵般的对象性**(*gespenstige Gegenständlichkeit*)这匹野马上面的哲学,现在正做着什么?"在全球化的时代背景下,人们又要如何应对那些幽灵呢? 这种对于资本和精神错乱的流通的幻想性崇拜将摧毁一切社会,并使其陷入对自我形象的迷恋中,就连中国的万里长城也无法阻挡,《共产党宣言》有对这一方面的明确叙述。而在《共产党宣言》之后的 150 年,那些同样涌动着的暗流最终冲毁了铁幕,并对改良主义者们尝试驯服资本流通的做法投去了无尽的讥笑。

**革命的精神**(*der Geist der Revolution*)与思想不断遭受着攻击,**幽灵**(*das Gespenst*)崛起了。这就是为什么当马克思说"童话"都是捏造出来 142 的时候,我们便不能再相信它们。而如果那些反对原始幽灵(神、资本和国家)的人们反而成为公开形式的幽灵,那么我们就必须用自己的宣言来面对童话。所以马克思说:**要驱赶幽灵、拒绝忍受幽灵诗情的哲学并且反驳关于共产主义幽灵的童话**(*dem Märchen vom Gespenst des Kommunis-mus*)。随之,我们必须丢弃那些"虚构的花朵",并坚信我们扔掉它们乃

---

① Karl Marx,The Eighteenth Brumaire of Louis Bonaparte,in Marx,Engels,*Selected Works*,Moscow:Progress Publishers,1975,p. 96.

② Karl Marx *Capital*,Vol. I. trans. Samuel Moore and Edward Aveling,Moscow:Progress Publishers,1983,p. 76;*Das Kapital*,Erster Band,Dietz Verlag:Berling 1993,p. 85. 被摩尔和艾芙琳翻译为"比'桌子跳舞'还奇怪得多"的内容的德文原文为,"*viel wunderlicher,als wenn er aus freien Stücken zu tanzen begänne*".在德文版中,马克思在这句话下边加了标注:"我们想起了,当世界其他一切地方好像静止的时候,中国和桌子开始跳起舞来——以激励别人。"(*Man erinnert sich,das China und die Tische zu tanzen anfingen,als alle übrige Welt still zu stehn schien——pour encourager les autres.*)

是为了"采摘新鲜的花朵"①。从资本主义文明走向共产主义文明的运动,就是从死寂回到现实生活的运动。现实生活总是彻底的,并且也总能趋向还原人的过程,在掌握群众方面,其向来是虚位以待。②

"人"的问题再次浮现出来,在这里和人直接对峙的乃是"物",即 Sache 和 Ding,其表现为同人的敌视和对立。从这个角度出发,马克思把人的本质呈现为向异化的歧途(the Holzweg of estrangement)而发动的一场战争,其中人们起来反抗那些异化崇拜物的统治。所以当马克思谈及对哲学的扬弃时,他所意味的正是反对异化统治的暴动。

因此,我们必须察觉出异化真正意味着什么,以及异化、物化和拜物教如何构成了我们并不发达思维的背景经历。异化就像佛教中"苦"的概念一样,我们作为传统与现代共同的孩子,正生活在异化与苦的黑洞之中。解决之道其实很简单:只要铲除异化与苦,那么哲学就会作为智慧的本真诉求。从而当我们洞察异化与苦的另一端时,我们亦会洞察到资本与精神错乱之流通的另一面。这是因为,如果我们能够经验到两方面的主要流通方式——资本与精神错乱——其不仅决定着思维,而且还将终结思维,那么也将同样存在伟大的历史性冲击(the great flush of history),其中美好的未来正对我们翘首以盼。但是这却必须等到历史性冲击将至今仍纠缠着我们的物与幽灵除掉的那一刻:"一切等级的和固定的东西都烟消云散了,一切神圣的东西都被亵渎了。人们终于不得不用冷静的眼光来看他们的生活地位、他们的相互关系。"③

143　　正是伴随这种冷静的眼光,马克思才决定重新书写哲学的历史。

---

① Karl Marx, A Contribution to the Critique of Hegel's Philosophy of Right: Introduction, trans. Rodney Livingstone, in Karl Marx, *Early Writings*, New York: Vintage Books, 1975, p. 244.

② Ibid., p. 251.

③ Karl Marx and Friedrich Engels, The Manifesto of the Communist Party, p. 38. [《马克思恩格斯选集》(第一卷),人民出版社,2012 年,第 403 ~ 404 页。]

第五章

# 乔治·卢卡奇与浪漫美学问题

我无法忍受一种毫无意义的生活。

——乔治·卢卡奇 1911 年 11 月 30 日

## 一、作为美学之家的异化

一般认为，并非美与崇高，而是异化，构成了艺术作品的主旨。**异化**（*Entfremdung*）乃美学之家，或者如果我们认同黑格尔观点的话，那么异化甚至是存在本身之家。为了理解美学和整个世界，我们就必须把握存在的这种异化特征。理论美学的思路主要集中在对艺术的如下分析中，它从古希腊关于"**感性**"（*aisthesis*）、"**感知**"（*aisthanesthai*）以及"**感知力**"（*aisthetikos*）到 A. G. 鲍姆加通关于"感性知识的科学"和"感性美的科学"，并在康德对崇高与美的分析那里达到了巅峰，但如今它却堕入异化的权界内。没有什么能够脱离异化，即便美也不能。实际上，美本身就是异化，或者借用萨特的隐喻来说，美即恶心，因为存在本身就是恶心。我们自己也没能逃离恶心，我们每一个人都是这种恶心。

恶心构成了存在主义艺术的基础，而文化异化则成为根植于 19 世纪

148　和 20 世纪早期艺术中的更一般形式。按照黑格尔的说法，对异化的克服是一种重要的逆转，这在绝对精神（Absolute Mind）①领域当中是能够实现的，而这一领域除了囊括艺术外，还能够显示出宗教与哲学。美学对黑格尔的唯心主义而言不仅是异化之家，还是乌托邦之家。黑格尔强调的这一主旨乃是哲学上振奋人心的元素——对乌托邦的憧憬。憧憬乌托邦不仅是西方艺术的要旨，更是人类自身存在的本质。如果有人问及艺术作品的本质是什么，那么我们一定会回答说，其乃指明异化并表示出对乌托邦的憧憬。我们注定要经历这样的异化（实际上是经受这样的异化），同时又保有对乌托邦的憧憬，以此来从事艺术工作。

　　在人类历史中伴随有一种根深蒂固的冲突，即虚无与完满、经受异化又憧憬乌托邦的冲突。这一冲突不仅契合于西方艺术，其对整个世界都同样适用。艺术史就是表现这种冲突的历史，拿罗马、希腊和印度的艺术来说，罗马人将权力贯之以艺术形式当中，印度人所要表达的主旨在于把绵延不绝的时间（timeless Time）作为对他们的恩典，而希腊人当然不认为古希腊世界陷入了异化之中，所以他们推崇史诗的形式。希腊人充满美感的生活世界就是史诗——把生活理解为完满而非空虚的过程。完满因而便被用来抵御异化，所以本章所阐述的重点也正是完满与空虚、异化与真实生活彼此间的张力。我们首先认为，异化与乌托邦之间的张力乃是美学历史发展的动力，而截至 19 世纪末期，这种历史张力在欧洲美学方面疾风骤雨般地集中反映在了以匈牙利哲学家乔治·卢卡奇为主要代表人物的身上。

　　本章将主要讨论卢卡奇的艺术理论形式，他于 20 世纪早期将这一架构反映为一种浪漫主义风格，并将尼采、克尔凯郭尔、陀思妥耶夫斯基以及德国神秘派联系到他的黑格尔与马克思主义概念体系上（或者如果我

①　G. W. F. Hegel, *Philosophy of Mind: Part Three of the Encyclopaedia of the Philosophical Sciences* (*1830*), trans. William Wallace, Oxford: Clarendon Press, 1990, pp. 293 – 297.

们同意斯拉沃热·齐泽克观点的话,也可说成是列宁主义概念体系)①,
即《历史与阶级意识》中无产阶级作为历史主体与客体的统一。卢卡奇
主要经历了三个不同时期(我们在这里只列出涉及浪漫主义与文化问题
的相关文本):第一,浪漫主义时期,包括《心灵与形式》(1910 年)、《审美
文化》(1910 年)、《现代戏剧发展史》(1911 年)、《精神的贫困》(1912
年)、《艺术哲学》(1912—1914 年)、《小说理论》(1916 年)以及未完成的
《海德堡美学》(1916—1918 年);第二,他的代表作《历史与阶级意识》
(1919—1922 年),在这本书之前还有诸多论文,包括《作为一种道德问题
的布尔什维克主义》(1918 年)、《策略与伦理》(1919 年)、《共产党的道
德任务》(1919 年)以及《旧文化与新文化》(1919 年)等,同时还要注意到
卢卡奇在匈牙利苏维埃政府时期出任了教育局副人民委员一职(1919
年);第三,后来的卢卡奇不仅受到了卡尔·考茨基在《社会》(*Die Gesell-
schaft*)(1924 年 6 月)、德波林(Deborin)在《工人文学》(*Arbieterliteratur*)
以及曾经的支持者拉迪斯劳斯·拉达斯(Ladislaus Rudas)在《工人文学》
(1924 年)上的攻击,还受到了布哈林和季诺维耶夫在共产国际第五次代
表大会上(1924 年 6 月到 7 月间)把《历史与阶级意识》作为资产阶级唯
心主义的批判,他最终选择对他的代表作——《历史与阶级意识》保持沉
默。第三个时期的作品主要包括《历史小说》(1937 年)、《青年黑格尔》
(1938 年)、《文学与民主》(1949 年)、《审美特性》(1962 年)、《论托马
斯·曼》(1964 年)、《我们时代的现实主义》(1964 年)、《歌德及其时代》
(1968 年)以及《欧洲现实主义研究》(1972 年)。那么把这三个阶段放在
一起就出现了一个问题,对于卢卡奇在其中是否存在深刻的认识论断裂,
还是一直保持了连续性,伊什特万·梅扎罗斯(István Mészáros)与乔治·

---

① 对于卢卡奇的列宁主义,可参见 Slavoj Zizek, Georg Lukács as the Philosopher of Leninism,
Postface to Georg Lukács, *A Defence of History and Class Consciousness*, trans. Esther Leslie, London:
Verso, 2000。

马库斯(György Márkus)(卢卡奇曾经的学生)用黑格尔的话语"扬弃"形容了这三个阶段,即在辩证替代的同时又在更高的复杂层面保留了先前的内容。① 从第一阶段(浪漫主义)到第二阶段(黑格尔与马克思主义体系)显示出了明显的前进,然而向第三阶段(社会主义的现实主义教条以及与官僚集团的妥协)的运动却很难称得上是向"更高层次"的进发。我们在这里主要关切的乃是卢卡奇的以下方面问题,包括基于文化危机的浪漫主义、早期作品中有关人的存在的形而上学悲剧、更早些时候对马克思和费希特的弥赛亚情怀的综合论证、与青年黑格尔派麦克斯·施蒂纳的有效共鸣及其随之面对斯大林主义所表现出的隐忍。

这便将我们引向了本章的核心问题上:艺术中的浪漫主义问题。浪漫主义并不像其他的美学流派那样,如古典主义、现实主义、自然主义、象征主义以及印象派,它在一般意义上是个较为宽泛的概念。按照维克多·雨果的说法,浪漫主义即是一种"模糊的不确定概念"。浪漫主义虽然有时甚至具有贬义,但从法国大革命到 19 世纪晚期的这段时间内,其的确是极为重要的美学流派。它包括了众多欧洲作曲家,如海顿、莫扎特、贝多芬和瓦格纳,当然有时也包括巴洛克大师约翰·塞巴斯蒂安·巴赫,还有俄国作曲家柴可夫斯基、法国作曲家比才和圣桑。伴随着以伊戈尔·斯特拉文斯基(Igor Stravinsky)和两位法国印象派大师拉威尔(Ravel)与克劳德·德彪西(Claude Debussy)为代表的新古典音乐的崛起,可以说欧洲的浪漫主义音乐时代在 20 世纪初期即完结了。但也正是在这一时期,卢卡奇开启了他作为批判家和评论家的职业生涯。

从美学角度来说,浪漫主义源自古典主义(如果不是和它对立的话),其哲学意识形态的核心在于对工业文明的批判,它在音乐中的音调

① István Mészáros, *Lukács's Concept of Dialectic*, London: Merlin Press, 1972, p. 18; György Márkus, Life and Soul: the Young Lukács and the Problem of Culture, in *Lukács Revalued*, ed. Agnes Heller, Oxford: Basil Blackwell, 1983.

与音阶所传达的主旨,就是对前工业文明田园牧歌式生活的称颂。所以正是这种对机械时代的批判造就了浪漫派,不论英国诗人济慈、拜伦和雪莱的作品,还是肖邦与舒伯特的音乐,不论查尔斯·波德莱尔的诗与散文,还是 E. T. A. 霍夫曼的短篇故事和音乐评论,皆是如此。古典主义主要基于缜密的韵律,并且寻求形式上的和谐,而浪漫主义则要瓦解这一韵律;古典主义颂扬城市的伟大,而浪漫主义则描绘农民的朴实;古典主义诉诸理性,而浪漫主义(如果不是称赞波德莱尔和霍夫曼作品中的非理性)则不甘作理性的奴隶。或者说,即便真的存在一个"理性"的话,那么 151 它也必须屈从于美学模式。对浪漫派而言,正是艺术使人们按照理性原则行动。而当理性自身背叛了理性之后,只能由艺术来挽救理性与人性。根据早期德国浪漫主义(*Frühromantic*)的观点,尤其是紧密围绕在奥古斯特·威廉·施莱格尔(August William Schlegel)周围的思想家们,包括他的胞弟弗里德里希·施莱格尔(Friedrich Schlegel)、弗里德里希·谢林(Friedrich Schelling)、恩斯特·施莱尔马赫(Ernst Schleirmacher)以及弗里德里希·冯·哈登伯格(Friedrich von Hardenberg),其又名诺瓦利斯(Novalis)(世界会铭记他),他们一致认为,在艺术与理性的关系中,艺术应该被赋予优先地位。所以艺术就被理解为生命里的最高价值授予者,而文化教育作为对一切价值的重新评估,也必将发生在这种审美的生活世界中。

从艺术的这种浪漫主义理想化角度出发,衍生出了四个核心理念:①艺术的自主,在这里艺术即代表着人的自由;②艺术、宗教与政治的伟大融合;③有机**共同体**(*Gemeinschaft*)较个人主义式现代**社会**(*Gesellschaft*)的优先性;④依照美的原则所确立的**文化教育**(*cultural Bildung*)的道德任务。对卢卡奇而言,这种文化审美(cultural-aesthetic)模式至关重要。由于先前受浪漫主义的深远影响,所以从卢卡奇的早期文本中就可以窥探出一种矛盾的主题——既囊括了"上层的"艺术取向,又饱含了来自底层的无政府主义的自发性运动,它们不仅被统归在文化教育当中,还力图消解一切社会物化,这是卢卡奇作为一名文化教育者所持有的核心意旨。在一定程度上他还是遵照了相应的传统范式,主要是费希特的《论学者的使命讲演录》(*Lectures on the Vocation of a Scholar*,1793 年)和席勒的《论人的审美教育讲演录》(*Lectures on the Aesthetic Education of Man*,1795 年)。在卢卡奇看来,艺术是文化教育,而革命则是此般审美教育的实现。这种美学实践将细致审察如下问题:"为什么不再有古典主义的世界帮助建构洋溢着美感与理性的'完满之人'(full man)?""为什么我们会被淹没在'先验的无家可归'(transcendental homelessness)的现时代困境当中?"

152　　尽管浪漫主义于 20 世纪开端在艺术领域为现代主义先锋派开辟了路径,可是这种先验的无家可归依旧会袭击欧洲的心脏,它也当然打击了青年卢卡奇。但伴随着这种袭击,人们对乌托邦的憧憬亦油然而生。乌托邦成功地完成了一项重大任务:它创建了能够瓦解世俗生活世界之物化的"英雄"。卢卡奇理论中的乌托邦在于寻求人本主义的故乡,其类似歌德的乌托邦那样。在 1928 年以前,卢卡奇最引人注目之处就是他拒绝与现实妥协,虽然对黑格尔抱有激情,但黑格尔有关"与现实的和解"对卢卡奇来说始终是无法苟同的。现在这种绝对不和解的主题依旧贯穿着整个浪漫主义意识形态,而正是行动(deed)("激进的行动")构成了浪漫主义的非和解性。所以如果真的存在一种哲学的话,那么它也必然是行动哲学(philosophy of the deed)。尽管青年黑格尔派(马克思以他的方式将自己归于这一体系)抓住了这种行动哲学,然而却是杰出的浪漫主义者歌德以诗的形式真正提出了行动的问题:

　　　　这里写着,"在最开始乃是话语",
　　　　我停下来,看看从中能推论出什么。

我始终无法将话语置于那么崇高的地位，

这使我尝试着进行新的替换。

我品读着，如果自己真的受心灵所教，

那么其意义就是："在最开始乃是思想"，

这却开启了我再次的权衡，

或者意义只能忍受由轻率的笔来书写。

思想能够创造、处理以及统治时间吗？

所以最好写成："在最开始乃是权力"。

然而，欲望的手指在催促着这支笔，

但怀疑和踌躇的感觉依旧挥之不去。

心灵此刻根据我的需求而进行了真正的指引，

我赫然写下："在最开始乃是行动。"①

 

    但是如果行动占据了浪漫主义的核心地位，那么它绝不会逃过马克思的怀疑解释学(hermeneutics of suspicion)。在《资本论》(第一卷)中，马克思表明这种浮士德的行动与商品所有者们的行动如出一辙——他们的行动总是先于思考：在最开始乃是行动("Im Anfang war die Tat")。所以他们在思考之前就已经开始行动和交易了，并出于本能地遵循着商品的本质规律。② 虽然青年卢卡奇主要致力于这种行动的问题，但商品问题也没能逃离他的视线。他在《历史与阶级意识》中阐明，商品问题不仅占据了经济的核心地位，还充斥在社会的每一个方面。③ 截至1919年，商

①　Johann Wolfgang Goethe, *Faust*, Part One, trans. Philip Wayne, London：Penguin Books, 1949, p. 71.

②　Karl Marx, *Capital*, Vol. I, trans. Samuel Moore and Edward Aveling, Moscow：Progress Publishers, 1983, p. 90.

③　Georg Lukács, *History and Class Consciousness：Studies in Marxist Dialectics*, trans. Rodney Livingstone, London：Merlin Press, 1983, p. 83.

品与行动之间的辩证关系已成为卢卡奇理论体系的中心,西奥多·阿多诺正是参照卢卡奇的关切点,从而将商品生产与文化(特别是对音乐的分析)联系起来的。但与卢卡奇强调的小说形式不同,阿多诺把更多目光集中在了艺术的**整体性**(*Gesamtkuntswerk*)上。

　　本章将进而探讨两方面问题:第一,浪漫主义美学的取向性,其主要关注的是欧洲艺术中的"英雄";第二,物化意识的概念。在卢卡奇看来,对这一英雄的描绘也就是在寻求历史的革命主体,因为英雄将逆转一切物化。卢卡奇认为(这与马克思主义把历史主义和人本主义作为其整个论域相同,而非结构主义的"历史作为一种无主体的过程"),他的哲学中心就是要建构出这样的主体,而这一主体终将成为历史的英雄。主体的去中心化(跟随法国结构主义者的潮流——其中最引人注目的当属路易斯·阿尔都塞,沿袭这一思想路径的人还包括后结构主义者以及解构主义者)是认识论上的错误,甚至是一种反动的形而上学,然而不仅资产阶级,就连革命者们的娇子恩格斯,最终都对这种形而上学俯首称臣了。[1]

　　理解卢卡奇的美学理论,关键是要把文化与美学(例如历史自身)作为有一个主体存在于那里的过程。现在这种英雄主体式的美学同时又兼具了政治性[批判那种**"为艺术而艺术"**(*l' art pour l' art*)的**清高浪漫**(*Hochromantic*)情怀],而这种政治艺术的主旨——或者作为政治与文化教育的艺术,以革命的形式构成了 20 世纪先锋艺术的核心框架。此般基于主体存在的审美哲学,又成为其他后继马克思主义哲学家在艺术与文化方面的认识论基础,如瓦尔特·本雅明、西奥多·阿多诺、贝托尔特·布莱希特、赫伯特·马尔库塞以及恩斯特·布洛赫。反思卢卡奇的**"物化意识"**(*Verdinglichung des Bewusstsein*)概念,不仅是在反思"辩证意象"(本雅明)、"怪诞幻象"(阿多诺)、"单向度的人"(马尔库塞)以及"文化

154

---

　　[1]　Georg Lukács, *History and Class Consciousness : Studies in Marxist Dialectics*, trans. Rodney Livingstone, London : Merlin Press, 1983, p. 3.

工业"（霍克海默与阿多诺），还是在反思我们现时代的相关问题。由此衍生出了对三方面重要主题的探讨：①卢卡奇那里的异化概念，②对革命主体的寻求以及卢卡奇对神秘派、无政府主义者和马克思主义的反思，③随后由法兰克福学派发展出的有关物化意识与文化工业景观之间的关系问题。基于这种认识论视角，卢卡奇（以及后来的阿多诺）提出：在由机械化生产方式的文化所主导的资本主义时代，艺术还得以可能吗？真正的艺术作品与文化工业中的机械加工品之间的关系是怎样的？最后，艺术有可能瓦解此般物化的生活世界吗？但最为重要的还是，如果艺术得以可能，那么"真实生活"就一定可能吗？

我们千万不要把艺术理解成艺术本身的目的，而是要将美学与伦理和政治关联到一起，沿袭这一思想路径就可以看出：我们正生活在晚期资本主义时代，或者生活在帝国时代——更精确地说，即生活在帝国主义的世界抑或美国化的世界里——其中，资本的全球化不仅设定出"后政治"与"后意识形态"的文化，更生产出了文化工业与意识形态国家机器，它们试图殖民于文化和政治抵抗阵营的所有方面，并正式宣称思考过程已变得不再必要。因而我们必须把注意力转向**异化精神**（*entfremdete Geist*）和满目疮痍的梦想世界，这样的世界早已为生活世界的殖民化敞开了大门。① 对早期卢卡奇来说，这种殖民化是由西方文明带来的，而《历史与阶级意识》则认为是内在于资本主义生产方式中的物化生成了工具理性实践——这一理性不在于求知，而在于征服。正是此般渴望征服的工具

---

① 当卢卡奇谈及物化意识时，他所意味的正是青年马克思的异化概念。这一概念在 20 世纪早期更多的是从黑格尔和圣经的角度为世人所熟识的。卢卡奇曾经的老师乔治·齐美尔，倾向于把这一理念作为本体论的外化与形而上学的外化在观念论上加以调和。而马克思在严格意义上强调的政治经济学的异化，但这一方面直到 20 世纪 20 年代晚期依旧深藏在正统马克思主义的沉默当中。伟大的马克思主义学者大卫·梁赞诺夫只在 20 世纪 20 年代晚期及 30 年代早期时候透露过《1844 年经济学哲学手稿》和《黑格尔法哲学批判导言》（这两篇文本都是在资本主义与现代国家意义上集中探讨异化概念的）。1929 到 1931 年间，卢卡奇与梁赞诺夫在马克思恩格斯列宁研究所共事，梁赞诺夫在 1844 年手稿出版前应该把稿纸给卢卡奇看过。

**155** 理性，很快便将整个世界吞噬到了世界大战的喉咙当中。在战争期间，卢卡奇提出了相当中肯的问题："谁能把我们从西方文明中解救出来？"①卢卡奇并没有像其他德国思想家那样趋向于存在主义，如卡尔·雅斯贝尔斯、海德格尔以及卡尔·洛维特。青年卢卡奇认为——历史的英雄——无产阶级，将一举击败西方文明的虚无主义。

卢卡奇的重要性在于，他将基于虚幻的商品拜物教的物化意识理念作为马克思主义的本质维度，从而提出了重视美学、文化和政治的首要性的问题，这与当时第二国际的马克思主义霸权范式形成了鲜明的对比。根据后者的教条，意识不过是经济形态的"物质"和"摹本"（有时也说成"反映"）的"化身"，在这个意义上，艺术就成了对基础性的经济的模仿，其本身便不具有任何有效性。当然，马克思从未说过此类的话，恩格斯在他于1890年回复给约瑟夫·布洛克的信中也明确反对这种庸俗马克思主义及其经济主义的变形。②而康拉德·施米特（Conrad Schmidt）于1890年在对历史的经济主义观点的回应中也说，经济学家们只想要一个"不去研究历史的理由"。亦如马克思在19世纪70年代晚期评论法国"马克思主义者"时所表明的："我所知道的一切，就是我不是一名'马克思主义者'。"③

根据马克思的历史唯物主义，当说明经济基础**决定**（*bestimmte*）意识形态上层建筑时，这一阐述必须被解读为一种人本主义话语，其中：第一，经济包含着**人的本质**（*das menschliche Wesen*）的理念；第二，**决定**（*Bestimmung*）并不能被理解成决定论，而是一种**构型**（*Gestaltung*）。因而经济基础决定上层建筑要以如下的激情加以解读，即从历史角度将阶级斗争联

---

① Georg Lukács, *The Theory of the Novel*, trans. Anna Bostock, Cambridge Massachusetts：The MIT Press, 1994, p. 11.

② Friedrich Engels, Letter to Josef Bloc in Königsberg, London, Sept. 21, 1890 in Marx, Engels, *Selected Works*, Moscow：Progress Publishers, 1975, p. 682.

③ Friedrich Engels, Letter to Conrad Schmidt in Berlin, London, August 5, 1890, in Ibid., p. 679.

系到异化的恐怖与对乌托邦的憧憬上。

卢卡奇的贡献在于,他是在马克思之后的马克思主义者当中第一个将阶级斗争理论与异化联系到一起的人。马克思在巴黎完成的《1844 年经济学哲学手稿》已经明确提出,人的现状成为异化世界中的存在,但这一点却只有在《历史与阶级意识》完全进入历史之后才被世人所熟识。直到 20 世纪 20 年代晚期,《资本论》都一直被误读为一种实证主义的预先决定论,就连青年葛兰西都没能幸免于这样一种误读。① 156

考茨基和普列汉诺夫的实证主义教条将马克思主义固化为独立于人的客观规律,与此相反,卢卡奇(与葛兰西和科尔施一样)则将人(以无产阶级作为统一的主客体形式)保留在历史的基础范畴当中。这在葛兰西的意义上就是,我们必须把"'意志'(归根结底等同于实践活动或者政治行动)置于哲学的基础当中"②。他进而指出:"但这却必须是理性的而非任性的意志,它的实现在于能够契合客观的历史必然性,抑或作为普遍性的历史自身达成了进步之能效。"③

当第一次帝国主义世界大战于 1914 年爆发时,第二国际的诸多代表们在普列汉诺夫与考茨基的领导下纷纷支持各自国家的资产阶级政府参战。列宁随之与第二国际决裂并继续坚持马克思主义作为夺取政权的激进观念,这集中体现在了《怎么办?》当中(不要忘记,普列汉诺夫这位教条而死板的马克思主义者甚至称列宁为尼采主义者)。④ 资产阶级思想霸权的破裂,意味着阶级霸权能够被剥离出来从而进行具体的研究。但无视真正马克思主义的某些形式,却把"精神"边缘为对"物质"的单纯反

① Antonio Gramsci, The Revolution against "Capital", in *Selections from Political Writings*, *1910 - 1920*, trans. John Mathews, selected and edited by Quintin Hoare, London: Lawrence and Wishart, 1977, pp. 34 - 37.

②③ Antonio Gramsci, *Selection from the Prison Notebooks*, trans. Quintin Hoare and Geoffrey Nowell Smith, New York: International Publishers, 1971, p. 345.

④ Georgi Plekhanov, Notes to Engels's Book *Ludwig Feuerbach*, in *Georgi Plekhanov', Selected Philosophical Works*, Vol. I, Moscow: Progress Publishers, 1977, p. 455.

映上,并被推崇到了革命话语的前台。而卢卡奇(亦如葛兰西与科尔施)所做的,就是把对这种"精神"的研究置于哲学的基础地位。他在马克思主义理论中对精神与文化的研究,最终燃为星星之火,其不仅激励了法兰克福学派的内部成员,还包括威尔海姆·赖希、埃里克·弗洛姆、吕西安·戈德曼、让·伊波利特以及弗雷德里克·詹明信等等。德里达的《马克思的幽灵》也可从中窥探到卢卡奇的痕迹,尽管德里达并未明确表露这一点。

　　到 1917 年时(主要受布尔什维克革命的影响,这一运动很快被赫伯 157 特·马尔库塞形容为一次"激进的行动"①),卢卡奇已经彻底告别了康德主义而选择了左翼政治的弥赛亚形式,由此也就超越了灵魂与悲剧的问题,转而投向革命的马克思主义。卢卡奇为世界贡献出了《历史与阶级意识》,按照梅洛·庞蒂的说法,这一文本构成了"西方马克思主义"的根基。② 可见,马克思主义至少会从狡猾的(资产阶级)理性的边缘那里获得解放,并且伴随着《历史与阶级意识》的问世,卢卡奇不仅跳出了新康德主义,还完成了与以梅斯特·埃克哈特、克尔凯郭尔和陀思妥耶夫斯基为代表的神秘主义的决裂,这些思想家们的思想都曾与青年卢卡奇有着密切联系。基于黑格尔辩证法的有效说服力,加之 1917 年布尔什维克革命的一声惊雷,卢卡奇随即结束并埋葬了与康德和克尔凯郭尔的旅程。"悲剧的形而上学"问题(这一问题在卢卡奇 1910 年出版的《心灵与形

---

　　① Herbert Marcuse, Phenomenology of Historical Materialism, in *Telos*, 4, Fall, 1969.

　　② Maurice Merlau-Ponty, *Adventures of the Dialectic*, trans. Josef Bien, Evanston, Ⅲ: Northwestern University Press, 1973, pp. 30 – 58. Also see Jürgen Habermas, *Theory of Communicate Action. Vol.* Ⅰ. *Reason and the Rationalization of Society*, trans. Thomas McCarthy, London: Heinemann, 1984; Andrew Arato and Paul Breines, *The Young Lukács and the origins of Western Marxism*, New York: The Sery Press, 1979.

式》当中一直纠缠着他)①面对革命的辩证法而获得了解脱,革命(对卢卡奇来说)因而成为悲剧的解决方式。

## 二、对象性铁笼中的异化

若想理解卢卡奇,我们必须首先了解这位思想家的思想资源及其受到的不同影响(有时甚至是矛盾性的)。他直接关注的对象包括马克斯·韦伯、狄尔泰、文德尔班、李凯尔特以及齐美尔,当然他也从未间断与海德堡学术圈的新康德主义的联系。埃文·萨博(Ervin Szabo)(马克思与恩格斯著作的第一位匈牙利翻译者)、恩德雷·阿迪(Endre Ady)的激进主义、亨利·柏格森的动力学说、托马斯·曼的讽刺小说、乔治·索雷尔的无政府工团主义以及陀思妥耶夫斯基的神秘革命主义,共同构成了卢卡奇思想的核心架构。

卢卡奇认为,资本主义既不宜共处,也不真实,它并不按照美的原则去生产,在本质上它所采取的甚至是令人作呕的方式。而异化本身就是这种令人作呕,它像黑洞一样,由其内部所生发出的乃是现代化、合理化和工业化文明的"智识型文化"(intellectualized cultures)(与追求本真的"审美文化"截然相反)。

我们必须把目光转向异化的本质,因为其不仅影响了黑格尔与马克思(完全遵照着他们各自的方式),甚至影响了整整一代浪漫主义者和存在主义者。那么这种异化究竟是什么? 我们又当如何理解异化分别在浪

**158**

① Georg Lukács, *The Soul and the Forms*, London: Merlin Press, 1971, pp. 152 - 174. Michael Löwy 在 *Georg Lukács——From Romanticism to Bolshevism*( trans. Patrick Camiller, London: New Left Books, 1979, p. 103)中指出,卢卡奇将悲剧联系到"两种生活方式的深刻对立当中——朝气蓬勃的(*lebendige*)生活或者'真实的'(*wahre*)生活与'死气沉沉的''不圣洁的'或者'庸碌的'生活"。这两个世界需要"进行严格的区分"(*streng voneinander zu scheiden*),而它们的对比所显示出的主要特征表明了卢卡奇对极度粗俗世界的深度痛觉:"我决不能忍受模棱两可又尔虞我诈的每一天。"

漫主义、存在主义、现代主义以及马克思主义语境下的意味？它是存在主义的虚无，还是佛教中的"苦"？它是烦恼之源的那种极度空虚吗？而这种烦恼能够联系到从古希腊直到歌德的《少年维特之烦恼》和《浮士德》的整个悲剧史上吗？此即异化理念与艺术作品的相交之处——由18世纪与19世纪德国诗人完美演绎出的思想。但是还有另一种异化理念——被弗洛伊德称为"恐惑"（das Unheimlich）的恐惧不安。按照弗洛伊德的说法，艺术作品恰恰源自这种恐惑。① 因而如果异化是美学之家，那么恐惑便主动找上了门，但它并不是要捣毁这个家，而是选择与异化一起苟且偷生。

为了理解青年卢卡奇的美学以及他所面对的文化危机，我们将主要明晰有关其应对举措的三个不同方面：第一，人的现状的异化；第二，异化的对象性与对象性本身的等同；第三，发生在费希特称为"绝对罪恶的时代"②中的文化危机，以及阶级社会内部马克思主义者们的集体堕落。若要把握这一文化危机，我们须暂且从卢卡奇转向马克思，看看他是如何基于资本积累理论来分析思想与感觉的退化的。根据法兰克福学派对美学与文化的解读（由卢卡奇的物化意识理念发展而来），晚期资本主义的意识形态国家机器，以文化工业的形式"平和了反抗的欲望"③，并且把"洁白反光的牙齿，以及超脱了身体气味和自身情绪影响的自由"④珍视为艺术本身。为什么会这样呢？之所以如此（在马克思看来），不仅因为文化工业企图控制人们的欲望，更重要的是因为在资本积累的同时，也发生着文化危机与癫狂的共同积累。马克思在《资本论》第三卷中惊讶道，声名　159

---

① Sigmund Freud, The Uncanny in *The Penguin Freud Library. Vol.* 14. *Art and Literature*, trans. James Strachey, London: Penguin, 1990, pp. 335 – 376.

② Georg Lukács, *The Theory of the Novel*, p. 18.

③ Herbert Marcuse, Affirmative Culture, in *Negations*: *Essays in Critical Theory*, Boston: Beacon, 1968, p. 121.

④ Max Horkheimer and Theodor Adorno, *Dialectic of Enlightenment*, trans. John Cumming, New York: Herder & Herder, 1972, p. 167.

狼藉的资本先生携手地租女士通过把他们的幽灵化作现有的社会人物，同时又化作纯粹的物，①其天生就是癫狂的——与现代性的话语相反，他并不渴求科学与技术，而是痴迷于魔法与妖术。② 马克思同样在《英国疯人数目的增加》中说，财产的增加同时也伴随有疯人数目的增加。③ 可见，马克思的《资本论》不单纯是对资本积累的批判，它还是对文化工业与癫狂的批判。为什么这么说呢？ 那是因为资本主义的伟大指称与符号——剩余价值(M′)，已经完全失去了其属人的与属物的内容，剩下的"只是没有内容的形式"④。这是一种异化，也是与现实的脱离——撇开身体而生成的精神，因而这样的精神也正是异化精神，或者被卢卡奇称为的"物化意识"，被弗洛伊德称为的"精神错乱"——从现实中的逃避。值得注意的是，卢卡奇并没有完全遵照弗洛伊德，也不像超现实主义者那样，他并未染指无意识的政治形态。

对青年卢卡奇来说，面向现代工业社会就是在审视恐惑的景象，这一状态有时可以通过神话加以克服，有时则需要革命。在《心灵与形式》中，卢卡奇认为神话乃是这样的世界，其中个人获得了一种隐秘之感——他从诺瓦利斯那里发展了这一主题。在卢卡奇看来，跟随着诺瓦利斯便可以把哲学解读为一种乡愁(nostalgia)，在那个"世界中到处充满了归乡之情"⑤。而异化的个人作为**异乡人**(Fremdling)，并未完全迷失在这个世界中，而是(就像诺瓦利斯在他的哲学著作《信仰与爱》中的诗篇《异乡人》里所描绘的那样)保留了曾经的美好记忆，他相信自己终将重拾那份美好。因而我们便可以在神话中找到一个家。并且卢卡奇指出，前小说

---

① Karl Marx, *Capital*, Vol. III, Moscow: Progress Publishers, 1986, p. 830.

② Karl Marx, *Capital*, Vol. I, trans. Samuel Moore and Edward Aveling, Moscow: Progress Publishers, 1983, p. 80.

③ Karl Marx, The Increase of Lunacy in Great Britain, in Marx, Engels, *Collected Works*, Vol. 15, Moscow: Progress Publishers, 1986, pp. 602 – 606.

④ Karl Marx, *Capital*, Vol. III, Moscow: Progress Publishers, 1986, p. 392.

⑤ Georg Lukács, *The Theory of the Novel*.

（pre-novel）的叙述方式，即前资本主义的叙述方式已经达到了完美的美学形态，诗史的形式（尤其是希腊的史诗形式）即为这种完美的典型表征。马克思也极为欣赏希腊史诗——在《〈政治经济学批判〉导言》当中，他便谈及了在现代化社会的环境下，人们怎样可以从诗史形式的美那里体验到"艺术的享受"，这一形式已经成为杰出艺术的"规范"，甚至达到了一种"高不可及的范本"①。然而在对美学主题进行不同形式的透视方面，卢卡奇（不论青年时期还是苏维埃时期）与马克思的态度却相去甚远。在马克思看来，前资本主义的世界并不存在乡愁，而卢卡奇则紧随诺瓦利斯满足于这种浪漫的乡愁。

160

与此相对，在马克思看来，资本主义作为最后的宏大阶级体系，其天生就是一种疯狂的、精神错乱的体系（埃里克·弗洛姆后来发展了这一马克思主义观点），它并不是一种合理性的过程，而只显示出轮回与转世②的结果。在《资本论》（第一卷）中，马克思提出的关于（资本主义）文化的必然性疯狂这一理念，主要是基于对以下三方面的考察，它们都指涉了异化的死亡冲动（death-wish）上：第一，正如我们在前面的章节已经表明的，人们无视物质性的存在，③因而堕入了"公然的失明"状态——看不到明摆在眼前的事物；④第二，擦除掉了具体的生活世界；⑤第三，将这种"无视"作为生活世界的有效法则。⑥由此我们得出：第一，本体性的失明和商品的生产成为观念化的、幽灵般的自在之物，它们共同构成了文化危机的基础；第二，这种抽象的和幽灵般的生活世界对人的统治；第三，生活世界

---

①　Karl Marx, *Grundrisse*, trans. Martin Nicholas, London：Penguin Books, 1974, p. 111.

②　Karl Marx, *Capital*, Vol. I, trans. Samuel Moore and Edward Aveling, Moscow：Progress Publishers, 1983, p. 199.

③　Ibid., p. 45.

④　Karl Marx, To Friedrich Engels in Manchester, London, 25 March, 1868, in Marx, Engels, *Selected Works*, Moscow：Progress Publishers, 1975, p. 189.

⑤⑥　Karl Marx, *Capital*, Vol. I, trans. Samuel Moore and Edward Aveling, Moscow：Progress Publishers, 1983, p. 46.

的无意义。生活从此不再是真实的,但它又不是单纯的不真实,其作为隐匿的意识形态机器,以经济基础为基础,本质上已成为"观念的"和"无形的"①东西。所以马克思认为,文化危机正是基于以上三方面要点而造成的。

为了理解卢卡奇所强调的文化王国与经济时代的具体关联,我们有必要简单回顾一下马克思对文化与资本积累问题的考察。马克思在《资本论》中表明,资本主义的经济基础乃是一种根植于资本积累之中的空洞的和精神错乱的基础。在这里,资本先生呈现为"一种与他显在的身体形态截然不同的形式"②,其进而投入到轮回与转世般的 M—C—M′循环的政治经济学当中:①"M"作为原始的观念化符号,乃是资本先生的原初自我;②"C"作为观念性的神秘之物,实际上是由资本先生转化成的生产资料以及劳动力;③"M′"是资本先生自身的扩展,但现在却成为脱离了实体的纯粹观念符号的神经症的回归,也就是说,回归到了那一伟大的精神形式当中,即"一种与他显在的身体形态截然不同的形式"。现在资本先生就这样摇身一变,直接完成了把自身的增殖方式过渡为空洞的和物象化的拜物教过程,而在这种空洞形式内,资本先生便以剩余价值的形式循环于其中。马克思认为,这位先生既是神经症的,又是精神错乱的。而不论早期的还是晚期的卢卡奇,都像本雅明对**"漫游者"**(*flâeneur*)的分析一样,深刻抓住了这一点。他在《历史与阶级意识》中表明,自在之物的问题并未被改变,但却是亟待改变的,因为这是资产阶级思想的根本问题。③ 但他所强调的是,作为资产阶级戏剧的戏剧,才是对资本主义生活世界拜物化(fetishization)的完美呈现。

当第一次世界大战爆发时,按照阿多诺的说法,便是"文化与野蛮主

161

---

① Karl Marx, *Capital*, Vol. I, trans. Samuel Moore and Edward Aveling, Moscow: Progress Publishers, 1983, pp. 98 – 99.

② Ibid., p. 98.

③ Georg Lukács, *History and Class Consciousness*, p. 150.

义辩证发展的最后阶段"①。罗莎·卢森堡更是将资本主义无法逾越的矛盾证明为社会主义与野蛮主义之间的冲突。而马克思主义则不像异化的形而上学家们那样,它认为我们并未被归置于野蛮主义当中。异化并非恒态,它不是海德格尔的"**此在**"(*Da-sein*),即人被"抛入世界当中",也不是《现代戏剧发展史》称为的"**既在**"(*Bestehen*)——"在那里",即"像力一样的赤裸存在"。与之相对,马克思认为,商品拜物教的创伤性梦境乃是社会性的和历史性的产物,而它也必将伴随其幻化出的整个世界图景而灭亡。通过马克思的思想革命,"现代唯物主义"(modern material- ism)(借用安德烈·布勒东和瓦尔特·本雅明的说法)随之诞生了。②

卢卡奇在面对这种现代唯物主义时可能会陷入两难的境地。在《历史与阶级意识》中他同意李凯尔特的观点,即唯物主义乃"颠倒了的柏拉图主义"③。然而他也同意现代唯物主义的相关议题,即理论不会在抽象推论的城堡中生成,而必须产生于生活世界的人类学当中,马克思将这叫作"人的激情的本体论本质的实现"④。感知、体察、聆听和承担,是从创伤性的梦境中觉醒的手段,也是逆转物化的方式。 162

卢卡奇美学的重要性在于,他把艺术从资产阶级景观的道貌岸然中剥离出来,并将其置于现时代的核心问题上——伦理学问题。⑤ 这就是为什么陀思妥耶夫斯基在《群魔》中描绘出的斯塔夫罗金的形象[基于对19世纪无政府主义者塞尔吉·那齐夫(Sergi Nacheav)的刻画],始终在卢卡奇那里具有非凡的意义。卢卡奇认为,激进的行动必须被放到伦理

---

① Theodor Adorno, *Prisms*, trans. S. Weber, London, 1955, p. 34.

② 根据 Erwin Szabo 在 Andrew Arato and Paul Brienes in *The Young Lukacs and the Origins of Western Marxism*(New York: The Seabury Press, 1979, p. 9)中指出的,马克思并不是一位哲学上的唯物主义者,而是革命意义上的唯物主义者。

③ Georg Lukács, *History and Class Consciousness*, p. 202.

④ Karl Marx, *Economic and Philosophic Manuscripts of 1844*, Msocow: Progress Publishers, 1982, p. 120.

⑤ 然而这种与将艺术作品作为景观的断裂,也不同于马克思主义诗人及剧作家贝托尔特·布莱希特的那种实践方式。

学的问题域中,①共产主义革命正是无产阶级对资本主义者们的荒淫无度与道德沦丧的道德式回应,《历史与阶级意识》同样遵循着这一思想轨迹。仅仅遵照某种历史内在目标(官方的马克思主义路线)的话,革命并不会发生,而是革命意志成就了革命行动,但 1919 年的无产阶级已然与这种意志脱离了。

由此,作为意志与观念的革命,构成了卢卡奇极左共产主义的基础,在这个意义上,对"客观条件"(所有种类的马克思主义根据马克思本人的说法而高度重视的要点)的叙述无非成了一个神话。卢卡奇(不仅跟随着黑格尔,还有极端观念论者费希特和青年黑格尔派的麦克斯·施蒂纳)把对象化等同于异化,马克思当然从未这样表述过,但黑格尔曾说过类似的话。在马克思看来,"非对象性的存在物是非存在物"②,下面即是马克思对黑格尔的反驳:

> 一个**存在物**(*Wesen*)如果在**自身之外**(*ausser*)没有自己的自然界,就不是**自然存在物**(*natürlichen Wesen*),就不能参加自然界的生活。一个存在物如果在自身之外没有对象,就不是**对象性的存在物**(*gegenständliches Wesen*)。一个存在物如果本身不是第三者的对象,就没有任何存在物作为自己的**对象**(*Gegenstand*),也就是说,它没有对象性的关系,它的存在就不是对象性的存在。③

马克思将**对象性**(*Gegenständlichkeit*)与**异化**(*Entfremdung*)作了精确区分,而卢卡奇却将对象性直接解构为异化,借用阿多诺的话说就是,使"一切对象性……都变得毫无差别了"④。作为(对唯心主义者而言的)革

163

---

① Georg Lukács, The Moral Mission of the Communist Party, in *Political Writings 1919 – 1929*, London: New Left Books, 1972.

②③ Karl Marx, *Economic and Philosophic Manuscripts of 1844*, Mscow: Progress Publishers, 1982, p. 137. [《马克思恩格斯文集》(第一卷),人民出版社,2009 年,第 210 页。]

④ Theodor Adorno, *Negative Dialectics*. trans. E. B. Ashton, London: Routledge & Kegan Paul, 1973, p. 50.

命的世界因而并不是现实的革命世界,而只是幻想出的革命世界。这就是列宁为什么要责备"左翼"共产主义(极左派的那一部分人,包括卢卡奇)为"幼稚病"①了。卢卡奇已成为国际无产阶级革命的哈姆雷特,他自己也深知这一点。

## 三、伪反抗:共同体与原始意识的回归

**伪反抗**(*pseudo-rebellion*)的理念源于威尔海姆·赖希,在《法西斯主义大众心理学》(*Mass Psychology of Fascism*)当中,赖希就论及了法西斯主义是如何利用鼓吹情绪来煽动广大群众的。自赖希以降,伪反抗这一理念便被用作分析大众的反动运动。伪反抗以反资本主义的浪漫主义情怀作为其意识形态基础,随之凝结为一种反资本主义的传统,然而它却依照着反动的和权威的形式。卢卡奇的可贵之处在于,在他以一名新康德主义者的身份开启其事业蓝图后的将近一个世纪的时间里,以及在《历史与阶级意识》问世后的 80 年中(人们或许会说他因此简直是个哲学史上里程碑式的人物),他的影响力可以经久不衰。特别是在"欧洲科学的危机"(借用胡塞尔的话)时代背景下,哪怕其不是资本主义文明的危机,卢卡奇能够把文化原初性的问题结合到马克思主义理论当中(这一情况直到他那时都还处于被完全忽视的状态),以及结合到将哲学作为哲学本身加以理解的必要性当中(尤其凸显出了针对黑格尔和理解整个德国古典哲学而发挥出的重要作用),从而既避免了苏维埃马克思主义的实证主义,又破除了后现代的后哲学思路。这种重要性(从反面看)同样能够帮助理解马克思主义之外的哲学,即无政府工团主义哲学,其追随者包括反殖民的甘地、反美又反俄的海德格尔、伊朗当代的海德格尔派和后来的米歇尔·福柯。卢卡奇匆忙地成为一名古典浪漫主义革命者——以列宁的话说

_____

① V. I. Lenin, *Left-Wing Communism an Infantile Disorder*, Moscow: Progress Publishers, 1977.

即成为一名"幼稚病"患者——但是这一病患却不仅认清了考茨基与普列汉诺夫的马克思主义的谬误,还透视出了本体论神学的荒唐。可以说, 164
卢卡奇的革命观(类似于整个无政府主义传统)不仅拒斥资本主义的一切——像陀思妥耶夫斯基那样,它还反对存在,即作为存在本身的存在。

让我们归结一下卢卡奇浪漫主义的相关基调:卢卡奇的致命问题在于,他试图"跳出黑格尔来看黑格尔"(out-Hegel Hegel),从而将对象性本身,也就是说超历史的对象性等同于异化。第二个错误就是他退回到了新康德主义的**人文科学**( Geisteswissenschaften ) 与**自然科学**( Naturwissen-schaften)的对立中(从海德堡学术圈中学到的),最终导致了把自然科学(以及自然本身)责难为永恒的异化过程。卢卡奇所强烈反对的就是对象性(可参见他怎样具体强调了费希特的"事实如此糟糕")与自然,因而真正的历史便无法由"自然辩证法"所预见,而只能基于"精神现象学"。并且他与整个新柏拉图主义传统和浪漫主义传统相一致,认为自然理应受到谴责。卢卡奇直接转向了共同体学派( Gemeinschaft school)的浪漫主义,在那里他不仅可以和库马拉斯瓦米和甘地分享他的美学与政治,而且英雄的无产阶级作为主客体的统一,也将从自然的枷锁中挣脱出来(实际上乃是对自然的宣战),从而毅然走进心灵的内部。

由此我们便弄清卢卡奇在《历史与阶级意识》之前的作品,包括《现代戏剧发展史》《心灵与形式》和《小说理论》等,是如何具体根植于浪漫主义共同体的传统视角的了。所以卢卡奇与其曾经的**"共同体"**( gemein-scahftlicht ) 理念出现过断裂吗? 还是他的共同体传统始终伴随着他? 我们知道,强调感觉与情感的德国浪漫美学的批判对象就是现代社会的合理化与机械化;但同时也存在马克思针对生活世界的合理化与物化的双重批判,其一方面表现为对资本主义的批判,另一方面则是把浪漫主义意识形态贬斥为"反动的社会主义"。这两种批判方式有着明显的区分,浪漫主义不同于立体主义与超现实主义,它除了基于尼采的贵族式伦理之

外,并不包含对现代性的真正批判。尽管浪漫美学对工业文明的批判带

165 有启示作用,但它却仅仅包含了以下方面的行为:

> 半是挽歌,半是谤文,半是过去的回音,半是未来的恫吓;它有时
> 也能用辛辣、俏皮而尖刻的评论刺中资产阶级的心,但是它由于完全
> 不能理解现代历史的进程而总是令人感到可笑……要给基督教禁欲
> 主义涂上一层社会主义的色彩,是再容易不过了。基督教不是也激
> 烈反对私有财产,反对婚姻,反对国家吗? 它不是提倡用行善和求
> 乞、独身和禁欲、修道和礼拜来代替这一切吗? 基督教的社会主义,
> 只不过是僧侣用来使贵族的怨愤神圣化的圣水罢了。①

浪漫派谴责资本主义产生了无产阶级,但却忽视了无产阶级并非逆
来顺受和乞讨求恩的主体,恰恰相反,其乃渴望革命的历史主体。② 浪漫
主义与现代主义先锋派的本质区别在于,它们各自的历史理念不同——
德国浪漫主义强调作为救赎的神学(理查德·瓦格纳的路径即为这一方
面的代表),与此相对的是追求进步与发展的法国意识形态。贝托尔特·
布莱希特在《论乔治·卢卡奇》(*Die Essays von Georg Lukács*)一文中指出:
"过去无法归返。问题并不在于曾经的美好(good old),而是新物的腐坏
(bad new),并不在于技术的解体,而在于技术的建立。如果离开了群体,
我们也就不再是人,所以我们必须走进群体之中……而不是满足于我们
曾经为人的意义上。"③

---

① Karl Marx and Friedrich Engels, The Manifesto of the Communist Party, in Marx, Engels, *Selected Works*, Moscow: Progress Publishers, 1975, pp. 54 – 55. [《马克思恩格斯选集》(第一卷),人民出版社,2012 年,第 423～425 页。]

② Ibid., p. 54.

③ Eugene Lunn, *Marxism and Modernism: A Historical Study of Lukács, Brecht, Benjamin and Adorno*, Berkeley: University of California Press, 1984, p. 145.

浪漫主义者与现代主义者不同(尤其是圣西门的那种乌托邦现代性),他们拒绝接受历史作为进步与发展的内在目的理念。卢卡奇也附和于这一主题,他在《历史与阶级意识》中说,生产力越是发展,物化的程度也就越深。由此可见,浪漫主义(特别是埃德蒙·伯克、亚当·穆勒和尼采的浪漫主义)秉持着极端保守的思想,这尤其与法国大革命及其关于自由和博爱的理念相对立。根据尼采的观点:历史乃是由谱系学以及**出身**(*Ursprung*)和**血统**(*Herkunft*)的力量所决定的,早期血统的力量(按照他**166**的话说)要比后期血统神圣,因为后期血统显得较为反动和低等。然而卢卡奇的浪漫主义却将尼采的观点以及陀思妥耶夫斯基的伦理学与黑格尔的历史观念论统合到一起,但值得注意的是,这至少体现出卢卡奇在面对道德时所表现出的极端退化一面,与尼采类似,他也把这种道德的缺失联系到所谓的"更高层面的道德"上。在《精神的贫困》中,卢卡奇通过古代的种姓体系得出了一种完美的道德秩序,其中义务与道德达到了合为一体的状态。不仅诺瓦利斯持有这种伦理学观点,他在《基督教与欧洲》中谈及:"当欧洲成为一个基督教的国度……(以及一个)广袤的精神帝国之日,便是壮美现身之时"①;而且库马拉斯瓦米更是如此,其在《殉葬:对东方女人的守护》(*Sati:A Defence of Eastern Woman*)中积极支持古代寡妇的血祭,并把它视作更高的理念,美其名曰为男人与女人的合一。尽管浪漫主义已退化为中世纪的田园理想,可是它却并未走向艺术中的自然主义,而是寻求自然背后的"理念"。但如果城市生活被诅咒为地狱,那么自然也难以幸免。

所以卢卡奇的问题究竟出在哪里呢? 就在于它不是"具体的",而是走向了历史观念论。按照马克思的说法,共产主义并不是"一种抽象理

---

① Novalis,Christianity and Europe. A Fragment, in *The Early Political Writings of the German Romantics*,ed. Fredrick C. Beiser,Cambridge:Cambridge University Press,1996,p.61.

念,而现实必须调整自身加以适应它"①。但是对早期卢卡奇而言,主体形态(克尔凯郭尔的"真理是主体性的")构成了其思想的根本。在《审美文化》中,他回顾了陀思妥耶夫斯基的主题:一切都是被允许的。陀思妥耶夫斯基把这一绝对原则阐述如下:"如果上帝不存在,那么一切都是被允许的。"在卢卡奇看来:

> 当每一个人都生活在对最后清算的渴望中,而这样的伟大清算又永远不会到来时,那么,一切都是被允许的;因为在最后的审判来临的那一天,所有事情都会变得轻而易举,而悲剧的集体感也将同意赦免所有的轻浮行为。②

一切都是被允许的,但从本体论和政治角度来说,为什么并非一切("激进行动")都是可能的? 这是因为我们生活在被称作"第二自然"的活生生的地狱之中——"一个内部充满死寂的阴森处所",只有通过"心灵的形而上学式觉醒"③,才能在其中出现生命的迹象。根据卢卡奇的 167 说法:

> 对于自然的现代性情感态度早已远离了自然本身(第一自然),其不过是人的经验的一种投射,而他的这种自我创建的环境并没有作为一种归属,反而成了一座监牢。
> 当人为人而创建出真正适合人的结构时,那才是人的必然的和自然的家;他并不会意识到乡愁已经把自然经验为其自身追求的对象。第一自然作为诸多纯粹认知规律的自然,作为给纯粹感觉带来

---

① Karl Marx and Friedrich Engels, *The German Ideology*, Moscow: Progress Publishers, 1976, p. 57.

② György Márkus, op. cit., p. 5.

③ Georg Lukács, *The Theory of the Novel*, p. 64.

快意的自然,它不是别的,正是人从其自身的构造中而外化出的、在历史与哲学层面上的对象化。①

但是这一活生生的死寂领域并没有驱使卢卡奇寻找牧师来播洒圣水,以抚平反抗的意愿。相反,主体性精神(心灵)向客体性精神(教会、国家和自然)宣战了。在卢卡奇的美学当中有两种模式:其一,斯塔夫罗金模式(陀思妥耶夫斯基对激进行动的分析);其二,黑格尔的"精神"模式,它能够帮助克服自然本身。浪漫主义随之便具有了这样的二重性:既寻求激进行动与各类可能性原则,即一切都是被允许的;又像天主教会对"自然"背后的"理念"进行表意一样,探索着一条中世纪的解决之道。这是分别居住在"浪漫主义乳房"中的两个灵魂,但正如歌德所言,它们却各自"互不相闻"。世界的主流趋势显现为是被上帝抛弃了的世界,它被遗留在了异化的世界观内部,而任凭这一机制矫揉造作。在这个意义上,浪漫主义传统的二重性中的第二方面内容,就像《圣经》中透露出的矛盾冲突一样(齐泽克可以作为此方面论述的杰出代表)——一方面,上帝是个全能却又邪恶的主体,他渴望看见人类受苦,又在适当的时刻介入其中宣称自己是历史的"英雄";另一方面,上帝又不是全能的主体,而更像古希腊悲剧中的英雄,服从于更高层面的命运。②

由此,卢卡奇引用了这种既具形而上学又兼有存在主义意味的冲突,并且罕见地把反自然主义(即寻求"自然"背后的"理念")的特定主旨见之于印度美学(尤其是库马拉斯瓦米)当中,而库马拉斯瓦米则直接建议我们不要使用"美学"这一术语,因为它所指意的不过是一种感官性(sen-

168

---

① Georg Lukács, *The Theory of the Novel*, p.64.

② Slavoj Zizek, *The Fragile Absolute—or why is the Christian legacy worth fighting for?* London: Verso, 2000, pp.157 – 158.

suality）。① 这种浪漫的反自然主义甚至无法接受"身体"的艺术形式，原因在于，按照库马拉斯瓦米的说法，身体只是幻想出来的。② 所以我们只能走进这样的领域，卢卡奇在《心灵与形式》中称其为（继德国神秘派之后）"一切想象的非想象性"（imagelessness of all images）③。但是这种进入神秘主义与超黑格尔（supra-Hegelian）"理念"中的方式却是在寄托于幻象。在这里（正如我们之前论述过），不仅资本先生已经丢弃了其"显在的身体形式"而成为"观念的"和"不可见的"，而且还有精神错乱的机制在发挥着作用——渴望逃避现实的强迫症。

那么早期卢卡奇是怎样理解激进行动的呢？卢卡奇表明，人必须超越"法则"，即自然的"法则"，因为那些法则禁锢住了人。④ 不幸的是，卢卡奇在《历史与阶级意识》中依旧秉持着这一本体论立场。自然与对象性（正如我们已指出的）被贬斥为异化，自然本身也被认为是规定性的和可控制的，其能够对应于"人"的"内在"精神领域。不包含"人"的事物都被诅咒成地狱，自然由于忘却了人，所以革命就要革自然的命。自然就这样（在康德与结构主义的意义上）被理解成一种无主体的过程。奇怪的是，两种彼此对立的认识方式，即结构主义与历史人本主义，以及两位相互冲突的哲学家，即阿尔都塞与卢卡奇，便在这样的异化场域中相遇了。所以如果"自然"被看作规定性的和可控制的，并且它的内部还不包含"人"，那么其中也就不存在实践和自由，自然因而也就排除了自由。卢卡奇向我们展示的图景，表面上是有关"人"的故事，实际上关系的乃是"人"的心灵与形式。在城市文明诞生的那一刻起，"人"就已经死了。

_____

① Ananda K Coomaraswamy, *Christian and Oriental View of Art*, New Delhi: Munshiram Manoharlal, 1994, p. 46.

② Ananda K Coomaraswamy, *Essays in Indian Nationalism*, New Delhi: Munshiram Manoharlal, 1981, p. 22.

③ Georg Lukács, *The Soul and the Forms*, p. 5.

④ Georg Lukács, *The Theory of the Novel*, p. 65.

如果自然是可控制的,那么自然科学亦是如此。这样我们便落入康德的二元论中,即纯粹理性与实践理性、科学与伦理,以及自然与文化。我们就生活在这种几乎被永恒固定的二元论中,其好比上帝与撒旦在《圣经》里的冲突一样。但是卢卡奇并不相信这样的永恒,因为主体作为纯粹实践必然会反抗,而这一反抗的对象就是"自然",也就是以某种方式反抗上帝本身。如果本雅明论及的是"粉碎历史的连续性"①,那么卢卡奇 169 就是要粉碎历史本身。

"英雄"就这样走进了美学史的场景中。卢卡奇以一种特殊的方式把古代的经典英雄人物与陀思妥耶夫斯基那里的英雄关联起来,而那些经典的英雄斗士们甚至可以追溯到古代伊朗史诗中的罗斯托(Rustum)和邵莱布(Sohrab),他们在 11 世纪的波斯史诗中又被描绘为沙纳玛(Sháhnáma)。就像伊朗英雄把**荣耀**(Khavernah)赋予自身一样,陀思妥耶夫斯基那里的英雄也把光环附在了其自身的人格上。这样的英雄乃是神秘的、纯粹的、虔诚的和**完善的**(Güte)。善乃是一种恩典,是上帝给予的光环。迈克尔·洛威(Michael Löwy)在他对卢卡奇的精彩解读中说,对于卢卡奇有关恩典生活与普通生活的二元论,以及韦伯那里有关"卡里斯玛"(charisma),(一个希腊词汇,表示"被恩典的天赋")和"日常事务"的对立,我们没有办法不将它们进行比较之。② 在伊朗的传说那里,恩典被掠走之后,人便开始了"堕落"。而对于 19 世纪的俄国文学,英雄总是被描绘为伊朗的英雄斗士形象和追求博爱的基督教英雄形象,这在陀思妥耶夫斯基的《白痴》(The Idiot)中即可寻见。所以卢卡奇正是把基督教的博爱与伊朗的痛击一切邪恶的方式,一同整合进了他的美学当中。

---

① Walter Benjamin, Edward Fuchs, Collector and Historian, in *One-Way Street and other Writings*, trans. Edmund Jephcott & Kingsley Shorter, London: New Left Books, 1979, p. 352.

② Georg Lukács, On Poverty of Spirit: *A Conversation and a Letter*, in *The Lukacs Reader*, ed. Arpad Kadarkay, Oxford: Blackwell, 1995, pp. 45 – 47. Also see Michael Löwy, *Georg Lukács—From Romanticism to Bolshevism*, p. 104.

19 世纪的俄国小说也整合了以上两个方面。实际上，对这些看似矛盾方面的链接构成了斯拉夫人个体性的核心架构。在 1928 年斯大林掌权之后，苏联也将这样的自相矛盾整合起来：打击邪恶（即革命者）的同时，在公共分配体系中施以善意和怜悯。这种趋向于宏大叙事的斯拉夫社会主义的迫切要求，始终关联着上帝那里的神秘之爱，并且其一直是 19 世纪和 20 世纪东欧文学的核心。这样的困境似乎无法解决——其中恐怖或博爱一同被投入到普通生活与激进行动之间的深渊当中。洛威是这样指出（引用陀思妥耶夫斯基的话）伦理与文学上的信条如何影响了卢卡奇的：

> 每当沉心静气地进行深思的时候，他就会完全折服于上帝的永恒存在与辉煌不朽之中，因而他顺理成章地对自己说："我要为不朽而生存下去，这不能掺杂任何妥协。"类似地，如果他已经确信并没有不朽以及上帝的存在，他就会即刻成为一名无神论者和社会主义者，因为社会主义并不单单关系到劳动问题，或者所谓的第四等级的问题，而首先关系到的是无神论的问题，即对无神论的现代性整合问题，其表明通天塔并不是由上帝有意创造的，也不是从地上到天国的通路，它的目的是要把天国带回人间。①

如果不是受古典唯心主义的理想化维度所影响，那么恐怕黑格尔积极主动的"精神"（*Geist*）所映射出的激进唯心主义，连同前马克思主义的激进分子们的神秘主义，其倾向于以英雄般的大无畏精神来实现其目标理想，都将一起折回从而继续纠缠着卢卡奇。英雄的主体并不是理性主义和实用主义的列宁，而是神秘的耶稣，这位被选定的人忍受着人类用锁链与箭头进行的拷打。我们知道，毕竟是人与上帝的疏离，才促成了神秘

---

① Fyodor Dostoevsky, *The Brothers Karamazov*. See Michael Löwy, p. 114.

主义中所谓激进行动的形而上学辩证法的发展,也正是这样的激进行动,使整个世界文学史都为之着迷。在《罪与罚》(Crime and Punishment)里,拉斯科利尼夫叫嚣的激进主义,不过是建立在谋杀一个虚弱老妇人基础上的信念,但这样的谋杀却必须被执行,因为只有把金钱从放债的妇人那里夺出来,人性才会获得救赎。所以陀思妥耶夫斯基笔下的人物坚称,世界上一切救世主终将带来血流成河的局面。① 直到《历史与阶级意识》问世,陀思妥耶夫斯基对卢卡奇的影响都是非常明显的,但那时无产阶级却改变了这一"英雄"的行为方式,或者说真的改变了吗?

在《历史与阶级意识》当中,无产阶级作为主客体的统一进入世界历史图景内部,其充当了神圣的神秘主义与弥赛亚的角色,并试图把世界的心灵从悲剧中拯救出来。尽管近古时代的革命者和后来(由耶稣、马萨达克·艾·斑巴德以及穆罕默德)所强调的神秘主义与牺牲精神构成了激进行动的核心,②但值得注意的是,对海德堡学术圈的成员来说,正是俄国的神秘主义和俄国文学将他们聚拢到了一起,并为他们提供了一种反抗西方资本主义文明的现成模式。③

但卢卡奇当然也知道将唯物主义与唯心主义分离的危险之处,所以 **171**
这一局面必须被打破。如果从唯心主义角度出发将神秘人作为历史主体,那么唯物主义就需要在阶级斗争的历史局面中基于具体元素寻求一种经验性的主体。无产阶级(在马克思看来)作为独立的阶级在历史层面已经占据了优势地位,因为它的历史性对抗对象乃是资产阶级、资本积

---

① Fyodor Dostoevsky, *Crime and Punishment*, Moscow: Ruduga Publishers, 1985, p. 280.

② 作为"主客体的统一",卢卡奇的无产阶级成为神秘的苏菲派[他在海德堡学术圈的朋友兼同事恩斯特·布洛赫也同样如此认为,布洛赫在《希望的原理》(*Principle of Hope*)一书中就把无产阶级看作革命的先知],其意识到神圣的革命并不是客观之物或者某种"外在的他物",而必须在自身的激进实践中挖掘——革命的实践。布洛赫就把俄国革命视为耶稣上帝的青睐。See Michael Löwy, *Georg Lukács——From Romanticism to Bolshevism*, p. 53。

③ Ibid., p. 38. Also see Georg Lukács, Stavrogin's Confession and Dostoevsky: Novellas, in *Reviews and Articles from Die rote Fahne*, trans. Peter Palmer, London: Merlin Press, 1983, pp. 44 – 51.

累和更为普遍的阶级社会。前马克思主义革命者的道德说辞集中于基督教的受难与仁慈,这与暴力的无产阶级形成了鲜明对比。马克思与浪漫派的反差在于:

> **相反**(*umgekehrt*),无产阶级作为无产阶级,不得不**消灭**(*aufzuheben*)自身,因而也不得不消灭制约着它而使它成为无产阶级的那个**对立面**(*Gegensatz*)——私有财产。这是**对立**(*Gegensatzes*)的**否定方面**(*negative Seite*),是对立内部的不安(*Unruhe*),是已被**瓦解**(*aufgelöste*)并且正在瓦解的私有财产。
>
> 有产阶级和无产阶级同样表现了人的**自我异化**(*menschliche Selbstentfremdung*)。但是,有产阶级在这种自我异化中感到幸福,感到自己被确证,它认为**异化**(*Entfremdung*)是它自己的力量所在,并在异化中获得人的生存的外观。而无产阶级在异化中则感到自己是**被消灭的**(*vernichtet*),并在其中看到自己的无力和**非人的生存**(*unmenschlichen Existenz*)的现实。这个阶级,用黑格尔的话来说,就是在被唾弃的状况下对这种被唾弃的状况的愤慨,这是这个阶级由于它的**人的本性**(*menschlichen Natur*)同作为对这种本性的露骨的、断然的、全面的否定的生活状况发生**矛盾**(*Widerspruch*)而必然产生的愤慨。①

但与马克思相对的是,浪漫主义者不仅寻求"**全面地否定这种本性**"(*Verneinung dieser Natur*),其还要全面地否定本性本身(Nature itself)。浪漫主义者也并不想否定包含现实在内的矛盾,而是要否定"现实"本身。浪漫主义就是必然保有纯粹同一性理念的神秘主义——苏菲派称其为"**无我**"(*Fana*),伊朗人曾将其记述为"**极乐**"(*Khshnoom*)。卢卡奇的英

---

①　Karl Marx and Friedrich Engels, *The Holy Family*, Moscow: Progress Publishers, 1980, p. 46. [《马克思恩格斯文集》(第一卷),人民出版社,2009 年,第 260~261 页。]

雄(至少到 1918 年的时候)就是这样的神秘人和救世主——但这位救世主却从未出现。像歌德描绘出的浮士德那样,青年卢卡奇的英雄也被投向了地狱。在这个意义上,人们只能消极等待那位虚无的救世主,不论他是拜火教的苏什扬特(Soashant)、耶稣的重现、什叶派的伊玛目,还是暴躁而又虚伪的先知。虽然这位救世主从未出现,但是现在,此般既具革命色彩又有反革命意味的幽灵却萦绕在我们周围。

截至 1928 年,浪漫主义乌托邦的插曲已彻底走向了终结。在与西方文明的斗争当中,斯拉夫的乌托邦并未实现为工人阶级的天堂,却演变为官僚集团。苏维埃联盟成了埋葬共产主义的坟墓。即便对浪漫主义的衍生物"宿命"进行强烈斥责(蒲鲁东对此表述为:"命运啊——我嘲笑它;而至于那些人,他们是那么无知、那么奴性化,其甚至没有资格值得我去为之恼怒"①)的"英雄"考茨基,也只能卸甲归田郁郁而终。我们此刻站在了布尔什维克主义者们的纪念墙边,除了考茨基、布哈林、季诺维耶夫、加米涅夫、雷德克这些人的名字,以及整个 1917 年布尔什维克中央委员会的与会人员,还有数不清的革命者们之外,乔治·卢卡奇的名字总归也要镌刻其上,尽管他在当时保持了沉默。而在伴随这种沉默的嘈杂声中,我们听到了哈姆雷特与其父亲的亡灵的对话:

> 鬼魂:为其恶毒而又极端反伦理的谋杀而复仇。
>
> 哈姆雷特:谋杀!
>
> 鬼魂:谋杀都是恶毒的,亦如它所完全表现出的那样。
>
> 但这样的谋杀乃是最恶毒、最怪异也最为反伦理的谋杀。
>
> 哈姆雷特:赶快告诉我,让我驾着像思想和爱情一样迅捷的
>
> 翅膀,
>
> 即刻完成我的复仇……

---

① Leon Trotsky, *My Life*, London: Penguin Books, 1975, p. 606.

第六章

# 精神错乱与幻象

## ——从马克思的怀疑中审视正义与平等

如果上帝不存在,那么一切都是被允许的。

——费奥多尔·陀思妥耶夫斯基《卡拉马佐夫兄弟》

我们将回顾马克思论域中的两条具体线索:历史唯物主义与异化的谱系学。本章会把正义与平等的理念置于马克思有关异化的谱系学的框架下,以此首先批判正义与平等的主流说法,当下它们已被重新书写为自由主义与新保守主义的形式,并在极大程度上建构出西欧和北美诸多国家的政治体制,同时,其始终又以传教士般的殷勤热忱,想要把他们工具理性的帝国统治强行推广到整个世界。鉴于异化的谱系学将作为本章在方法论上的分析形式,所以我们会把全球的西方式霸权纳入科学分析的范畴当中,其包括了从《创世纪》和当代的美国外交政策,直到对正义的本体论神学理念的批判,即对世界的本土化及其随之产生的帝国主义权力意志的批判。与这一思路相对照,马克思论及的正义体系则强调要寓于**类本质**(*Gattungswesen*)与**人的本质**(*das menschlichen Wesen*)的辩证法当中。

思考即意味着怀疑,深度思考更是要进行双重怀疑,因而人的历史就

**178** 必须从其最深层的根基那里加以质问。不仅是哲学与科学上的回答,就连提出的问题本身也要经得住解释学上的推敲。在晚期帝国主义时代的今天而再次提出的正义与平等理念,有时显得既无方向又无意义,因为它们恰恰是由非正义的恒在(perpetuators),即"帝国"本身所提出的。因此,不仅要在帝国主义时代能够提出我们以上的问题,而且还要在帝国主义时代及其恃强凌弱的威慑下敢于提出正义、伦理以及国家和法权体系的问题。

我们在之前已经提到过,伴随着美国在东方打败了日本的殖民扩张,并于1945年击溃了纳粹德国,以及英国霸权规划的退场,美国的意识形态国家机器便由此开启了自己的这种霸权规划。它的第二个阶段却是更为致命的阶段,其开始于20世纪的最后10年,即在泛斯拉夫的苏联领导的东欧华沙公约组织解体之后的10年。它所宣扬的意识形态,也就是所谓的"自由",与共产主义世界的"非自由"和新兴的反美国家形成了鲜明对照,它们包括:塞尔维亚、朝鲜、古巴、激进的伊斯兰教以及其他族群。帝国统治下的"自由"世界(或者用塞缪尔·亨廷顿的话说就是"西方")必须对立于"其余的""非自由"世界,[1]因而正义、平等以及所有和法国大革命相关的事物就以极为怪诞的方式复活了,这同时也正是在帮助复活帝国本身。但精神分析却把这称作"奇异"(strange),一种以扭曲了的(有时甚至是荣耀的)形式表现出的现实。马克思把这种语言叫作"借来的语言"[2],即假借过去之名而伪装成的语言[3]:精神错乱的语言。如果在精神错乱的国度"主体是以颠倒了的形式获悉着言语"(借用拉康的话)[4],

① Samuel P. Huntington, *The Clash of Civilizations and the Remaking of the World Order*, New Delhi: Penguin, 1996.

② Karl Marx, The Eighteenth Brumaire of Louis Bonaparte in Marx. Engels. *Selected Works*, Moscow: Progress Publishers, 1975, pp. 96–97.

③ Ibid., p. 96.

④ Jacques Lacan, *The Psychoses: The Seminar of Jacques Lacan, Book III 1955–1956*, edited by Jacques-Allain Miller, trans. With notes by Russell Grigg, London: Routledge, 1993, p. 49.

那么在帝国统治下的政治话语中,我们同样是以这样的颠倒方式进行着精神错乱般的自说自话。我们将从对精神错乱与神经症的先发功效(first functional)的认识开始我们的分析,在精神错乱那里,自我(ego)服从于本我(id)而总在"逃避某段现实",与此相对,神经症却把本我的一部分压制在对现实的依赖当中。① 综观当今世界的国际关系,发达的"北部"与发展中的"南部"之间的关系,就好似精神错乱与神经症显示出的模式那样。因而黑格尔《精神现象学》中的"支配与奴役"(常见为主奴辩证法)一章也可重新标题为"精神错乱与神经症"。我们现在所做的就是要在精神错乱与神经症的视域下审视正义与平等的问题,但这里要注意的前提的是:马克思这位怀疑解释学家所热衷的始终是无阶级的社会。为了理解正义与平等,我们也可以参照法国激进思想所称的"平等的自由"(equaliberty),或者称为"马克思的激情"。

平等的自由这一理念——平等且自由的非对抗性共同体,它的讽刺之处在于,这一理念早已在历史上被正式提出,然而却总是在不断逃脱历史。

我们会从弗洛伊德与精神分析顺势过渡到马克思本人那里,尤其是过渡到资本主义政治的问题上,这实际指的也就是有关资本主义本身和幻象的问题。幻象是马克思的常用术语,资本主义被马克思称作骇人的社会,其中人与人之间的关系呈现为**"物与物的关系的虚幻形式"**(phantasmagorische Form)②。幻象作为精神错乱由此进入正义的图景之中,也正是以对精神错乱和幻象的考察作为铺垫,我们方可厘清马克思基于怀疑而对正义作出的解读。表面上看,马克思主义主要致力于分配正义的理论中,在这里不仅突出了义务、权利和责任的分配,从而彰显出正义理

右侧页码：179

---

① Sigmund Freud, Neurosis and Psychosis, and The Loss of Reality in Neurosis and Psychosis, in *The Penguin Freud Library*, Vol. 10. *On Psycho-pathology*, London: Penguin, 1993, pp. 213, 221.

② Karl Marx, *Capital*, Vol. I, trans. Samuel Moore and Edward Aveling, Moscow: Progress Publishers, 1983, p. 77.

论的前瞻性,它还涉及了政治经济学中的商品分配问题(实际上乃是确证了阶级社会的整体生产方式和宏观分层结构),从而明晰对正义在认识上的核心指向。但实际上,就马克思而言,如果正义没有混同于报偿,特别是由本体论神学所规定出的国家主义层面的和鼓吹公有制的报偿,那么马克思怀疑解释学的目光主要针对的则是正义在自由民主和社会主义乌托邦方面的用法。对于欧洲和北美在完成反封建革命后而建立起的自由民主国家,这样的国家时常高举自由、平等、博爱的旗帜,但正如马克思所表明,站在其背后的往往是步兵、骑兵和炮兵。① 所以马克思作为一名饱含激情的人本主义者,他始终在怀疑政治话语学和话语政治学。

**180**

走进怀疑解释学之前,让我们首先了解一下从马克思那里继承下来的平等的自由的简要历史。这是一种革命性的说法,其中人权与公民权成为重要节点。这种把自由整合到自身当中的平等,在历史与政治领域能够达成道德上的普遍性。法国大革命就提出了这种革命性的本质说法,它认为暴动才会构成民主的基础,也才能使得底层民众当家做主。因而,在追求平等的自由的政治当中,马克思主义成为这种暴动主义形式的完美表征。

还有关于平等的第二种理念——平等的物化理念——作为计量上的等同,其与平等的英雄式乌托邦理念以及和人相关的普遍性理念相悖。这一理念根植于商品的谱系学,并且基于这一领域,马克思对亚里士多德以及等价与价值的问题进行了解读,同时也正是在这一领域当中,英雄式的乌托邦理念败给了商品的谱系学,而由此提出的问题即表现为**异化形式**(*entfremdete Gestalt*)②的问题,并且其对应的乃是**异化的现实**(*fremde Wirklichkeit*)。③ 人从此陷入了尘世的异化王国之中。

---

① Karl Marx, The Eighteenth Brumaire of Louis Bonaparte, p. 126.

② Karl Marx, *Economic and Philosophic Manuscripts of 1844*, Moscow: Progress Publishers, 1982, pp. 98, 131, 132.

③ Ibid., pp. 93 – 94.

1875 年,马克思为回应德国工人阶级运动中的拉萨尔左派成员而作出的论证,后来被整理成了著名的《哥达纲领批判》。它认为,拉萨尔派的乌托邦说辞完全是以异化的形式呈现出来的:

> 劳动的解放要求把劳动资料提高为社会的公共财产,要求集体调节总劳动并公平分配劳动所得。①

当把正义理念作为公平看待时,马克思表现出了极为严谨的态度。面对"公平分配"的概念,马克思不仅质疑这一理念本身,而且还追问道,是否资产阶级还并未表述过他们的社会是"公平的"?问题在于,当人们谈及公平与正义时,他们并没有作出以下的重要区分,一方面是法权上的理解,另一方面是政治经济学的批判视角。② 如果人们没有把握住后一种视角,并且疏漏了社会的发展动力的话,那么他们所使用的语言就是虚幻的,而"正义""公平分配"和"平等权"等理念也都成为"无意义的短语"③,马克思则将其称作"商品语言"④——异化的语言。马克思进一步表明,如果依据"等价计算"⑤的原则来看待平等理念,那么我们即便皓首穷经都无法看透它。正义与平等的理念已经绑定在了商品的谱系学及其理性计算的意识形态上,我们要如何把握这一问题呢?

批判理论把这方面归结于计量行为本身,按照马尔库塞的话说就是"**计量**(*Messkunst*)的艺术"⑥与计算和控制的意志。批判理论坚称,尤其

181

---

① Karl Marx, Critique of the Gotha Programme, in Marx, Engels, *Selected Works*, Moscow: Progress Publishers, 1975, p. 317. [《马克思恩格斯选集》(第三卷),人民出版社,2012 年,第 360 页。]

② Ibid., pp. 317 – 318.

③ Ibid., p. 318.

④⑤ Karl Marx, *Capital*, Vol. I, trans. Samuel Moore and Edward Aveling, Moscow: Progress Publishers, 1983, p. 59.

⑥ Herbert Marcuse, On Science and Phenomenology, in *The Essential Frankfurt School Reader*, ed. Andrew Arato and Eike Gebhardt, New York: Continuum, 1985, p. 471.

是霍克海默与阿多诺认为,西方的理性正是以这一意志为基础的,因而平
等理念作为计算与控制的方式便堕入了这样的范畴中。然而这种计量方
式却并不为西方所独有,古伊朗神话就谈及了伊朗的阎摩詹姆熙德
(Jamshîd)从恶神阿里曼(Ahriman)那里获取了可估价的商品,并学会了
信诺(paymân)和各得其所。① 拜火教的《宗教行事》(Denkard)第三册第
297 章说道:

> 早期的教师们从对善良宗教的概括中总结出:米兹德的教义是
> (但)一个词,适量;而阿里曼的教义则是两个词,损有余而补不足。②

但是伊朗的这种适量理念与亚里士多德《尼各马可伦理学》那里的
"中道"(Mean)类似,都没能表意出平等在现代性语意中的等同之意,以
及应用在近古和中世纪早期革命中的革命意味。我们知道,萨珊王朝的
君主库思鲁一世(Khausru I)就十分拒斥源自统治阶层那里的平等理念,
他更是与反抗伊朗权贵、领主以及祭司们的农民领袖马萨达克·艾·斑
巴德(也被反讽为"第一位共产主义者")针锋相对,对库思鲁而言,这样
的平等理念令人厌恶至极。因而库思鲁利用意识形态国家机器宣传道:

> 追求智慧的人们啊!
> 你们不仅已经在这个世界中创建了新的宗教,
> 还把妇女和财产绑定在了一起。
> 182　父亲如何认得儿子,

---

① See Shaul Shaked, First Man, First King: Notes on Semitic-Iranian Syncretism and Iranian Mythological Transformations, in *From Zoroastrian Iran to Islam*, Hampshire: Ashgate Publishing Ltd., 1995, p. 243.

② See Shaul Shaked, Paymân: An Iranian Idea in Contact with Greek Thought and Islam, in *From Zoroastrian Iran to Islam*, Hampshire: Ashgate Publishing Ltd., 1995, p. 218.

儿子又怎样寻觅父亲？

当这个世界上所有人都化而为一时，

当伟大与渺小都无法辨别时，

谁还甘愿付出，哪里还有王法呢？

谁还会为你我而劳作，

好人与坏人又作何区分呢？

一旦劳奴与国王身份等同，

那么国王死后，他的宫殿与动产归属于谁呢？

这必将使世界重回蛮荒，

这一恶魔必不可来到伊朗。

当所有人都是主人，谁来充当仆人呢？

当所有人都有管家，谁来作为管家呢？

没有一位英明的领袖会苟同于此。

你们为了这样的艺术而进行了刻意隐瞒，

但终将把人类引向地狱，

到那时你们就会发觉，

做出恶行的可不仅仅是魔鬼。①

　　因而平等的意识形态于 6 世纪在伊朗就被清除了。但平等理念被清除的同时，还伴随着马萨达克起义的惨败，萨珊王朝由此变得更为集权和专制，并最终在 651 年导致了自身的瓦解。从马克思主义角度来看，伊朗萨珊王朝对平等意识形态的清除，是与亚细亚生产方式密不可分的，这也昭示着伊朗封建关系的正式形成。

　　从另一个角度来看，马克思表明，正是对商品价值概念的理解在认识

　　① Firdausi, *The Sháhnáma of Firdausi*, trans. A. G. Warner and E. Warner, London: Kegan Paul, Trench, Trüber and Co. Ltd., 1925, Vol. VII, pp. 207 – 208.

论上阻碍了亚里士多德,因为商品中"等同的东西"或者"共同的实体"在基于不平等而建立起来的古希腊社会内部并不能被轻易看透。① 所以马克思引用亚里士多德的话说道:"没有等同性,就不能交换,没有可通约性,就不能等同。"②进一步来讲,马克思注意到了亚里士多德对价值与等同的论注:"'实际上,这样不同种的物是不能通约的',就是说,它们不可能在质上等同。这种等同只能是某种和物的真实性质相异的东西,因而只能是'应付实际需要的手段'。"③由此,马克思既概括出了从政治经济学角度理解价值的问题,又提出了基于奴隶劳动而建立起的社会中的平等问题:    183

> 但是,亚里士多德不能从价值形式本身看出,在商品价值形式中,一切劳动都表现为等同的人类劳动,因而是同等意义的劳动,这是因为希腊社会是建立在奴隶劳动的基础上的,因而是以人们之间以及他们的劳动力之间的不平等为自然基础的。价值表现的秘密,即一切劳动由于而且只是由于都是一般人类劳动而具有的等同性和同等意义,只有在人类平等概念已经成为国民的牢固的成见的时候,才能揭示出来。而这只有在这样的社会里才有可能,在那里,商品形式成为劳动产品的一般形式,从而人们彼此作为商品所有者的关系成为占统治地位的社会关系。亚里士多德在商品的价值表现中发现了等同关系,正是在这里闪耀出他的天才的光辉。只是他所处的社会的历史限制,使他不能发现这种等同关系"实际上"是什么。④

马克思把彻底弄清这种等同理念作为自己有待完成的目标。归根结

---

① ② ③   Karl Marx, *Capital*, Vol. I, trans. Samuel Moore and Edward Aveling, Moscow: Progress Publishers,1983,p. 65.

④   Karl Marx, *Capital*, Vol. I, trans. Samuel Moore and Edward Aveling, Moscow: Progress Publishers,1983,pp. 65 – 66. [《马克思恩格斯全集》(第 44 卷),人民出版社,2001 年,第 75 页。]

底,我们也终将发现这一等同概念的具体指向:它并不是属人的平等,而是物化的等同、抽象的等同以及物与物之间的等同,它是寻求通约性与等同性的合理化等价体——因而也是虚幻的等同。所以马克思指出,对于属人的平等的自由理念和物与物之间的物化等同,区别它们的有效手段即为辩证法和历史唯物主义,在这里我们则将其理解为有关异化之物的谱系学。

因此,马克思坚持要彻底发掘出其中的根本差异。他进而指出,这种作为计量的等同不仅根植于商品的基础,更是根植于一切阶级文明的基础当中。阶级文明把平等作为其本质,但在实际当中呈现的却是不平等。所以马克思认为,当务之急是必须深入到阶级文明最深处来揭露这样的诡计:为什么平等与不平等总是被无情地绑定在一起。基于此,马克思开始了他的追问。

马克思发现了这是一种商品的极大积累——实际上乃是一种死物的积累,即死的劳动的积累。马克思根据这条线索进行了追本溯源的分析,他想要知道商品与商品之间的共通性究竟体现在哪。他最终发现,并不存在具体的物质实在构成商品的本质,相反,正是抽象的劳动,促生了抽象的观念化的非实在——价值的形式,它恰好是阶级历史的基础。马克思表明——亦如我们在本书中已经指出的——这是一种虚幻的实在。①正是这样的幻象搭建起了阶级文明的根基,并在不断迷惑着我们:这种迷惑近来正表现为平等的自由理念和法权概念的形式(也就是说,在资本显示出其博爱之前而提出的关乎自由与平等的迷惑性理念),其好似面对上帝而推论出的神学上的平等一样,但却是根本不存在的东西。

现在这种虚幻的实在从底层的根基处逃离出来进而撇开了尘世的束缚,就像鬼神们逃离了阴曹地府而祸乱我们人的世界一样。我们只能说,

① Karl Marx, *Capital*, Vol. I, trans. Samuel Moore and Edward Aveling, Moscow: Progress Publishers, 1983, p.46.

平等理念——作为物与物之间等同的平等，因此也只能是虚幻的平等——依旧保持着古希腊社会中发展不充分的"胚胎形式"①。这种胚胎形式在当下成为一种全球化的趋势，但是此般物与物间的等同概念（从政治经济学角度来说：用于交换的等同价值）实际上真正显示出的恰恰是人的不平等（不平等的交换规则：等同价值可以应用于商品与商品的交换中，但当它进入资本和劳动力的交换中时，就会出现不平等的交换）。所以对于世界上的任何一种统治模式——不论神圣罗马帝国、萨珊王朝、伊斯兰王权、现代自由主义、新保守主义、法西斯主义，——"这种最次等级的平等"，即商品化的虚假平等，哪怕没有公然与种族主义的不平等勾连，也都会内嵌在其统治的根基处。一个幽灵，幻象的幽灵，正在纠缠着这个世界，当下，它已固化为帝国的统治形式。

**185**     马克思所做的，就是要把哲学的和法权的概念连接到社会的经济结构中，从而使他总结出的物化存在决定异化精神这一结论，能够拓宽其本人的政治经济学批判思路，由此经济基础也可说成由异化对象与异化精神的谱系学所统领。资本主义社会将永远无法逃脱异化精神的魔掌。

    所以我们就可以把正义和平等（以及非正义和不平等）的理念直接联系到马克思的两个重要理念当中：其一，众所周知，即阶级斗争；其二，贯穿于马克思主义整个论域中的异化，及其与哲学式质问的关系。由此观之，如果历史被看作阶级斗争的历史，那么其同样可以被看作关于异化与反异化之间斗争的历史。而我们提出的正义与平等问题，也可被放置在异化与反异化的断裂中加以分析。

    正义与平等的理念就这样被转换到如下两方面的认识领域当中：阶级历史与异化的病理学。我们已经分析出霸权性的平等理念如何消融在商品的谱系学中，下面让我们看看正义理念是怎样与异化问题相关联的。

---

①   Karl Marx, *Capital*, Vol. I, trans. Samuel Moore and Edward Aveling, Moscow: Progress Publishers, 1983, p. 67.

马克思认为，至今的人类历史并不能定性为有意识的历史，而是一种无意识的历史，即"史前时期"①的状态——受压迫性的无意识所统治的历史。国家、法律和道德等等，实际上就是这种压迫的产物。② 在这样的历史内部，人并不进行直接性的活动，人也不表现为人本身，却是另一种实在。③马克思认为：

> 相反，在资本主义社会，社会的理智总是**事后**（*post-festum*）才起作用，因此可能并且必然会不断发生巨大的紊乱。④

这其实是一种精神分裂的历史——表现为二重化形式的历史，不仅如此，它实际上呈现出了一种想象的世界。⑤ 人通过这种二重化进行着诉说，由此我们所关切的问题——正义与平等——连同非正义与不平等，同样通过这种二重化被诉说着。这是因为，按照马克思的看法，同时也遵从弗洛伊德的观点，人们"把精神生活回溯到不同力量的交互作用上，而这些力量之间既能彼此帮助又能互相抑制"⑥。这便搭建起一个核心架构，其中哲学方面和政治方面的问题都会获得解决。因而与弗洛伊德的结合将势在必行。我们的现代文明是一种存在缺陷的文明——它既是异化的，又患有精神疾病——晚期的埃里克·弗洛姆即致力于此方面的研

186

---

① Karl Marx, Preface, *A Contribution to the Critique of Political Economy*, trans. S. W. Ryazanskaya, Moscow: Progress Publishers, 1977, p. 22.

② Karl Marx and Friedrich Engels, *The German Ideology*, Moscow: Progress Publishers, 1976, p. 101.

③ Karl Marx, Contribution to the Critique of Hegel's Philosophy of State, in Karl Marx, *Early Writings*, trans. Rodney Livingstone and Gregor Benton, New York: Vintage Books, 1975, p. 62.

④ Karl Marx, *Capital*, Vol. II, Moscow: Progress Publishers, 1974, p. 319. [《马克思恩格斯全集》(第45卷)，人民出版社，2003年，第349页。]

⑤ Karl Marx, Theses on Feuerbach, in Marx, Engels, *Selected Works*, Moscow: Progress Publishers, 1975, p. 29.

⑥ Sigmund Freud, The Psychoanalytic View of Psychogenic Disturbance of Vision, in *The Penguin Freud Library*, Vol. 10, *On Psychopathology*, London: Penguin, 1990, p. 109.

究。马克思与弗洛伊德现在构筑了坚实的联盟：我们当下面对的并不是常规的情态——毋宁说，这实际上已成为极端异常的形势，其中的异常之处在于，非正义正倚仗它的不死之身雕刻着全球化的统治模型。

由此观之，正义与平等的理念如何得以可能呢？在过去的 3300 年里，单从文本角度来看，正义的问题在不断地被提出，有据可查的线索可以追溯到摩西和查拉图斯特拉。尽管摩西与查拉图斯特拉各自的观点相去甚远，这是非常显而易见的，但我们暂且可以把源于犹太教和伊朗传统的正义统称为预言性的概念。查拉图斯特拉的理念在历史上受到了压制（这是由于查拉图斯特拉之后的古波斯祭司们捏造了《波斯古经》后面的诸多部分，而且拜火教从 651 年开始受到了极大排挤），但摩西的正义概念传统却保留了下来——这不仅体现在犹太教的信仰中，还呈现为帝国统治的对外政策，以及瓦哈比伊斯兰教和受海德格尔思想启发的伊朗什叶派的意识形态。它们可以被共同称作本体论神学的正义理念，但也是一种奇异的正义理念，因为现当代全球视域内的主要敌人之间甚至能够共享这一相同的传统。

但是对比于这种本体论神学的理念，从世俗革命那里还衍生出了诸多对比鲜明的正义理念，它们可见之于洛克、卢梭和康德的社会契约理论当中。后来又形成了自由主义和功利主义传统，约翰·罗尔斯可以作为这方面的典型代表。当然还有伟大的怀疑解释学大师马克思，他有时秉持那种预言性的传统（恩斯特·布洛赫所作的解读恰好契合于此），但更多时候还是坚持反神谕的和完全的人本主义立场。对马克思而言，正义只能是人的正义，如果存在被称作共产主义正义的东西，那么其必然是对人的本质的占有（ *die Aneignung des menschlichen Wesens* ）。[①] 与对正义的先验性表达相反，马克思充分发扬了正义在人类学方面的原理（即作为公 187

—————————

① Karl Marx, *Economic and Philosophic Manuscripts of 1844* , Moscow : Progress Publishers , 1982 , pp. 94 , 109.

平的正义),这与历史性的政治经济学和阶级社会的消解紧密相关。因此,"正义"理论直接关系生产资料所有制的形式和伴随其产生的分配机制,也关系阶级斗争的历史局势。涉及正义的分配理论能够从马克思那里找到依据,但这种分配理论却不仅致力于义务和权利的分配,或者商品的社会主义式分配,其更加看重的乃是生产方式本身。它着力探讨所有权、垄断和特权的问题,因而也就直接关系私有制的问题。

但是马克思又警告说,私有制还有更深层的结构——**异化**(*Entfremdung*)。异化和私有制不仅先天地与正义问题关联在一起(也就是说,不仅关联于法权体系和作为伦理律令的正义),而且异化和私有制更与一切已知的阶级文明本身有着千丝万缕的关系。① 所以源于阶级文明的意识都是异化的意识形式,**异化精神**(*entfremdete Geist*)②必然反复发作。由此观之,如果意识受异化精神所把控,那么法权体系同样会受到这种异化形式所统领。在这个意义上,不仅罗马法、库思鲁一世颁布的萨珊法系和伊斯兰教法都具备了异化的形态,并将受到私有财产与社会精英的利益所支配(同时掩盖了异化的恐怖嚎叫),就连现当代社会的世俗化法律体系也同样如此。

马克思的忠告在于,必须把正义理念和法权体系置于如下的建筑模型中加以解读。在这里,正义将矗立于异化、私有财产、阶级斗争以及统治阶级利益的身躯之上。如果正义体系确实征服了这些躯体,那么真正的正义(公平等方面的可能性)方会现身,而这些躯体也才能死去。伴随异化与私有财产的瓦解,作为公平的正义将随之诞生。马克思因而提供了一条解释学上的转换路线,其能够将法律与道德的这些表层体制,置于深层的结构当中加以分析。由此,异化、私有财产和阶级霸权的三位一体

188

---

① Karl Marx, *Economic and Philosophic Manuscripts of 1844*, Moscow: Progress Publishers, 1982, p. 72.

② Ibid., p. 129.

模式,尽管被统治阶级隐藏在了纯粹理性与实践理性的密室中,却被马克思从那一安全处所揪了出来,进而将其推向了理智的世界历史舞台上。在那里,它们并不会展示出合理性与道德性,而只能表现为充满恐怖的体制本身。马克思认为,异化即意味着一种缺失感和敌对感,这可以联系到弗洛伊德的**恐惑**(*das Unheimlich*)概念上,其中恐惑就表明了流离失所以及随之产生的惧怕之感,紧接着出现的就是精神错乱般的恐怖。①

为什么这种惧怕和恐怖之感会表现为异化精神呢?因为人在这里直接面对的是"异化的对象"②,而这种异化形式,即反人本主义的形式,则成为阶级社会的统治信条。正义理念本身连同正义的整个体系已经被拖入异化的黑洞之中,我们也随之一起堕入这一黑洞内。

## 帝国

从异化的概念出发,我们将转入更为熟悉的领域——西方理性(Occidental Reason)的领域,帝国统治正在把它推向全球。马丁·海德格尔在《通往语言之路》(*On the Way to Language*)中提出的问题再次出现了,只不过这一回是以全球的美国化形式。由此,在这一全球化理念的背后,乃是帝国统治的意识形态与实践。我们可以把这一全球化的过程称作帝国的行动,因而也可把它叫作帝国主义(empire-ism)。但我们不仅需要看清这种帝国主义的进程,更要理解好其在法律和政治层面上强加给全世界的规定。

现在如果我们看到站在阶级文明背后的乃是异化精神,而正义的理念实际上也是一种异化的正义,那么且让我们进一步审视西方理性的深

① Sigmund Freud, The Uncanny, in *The Penguin Freud Library*, Vol. 14, *Art and Literature*, London: Penguin, 1990, pp. 339 – 376.

② Karl Marx, *Economic and Philosophic Manuscripts of 1844*, Moscow: Progress Publishers, 1982, p. 136.

层结构和帝国主义的政治经济学。与这一帝国主义规划密切相关的是如下两方面的具体领域：第一，犹太教与基督教传统——或者说是某种犹太教与基督教传统，因为在这样的传统中曾有过几段破坏性的历史，就像齐泽克所说："真正的基督教传统是那样高不可攀，岂能与那些原教旨主义的怪诞们为伍"①（正如我们所见，这种犹太教与基督教传统的霸权形式不仅伴随着美利坚帝国，同时也伴随着它的敌人，包括瓦哈比伊斯兰教和伊朗什叶派）；第二，资本主义精神。所以当有人通过国际组织发声而宣扬正义与平等时，他不过是在以西方理性的异化语言诉说着它们罢了。

　　我们首先审视的是西方理性的核心架构，进而将深入其正义理念当中。对西方理性来说（不论在神学形式还是世俗形式上），世界被分割为两个基本地域：一方是中心（即西欧与北美的中心）和自由贸易的地域，这一中心由基督教教义引导（或者从伊斯兰主义者角度来说，就是受伊斯兰教教义或者他们的伊斯兰教行动准则引导），并且完全是"善良的""明智的"和"正义的"；另一方则是边缘地域的混乱世界［这样的下层世界混淆并且模糊了善与恶，按照伊朗的前伊斯兰传统来说就是"**混杂**"（*Gu-mezishn*）的世界］，其中满是撒旦的诱惑和不间断的叛乱。如今这一善良的中心拼尽全力（把神学上鼓吹的赦免套用成"权利"的形式）去征服边缘地域，其一般方法在于以文化工业和意识形态国家机器进行诱导和控制。它不用暴力手段而征服的对象就顺理过渡为"善良"中心的一部分，而反对这种帝国式侵占的行为则被认为是邪恶的，所以向"邪恶轴心"宣战就代表伸张了正义。这种正义形式实际上不过是与正义本身并不相符的暴力自负，它深深根植于西方理性在骨子里就具有的扩张主义模式当中。这就好似精神错乱患者陷入弗洛伊德能称的"癔症性失明"②里边一

① Slavoj Zizek, *The Fragile Absolute or*, *Why is the Christian Legacy worth fighting for?* London：Verso, 2000, p. 2.

② Sigmund Freud, The Psychoanalytic View of Psychogenic Disturbance of Vision, p. 108.

样,"善良"中心只看到边缘地域那里的"恐怖",并把这一恐怖夸大为会把中心自身及其神圣的国度一起吞噬掉。

这种对全世界进行本土化的形式,构成了西方理性核心架构的第二大特征,其始终表现为扩张性的,原因在于,它相信自身具有神学上的内在智慧,从而使得地缘政治的优势在统治上所表现出的超越性成为边缘地域那里的必然命运,以此解放他们、改良他们,并通过私有制来完成他们的全球化。按照马克思的阶级斗争的思路来说就是,发达资本主义世界的生产力已经超越了本国的边界,其必然走向亚洲、非洲以及南美的第三和第四世界。

可以看出,除了地缘政治上的冲突,上文中的前者与后者本身的冲突已成为当今世界政治发展的主要动力。但是鉴于这种冲突有可能导致自身的灭亡,所以前者与后者作出一个法权上的公约,联合国就是这一做法的具体结果,以此来维持这种基于现时代背景的公约。虽然其表现为是现代性的协议,但却依然能够从中窥探出原始犹太教内容的重现,即上帝与负罪的人之间定下的约定。为了理解当代的这种法权公约,我们不仅要进入西方文明的深层领域,还要追溯到《创世纪》的始源那里。

上帝最初的孩子亚当和夏娃,即原始的无产阶级,在他们打破禁忌偷食了善恶知识树上的禁果之后,"生养众多"①便成了上帝,这位最初的资本家和土地主,告诫其被选中孩子们的信条。而鼓励亚当和夏娃偷食禁果(作为剩余价值和意识形态国家机器的部分)的乃是撒旦,这位最初的革命者,因而上帝就惩罚他们"堕入"充满辛劳、痛苦和死亡的世界中。这种此在的和此刻的世界,即成为遭受诅咒的"堕落"世界,我们都处于投向这一"堕落"的过程当中。这里的罪名在于他们窃取了严禁被分享的剩余价值,而对他们的处罚更是源于其妄图对"外部框架"(outside)——上帝,这位最初的资本家的超越。所以上帝必然要把无产阶级

① Genesis, in *The Holy Bible*, New York: Wm. Collins, 1952.

190

惩戒到资本主义永恒的监督体系之内。

就这样,上帝觉察到了反抗的行动,进而降祸于撒旦(第一个反抗者)、夏娃(第一个女人)和亚当(第一个男人)。这种来自"外部框架"的宣判要求女人必须忍辱负重并"生养"孩童,还必须满足其丈夫的力比多欲望。[①] 由于亚当听信妻子的话,而违背了上帝在伊甸园中的规约和禁令,所以上帝降祸于大地,亚当只有通过工作与劳动才能糊口。[②] 从此,人类就被降祸到力比多经济学和政治经济学领域中,最初的人由于发起了最初的反抗而成为最初的无产阶级,原始约定被打破:男人和女人被一同贬黜为艰辛与痛苦的存在方式。正是在这种充满邪恶、罪孽、腐朽、诅咒和惩罚的现象世界中,上帝告诫他的选民们要"生养众多"。

191

按照马克思的说法,"生养众多"乃是资本主义生产方式的本质。因此,为了理解资本主义与帝国主义之间的联系和西方理性的深层架构,以及现代资本积累的起源连同它的扩张模式,我们还是要追溯到西方文明起源本身的问题上。

只有在这样的深层结构中,我们才能真正透视由西方民主(以及与之相对的伊斯兰教可怕对手)所宣扬的正义理念和理想的社会模式。对善恶知识的监禁、打压反抗、上帝对反抗的降祸、人从最初恩典中的"堕落"以及基于原罪而生成的暴力,它们作为相应的背景,共同促成了本体论神学意义上的正义理念,而这一理念又在始终引导着西方理性。

失乐园的原因在于,作为原始无产阶级的亚当和夏娃受第一位反抗者撒旦的蛊惑,而打破了第一位资本家和土地主的图腾与禁忌。死亡随之到来。自从这种"堕落"伊始,人的历史就成为满是腐朽、暴力和邪恶的历史。但上帝除了是终极的惩罚者和行凶者外,现在又成为终极的审

---

① Genesis, in *The Holy Bible*, New York:Wm. Collins,1952,p. 3;3. 16.

② Ibid., p. 3;3. 17.

判者,因为正是"他"用洪水来"清除人"①,妄图使"一切生灵终结"并毁灭人"和大地"②,他让"洪水冲刷大地,让万物跟着一起遭殃……(这样)地上的一切都将形如死灰"③。

但是愤怒的上帝又似乎突发了善心,他找到了诺亚,这位无可指摘的义人,并与其订立了契约。④ 伴随与诺亚和选中的人订立契约,则标志着"万物再不会受到洪水的侵袭,大地也再不会受到洪水的蹂躏"⑤。这种契约式的形而上学,构成了帝国统治时代下的正义理念的基础。

**192**     众所周知,形而上学大师黑格尔把国家美化为"理念"的现象:上帝在尘世中不太愉快地行进。在黑格尔看来,真实的世界就是这种"理念"的世界,而西方国家(及其国家机器)则站在了它的顶端。如果黑格尔认为"理念"处于生命的金字塔之巅,并且国家和官僚作为"普遍阶级"处于先锋地位,那么他指的就是普鲁士国家将成为国际关系中的先导,同时指引着傀儡般的国际联合体的前进方向。这种把国家作为"理念"的美化,实际上就是在把普鲁士国家美化为西方理性霸权的载体。普鲁士国家虽然灭亡了,但帝国主义连同它的诸多机构却代替了前者的位置:除了毁灭性的美利坚国家及其压迫性的国家机器外,还有世界银行、国际货币基金组织和联合国。

我们若要反对帝国的统治,就必须反对这种正义理念和它的诸多后现代变体。这如何可能?该怎么办?生活在边缘地域同时又将被投入到全球资本积累中心的我们,将怎样提出正义问题?面对已经获得合法形式的国际体系却凭借其战争机器肆意蹂躏一切民族与文明,我们又当怎样提出质疑?正义问题应继续被置于帝国主义正当性的本体论神学领域

---

① Genesis, in *The Holy Bible*, New York: Wm. Collins, 1952, p. 5; 5. 7.

② Ibid., p. 5; 5. 17.

③ Ibid., p. 5; 11. 17.

④ Ibid., p. 7; 9. 8.

⑤ Ibid., p. 7; 9. 8., 11.

加以思考,还是能够开辟全新路径从完全不同的角度审视正义？马克思
映照出了对阶级社会的怀疑目光,他也创建了解读正义的全面体系吗？
我们应该在权利与正义的框架内探讨解放的规划,从而把正义理解为公
平,还是这样提出的问题仅仅是道德层面的甚至是"虚假的",仍然有更
深层次的历史机制有待探索,而不是单纯停留在正义与平等的阶段上？

"政治"自由,不仅从类本质与人的本质的辩证法当中脱离出来,还
占据为统治形式而宣称并确证了那些"正义"与"自由"的概念(亦如我们
从巴尔干半岛到阿富汗和伊拉克的经验中看到的),它已沦落为后现代的
景观,整个世界都对其趋之若鹜地崇拜。作为一种拜物教,它呈现为被投
射到空缺上(projected lack)的形式,因而其在真实世界(正义、平等、自由
和博爱)所缺失的,恰恰被投射到了那个二重化的世界之中。通过弗洛伊
德的总结使我们知道,这些二重化的世界乃是"对压抑的危险替代"和
"自我的深沉反应"。① 自由与平等不过是表层的框架,真正需要揭露出
来的却在实际当中被压制了:非正义、受压迫和社会的整个阶级结构,它
们在下层世界被描绘得反而和那些神学概念一样美好。

就国家本身来说,它已占据为正义与平等的形而上学形式,并用异化
的理性提出所谓的社会"普遍利益"。然而这种社会的"普遍利益"不过
是现代及后现代的神话,其不仅与"消除社会与政治上的一切不平等"②
的神话类似,还像犹太教中的创生神话那样,把所有压力和责任都推让给
底层阶级,却把特权转加给统治阶级。社会主义并不是一种更美好的资
产阶级国家,它甚至不是任何形式的国家。我们绝不热衷于国家机器,借
用马克思的话说:我们一定要把它敲得粉碎。③

① Sigmund Freud,The Psychoanalytic View of Psychogenic Disturbance of Vision,p.111.
② Friedrich Engels,Engels to Bebel in Zwickau,London,March 18 – 28,1875,in Marx,Engels,*Selected Correspondence*,Moscow:Progress Publishers,1975,p.276.
③ Karl Marx,Marx to L. Kugelmann in Hanover,London,April 12,1871,in Marx,Engels,*Selected Works*,Moscow:Progress Publishers,1975,p.670.

　　必须强调的是,尽管社会主义规划本身是一种道德行为,并且构成马克思政治经济学批判基础的乃是伦理学,但社会主义绝不是一种道德上的说教。马克思认为,绝对律令并非康德意义上的目的王国,相反,绝对律令在于抗争非人的状态,[①]并消解整个阶级机制。对马克思而言,这里的解决方式不是要完成政治解放,而是要完成人本身的解放,[②]不是对国家的再造,而是对国家**本身的扬弃**(*Aufhebung des Staates*)。这是因为,只有扬弃了国家,同时也扬弃了私有财产和异化,人最终才会作为人本身而发出自己的声音。而人能够真正发出自己的声音,也就标志着精神错乱的消亡,所以我们必须超越既定的(固化的)阶级社会世界来进行思考。

---

①　Karl Marx, Contribution to the Critique of Hegel's Philosophy of Right: Introduction, trans. Rodney Livingstone, in Karl Marx, *Earty Writings*, New York: Vintage Books, 1975, p. 251.

②　Karl Marx, On the Jewish Question, in Marx, Engels, *Collected Works*, Vol. 3, Moscow: Progress Publishers, 1975.

# 第七章

# 人的仪式：主体的死与生

我们这个时代是一个新时期的降生和过渡的时代。人的精神不仅和曾经大行其道的秩序以及旧式的思维方式决裂，更是在精神中使昨日的一切葬入于过去，并着手进行它的自我改造。事实上，精神从未停歇，而是永远在前进运动着。

——G. W. F. 黑格尔《精神现象学》

正像无神论作为神的**扬弃**（*Aufhebung*）就是理论的人道主义的生成，而共产主义作为私有财产的**扬弃**（*Aufhebung*）就是要求归还**真正人的生命**（*wirklichen menschlichen Lebens*）即人的财产，就是实践的人道主义的生成一样，或者说，无神论是以扬弃宗教作为自己的中介的人道主义，共产主义则是以扬弃私有财产作为自己的中介的人道主义。只有通过对这种**中介的扬弃**（*Aufhebung dieser Vermittlung*）——但这种中介是一个必要的前提——积极地从自身开始的即积极的人道主义才能产生。

——马克思《1844 年经济学哲学手稿》

## 一、变形

　　马克思主义最常谈及的,就是把国际无产阶级作为德国古典哲学的
继承人。如果忘却了黑格尔,不仅会使无产阶级解除自己的武装,历史本
身也会束手就擒。这样的话,历史将重归神学范畴,"新兴之物"亦将龟
缩于受压迫的腐朽之中。所以在此背景下,我们必须提出无视黑格尔的
严重后果,这将转向一种怪异的非马克思主义的马克思主义形式——更
**198**　精确地说,就是回到了前辩证的思维模式,即完全回到康德那里。列宁的
深刻洞见也会再一次警醒我们。为什么这么说呢? 这是因为如果不能从
黑格尔的角度认识抽象与具体、神秘主义与理性主义之间的辩证法,那么
我们就无法理解现代文明(尤其是阶级历史及其压迫性的意识形态),更
不用说马克思《资本论》的第一部分:商品的变形问题了。自卢卡奇和阿
多诺以来变得相对清晰的是(但在弗洛伊德马克思主义那里更为明确),
商品的变形直接关联于扭曲的且罪恶的精神问题上,同样清晰的是,这样
的罪恶精神正呈现为资产阶级的意识形态,或者亦如我们在第一章所指
出的(引用马克思自己的话),即"一般的意识形态"[1]。这种意识形态思
想的谬论之处在于,其并"没有研究过它的一般哲学前提"[2]。

　　人权的理念——"天赋人权的真正乐园……(在那里)占统治地位的
只是自由、平等、所有权和边沁"[3]——乃是这些虚假言说在近段时间的
集中表现形式。实际上,"权利自身"的话语作为抽象的权利,不过也是
在抽象中思考人罢了。因而人权话语业已成为美国意图征服全球的帝国

---

　　[1]　Karl Marx and Friedrich Engels, *The German Ideology*, Moscow: Progress Publishers, 1976, pp. 34 – 36.

　　[2]　Ibid., p. 34.

　　[3]　Karl Marx, *Capital*, Vol. I, trans. Samuel Moore and Edward Aveling, Moscow: Progress Publishers, 1983, p. 172.

主义标语的组成部分，这没什么可大惊小怪的，因为这一理念本身早就经历了变形的过程。所以我们所要奋力达成的人权目标就被镶嵌到了固定的框架内，即阶级分层社会中的这种变形以及由此生成的意识本质。

当马克思强调要把人权概念置于经济基础与流行文化的双重背景下加以思考时，他实际想要说明的是，权利问题必须被放到阶级斗争的历史局势中进行理解。只有在阶级斗争与社会异化的双重领域内，权利本身和对权利的侵犯才会显露出来。为了有效认识权利问题的辩证法，我们必须进入阶级历史和异化的黑洞之中。

在之前的章节中我们已经进入了西方理性的内部并且表明，西方理性以柏拉图和《圣经》的形式建立起坚实的基础，这其中包含着对全世界的统治与征服。马克思认为，这一原则把自身根植于物化的深层结构当中，我们则把这一深层结构称为“异化的黑洞”（the black hole of aliena-tion）。由此推出，如果反人本主义以《圣经》和柏拉图哲学为基础，那么它同样也是以帝国主义为基础的。随之为了理解人权的深层结构（人权的变形和篡改），我们必须深入西方理性和帝国主义的无意识当中。整体看来，美国这位对第三和第四世界国家人民权利的肆意祸乱者，却为什么总能以“人权”为噱头夸夸其谈呢？我们进而会追问道：为什么人的权利（human rights）会被转调为人的仪式（human rites）？为什么人会惨遭屠戮，又为什么尽管当代哲学矗立在人性的屠宰场和“人”的墓穴当中，却并没能镌刻出帝国主义的墓志铭，反而为其高唱颂歌呢？坦白地说：帝国主义意识形态为何并且将如何运用其表现为异化的和阉割焦虑的主要机制？

由此，异化的黑洞可以分割为这样的双重研究领域：第一，异化的社会历史领域，它所研究的是现时代的异化（即对资产阶级意识形态的屈从）；第二，异化的本体论领域，它所分析的是原始异化——赋予全世界阶

199

级社会以生命的异化。威尔海姆·赖希把这叫作生命力(orgone),①马克思称其为细胞,②它既是资本主义社会的细胞,又是史前(或者原始)共产主义社会解体的始因。正是在这样的细胞当中,即在生命力当中,不仅包含着对人的权利的侵犯,更是可以窥探出对人本身的侵犯。

只有对异化的细胞形态的有效认识,我们才能批判当代社会的层级结构,以及批判这些阶层的"起源"和由其生发出的暴力倾向。所以批判也必须是双重性的:既要批判具体的、经验的暴力架构,又要批判生成这些暴力框架的深层阶级文明。批判的矛头将由此指向当下和过去。不幸的是,过去并未被埋葬,而现代资本主义更是钟情于过去。借用马克思的**200** 话说:在资产阶级社会里是过去支配着现在,③在那里死人抓住了活人,④并且死人像梦魇一样纠缠着活人的头脑。⑤ 柏拉图的"理念"、上帝先生以及地租女士都没有消隐,而是始终进行着他们幽灵般的游走。

此般始终受过去所困扰的存在方式关涉两个方面,即资本主义与神经症,而这种神经症则表现为反复的自我折磨,⑥它甚至对保有亚细亚生产方式的印度来说是永恒的,因为其一直神游在"辉煌的"过去的神话当中,但这却仅仅表现为是从未存在过的"黄金时代"。科学的分析必须把目光转向此处,即"黄金时代"如何可以同时作为辉煌却又神经症般的事物。这就是为什么马克思警告我们万不可迷恋于资本主义的"身体",也

---

① Wilhelm Reich,*The Mass Psychology of Fascism*,trans. Vincent R. Carfagno,New York:Farrar,Straus & Giroux,1971.

② Karl Marx,*Capital*,Vol. I,trans. Samuel Moore and Edward Aveling,Moscow:Progress Publishers,1983,p. 19.

③ Karl Marx and Friedrich Engels,The Manifesto of the Communist Party,in Marx,Engels,*Selected Works*,Moscow:Progress Publisher,1975,p. 48.

④ Karl Marx,*Capital*,Vol. I,trans. Samuel Moore and Edward Aveling,Moscow:Progress Publishers,1983,p. 20.

⑤ Karl Marx,The Eighteenth Brumaire of Louis Bonaparte in Marx,Engels,*Selected Works*,Moscow:Progress Publishers,1975,p. 96.

⑥ Sigmund Freud,Neurosis and Psychosis and Loss Of Reality in Neurosis and Psychosis,in *On Psycho-pathology*:*The Penguin Freud Library*,London:Penguin,1993,pp. 215,218,221,226.

不要受其所谓的无辜的"精神"所愚弄。与此相反,马克思坚称要对资本主义进行解剖学上的分析,通过他的显微镜而揭露出资本主义变态畸形的细胞形态。

所以若想认清现代资本主义的两种灵魂,即自由主义和法西斯主义,我们首先就需要深入到资本主义的细胞形态当中。这样的细胞形态包含着资本主义内部的一切矛盾,当然也包含着它自身的"衰败"①。但更为重要的是,对这种细胞形态的分析能够清楚揭露出资本主义的反人本主义特征。其次,我们还必须了解极权主义的自由市场经济乃建立在永恒的危机的基础上,它的解决方式并不在于改革,而在于必须进行不断的革命。同时,对始于 20 世纪 20 年代的法西斯主义来说,其作为一种恐怖的形式,试图以极权主义的调控来解决这样的永恒危机,但最终仍旧失败了,原因在于,它依照宪兵的角色充当这一危机的调控者,然而 1945 年后的盎格鲁美利坚的自由主义却依照全球警察的角色而大获成功。当下,华盛顿不仅掌控着这一秘密和那种可怕的细胞,还支撑起了弗兰肯斯坦一般的整个身体,即永恒的危机。马克思用权利问题直接否定了国家和统治阶级,现在它也必然用其来否定呈现为永恒危机与持久暴力的全新形态:以华盛顿为本部的帝国。

## 二、资本主义与神学的无意识

诚然,马克思于 19 世纪曾写下过四部文本,但它们却更像是面向未来的文本——《1844 年经济学哲学手稿》《共产党宣言》《政治经济学批判大纲》和《资本论》。它们大多在作者身后出版,但却并不同于 19 世纪的产物,甚至也不属于 20 世纪,或许 21 世纪才是实现其宏愿的时候。就

---

① Lenin, *Collected Works*, Vol. 38, *Philosophical Notebooks*, Moscow: Progress Publishers, 1980, pp. 358 – 360.

像对法国大革命的经典评论那样,即现在作出判断还为时尚早,同理,现在对马克思作出判断亦为时尚早。可能只有在 21 世纪,我们才能更好地理解马克思和我们自己。

我们生活在动乱不堪的时代,也生活在令人欣喜的时代。华滋华斯(Wordsworth)曾说:"活到黎明已是至幸,再得青春何负此生!"它同样适用于这样的时代。这是饱含革命的时代,是充满成千上万个反抗者的时代,也是为纪念那些起义而拍手称庆的时代。如果说全球化的时代是帝国的时代,那么这亦昭示出野蛮人暴力摧毁这一帝国的时代。帝国不断预示着它的瓦解,打破了身份界限的民众们已然到来,他们还带来了现代性,并驱走了阶级身份。有些东西诞生了,有些事物消亡了,我们为此感到无比的兴奋。不仅如此,打破了身份界限的民众们带来的更是伟大的希望,1789 年出现的"公民"和"人"再次回来了,我们忍心看到他们溜走吗?

马克思曾经指出:"欧洲从 18 世纪初以来,没有一次严重的革命事先没发生过商业危机和金融危机。"①为了把握住危机与革命,我们的视线必须随着那些资本流通而浮动。与小资产阶级在每一次危机面前表现出的沮丧不同,无产阶级作为面向未来的、打破了身份界限的主体,从危机中站了起来。

在《哥达纲领批判》里,马克思强调不要戴着资产阶级权利观念的眼镜看待这个世界,②也不必再注视资产阶级的平等理念及其关于平等权利的意识形态。③这是因为,这种平等形式是虚假的,它实际显示出的恰恰是不平等,但其却一直像一位精神错乱患者那样言说着平等。这种平等好似神学家所承诺出的天国那样——是一个永不会到来的世界。与其

---

① Karl Marx, Revolution in China and Europe, in Karl Marx, Friedrich Engels, *Collected Works*, Vol. 12, 1853 – 1854, Moscow: Progress Publishers, 1975, p. 99.

②③ Karl Marx, Critique of the Gotha Programme, p. 320.

谈论权利,不如武装起义,对马克思而言,这才构成了权利的基本形
态——反抗的权利。我们真的理解马克思吗? 也许是,也许不是。可能　202
马克思在仔细斟酌后也会感慨道:"有些人只在我过世后才降生,或许后
面的日子才真正属于我。"所以我们必须转向这样的后来之日。

　　那么我们现今正身居何处呢? 权贵们将这样回答:"我们正矗立在伟
大而又悠久的过去之地,并且在全球化的帮助下,我们会回到更为久远的
过去当中。"但是难道这些生活在过去的人不知道历史本身乃是伟大的进
步风暴吗? 然而我们就像本雅明的历史天使那样,不断地回头张望,却被
进步的风暴遗弃了。[①] 可我们又看到了哪些真正具有启发性的东西呢?
我们看到了两个彼此交织的事物——资本的原始积累(资本主义的本
源)和神话的原始积累,后者见之于犹太教有关创生的书目中,即闻名于
《创世纪》与《摩西之书》。正是在这样的彼此关联中,我们见证了"人"的
权利如何成为"人"的仪式,以及政治上的反人本主义如何成为国家意识
形态的主流话语(由美国新保守主义者、瓦哈比伊斯兰教主义者、伊朗什
叶派以及我们的印度教民族主义者所共同持有的观点)。首先,让我们看
一下马克思的发现:

　　　　这种原始积累在政治经济学中所起的作用,同原罪在神学中所
　　起的作用几乎是一样的。亚当吃了苹果,人类就有罪了。人们在解
　　释这种原始积累的起源的时候,就像在谈过去的奇闻逸事。在很久
　　以前有两种人,一种是勤劳的、聪明的,而且首先是节俭的精英;另一
　　种是懒惰的、耗尽了自己的一切,甚至耗费过了头的无赖汉。诚然,
　　神学中关于原罪的传说告诉我们,人怎样被注定必须汗流满面才得
　　糊口;而经济学中关于原罪的历史则向我们揭示,怎么会有人根本不

---

① Walter Benjamin, Theses on the Philosophy of History, in *Illuminations*, trans. Harry Zohn,
Glasgow:Fontana/Collins,1979,pp. 259 - 260.

需要这样做。但是,这无关紧要。于是出现了这样的局面:第一种人
积累财富,而第二种人最后除了自己的皮以外没有可出卖的东西。
大多数人的贫穷和少数人的富有就是从这种原罪开始的:前者无论
怎样劳动,除了自己本身以外仍然没有可出卖的东西,而后者虽然早
就不再劳动,但他们的财富却不断增加。例如梯也尔先生为了替所
有权辩护,甚至带着政治家的严肃神情,向一度如此富有才华的法国
人反复叨念这种乏味的儿童故事。但是,一旦涉及所有权问题,那么
坚持把儿童读物的观点当作对于任何年龄和任何发育阶段都是唯一
正确的观点,就成了神圣的义务。大家知道,在真正的历史上,征服、
奴役、劫掠、杀戮,总之,暴力起着巨大的作用。但是在温和的政治经
济学中,从来就是田园诗占统治地位。正义和"劳动"自古以来就是
唯一的致富手段,自然,"当前这一年"却总是例外的。事实上,原始
积累的方法绝不是田园诗式的东西。①

可见,从神学与政治经济学的相互关联中呈现出的正是"人"的仪
式。下面我们不妨思考一下在权利的问题域那里,本体论神学和反人本
主义是如何表现的,其仍然是晚期帝国主义时代资产阶级意识形态国家
机器的本质议题。为了对此有深入的了解,我们必须全面体察以下方面,
它们包括阶级社会的构型、国家、父权制、世界本土化的理念、组织性的暴
力构型以及权力意志。在《启蒙辩证法》中,霍克海默和阿多诺将这种残
暴的权力意志构型追溯到了荷马的《奥德赛》那里,并认定启蒙(已经转
变为神话)和西方理性(由于其蕴含的暴力目的)必然会以法西斯主义和
美利坚帝国主义实现自身。现实中侵犯人的权利的刽子手们,既包括全

① Karl Marx, *Capital*, Vol. I, trans. Samuel Moore and Edward Aveling, Moscow: Progress Publishers, 1983, pp. 667 – 668. [《马克思恩格斯全集》(第44卷),人民出版社,2001年,第820~821页。]

球性的又包括地方性的帝国主义者，但根本的幕后黑手却是具体的资本积累，对于这一方面，西方理性的终极目的起着推波助澜的作用。这是因为，在西方帝国主义者的世界观那里，我们可以轻松地从中窥探出自恋的"上帝"（Lord God）（借用相关圣书的术语）如何设定出专属于"男人"与"女人"的仪式。首先，上帝设定了异化和压迫，在那里，对阳具能指的垄断阉割了母系原则。由此，人的故事就被改写为"男人"的故事，母权让渡给父权：伴随父权制产生的还有私有财产、劳动分工、性的私有化、一夫一妻制家庭和以"理性"的方式组织成的军队构型，即组织性的暴力构型。《旧约全书》就是在社会内部发生的反革命转向的有力证明，这其中显示出的景象分别包括权威人格、异化且盲目的个人崇拜、奴隶（或者说是异化的、男权中心主义的"上帝"的孩子们，即原始无产阶级）的义务，以及对一切人权的清除。相比之下，神话诉说了前父权社会是如何根据母系原则组织运行的，其中女人才是造物主（或者说女人和男人处于民主的性别活动当中），而不是象征男性阳具的"上帝"创造了戒除自慰的世界。"上帝说要有光，于是便有了光"，这是一种极端反民主的表述，阶级文明让这种异化的表述在其内部滋生为本体论神学上的拜物教，从而达到了盲目尊崇的效果。在《旧约全书》中，"上帝"驱赶了一切其他的神，上帝从而成为一名垄断式的上帝。实际上，垄断主义正是表征着本体论神学上的垄断主义。在西方的框架内，一元论就暗示着独裁，这在其21世纪的外交政策上也可见一斑：美国对"其他"国家的霸权行径便是以此种方式推行的。

　　尽管犹太教的《摩西之书》为我们详叙了第一位资本家和土地主的专制构型，但在基督教和伊斯兰教传统中，还是始终保有批判内容的。我们之所以肯定这些批判内容，是因为基督教与伊斯兰教（也包括犹太教）都具有颠覆与革命的历史部分。这里再一次出现了齐泽克的身影，他坚

204

持要把基督教的遗产从基督教原教旨主义者那里解救出来，①就像瓦尔特·本雅明和恩斯特·布洛赫坚持从反权威主义的颠覆性观点中解读犹太教一样。我们知道，一千年前，伊斯兰教把世界从中世纪的迷信中解救出来，其中不仅希腊哲学获得了"救赎"和"重生"，而且知识还被赋予了世俗的人本主义特权，从而繁荣了科学、艺术和道德。我们知道，贾拉鲁丁·鲁米（Jalal-u-Din Rumi）、哈菲兹（Hafiz）和苏菲派都把人作为历史的主体，并将其置于哲学与诗学的话语中心。我们还知道，"Iim"或者说知识在《古兰经》的解释中被真主安拉赋予了第二高的地位，而真主安拉也并不是愤怒的初代资本家，却饱含着热情的爱意。可还记得法赫尔丁·伊拉琪（Fakhrud-Din Irâqî）的箴言："没有上帝，只有爱意"（La-ilaha-illa-al-ishq），以及鲁米在《玛斯纳维》（Mathnavi）中书写的"牧师摩西"。在伊斯兰教那里占据中心地位的不仅是热情的爱意，还有为权利的斗争。但是每当革命蜕变为反革命后，神经症般的远古异化又都会悄然而至。

在这样的反革命中诞生了占统治地位的意识形态，其结合具体实际与阶级历史进行着紧密的配合——原因在于，异化的上帝作为垄断主义者和本体论神学上的理念，不仅充当资本家与土地主，还是祸乱者与惩罚者，并且其始终拒绝退场。同时，上帝不仅是第一位资本家和土地主，还是第一位审判者和刽子手。让我们以这种父权制和反人本主义的叙述作为根本视角，从而再次进入西方理性的深层内部当中。

上帝（第一位资本家和土地主）创造了天与地，那便是最初的乐园（至少美国的版本是这样认为的）。在这个最初的乐园（被叫作"美国式的自由民主"）里面，亚当被创造出来以纪念自由的民主。但是自从在这样的孤独环境中体会不到丝毫乐趣时，上帝于是用亚当的肋骨又创造出了夏娃。这种自由民主的乐园不需要任何工作，也没有苦力要去完成，果

① Slavoj Zizek, *The Fragile Absolute, —or, why is the Christian legacy worth fighting for?* London, New York: Verso, 2000.

实如魔法般从树上结出以供他们尽情享用，但上帝唯独禁止他的无产阶级孩子们食用其中一棵树上的果实。这棵带有图腾标记的树就是善恶知识树，他们不得食用它的果实（就像在资本主义中，事实上，哪怕是在炫耀性消费的资本主义中，人们也无法消费，而只存在对消费的幻想）。冒险食用就面临着死亡的威胁，套用马克思主义的话说，这棵带有图腾标记的树显示出了严禁侵犯私有财产的禁忌，即不可触碰的剩余价值，因为它是被资本家们所垄断的。按照弗洛伊德的观点，那些果实就是亚当与夏娃未曾谋面的母亲的乳房。不要触碰你母亲的乳房，否则便会产生被阉割的恐惧，更不要触碰剩余价值，否则便会面临战争的威胁。在犹太教传统中，这就是仪式与权利问题的原初图景，并随后在西方理性的神话那里全面开花结果。那位初代资本家与土地主，就这样创造了阉割与绞刑的双重恐惧。所以当权利被掠夺的那一刻起，全体人类的仪式就诞生了。

206

　　这时撒旦（第一位革命者）出场了，他坚称人要捍卫自己的权利。他告诉夏娃要夺取剩余价值，死亡的威胁不过是资本家用以保持不公正秩序而假造出的神话和谎言而已。必须食用那一果实！夏娃吃了它，她与亚当便一同陷入羞耻之中。垄断主义者上帝在乐园中巡视时，发现了他们的羞耻感，同时察觉到了图腾遭到了破坏，禁忌遭到了侵犯。于是上帝开始降祸了，他让革命者撒旦看上去永远那么毛骨悚然，让夏娃渴望男性的肉体而陷入力比多经济学的痛苦之中，让亚当在政治经济学中饱受劳力的煎熬。从而亚当成为第一位无产阶级，而夏娃成为第一位家庭主妇。由于最初的权利与仪式框架被打破，人类从此被降祸于"堕落"当中，人类的历史也成为由这种堕落而绵延出的历史。

　　回望现时代的图景，上帝充当为美国，撒旦表示共产主义，而亚当和夏娃以及其他所有的底层民众，则变成了生活在第三和第四世界国家中的广大无产阶级和农民。像诺亚那样的被选中之人，就是紧跟美国步伐的世界精英们。上帝与诺亚单方面订立的原始约定，以现时代公约的形

式重新呈现出来,如联合国、世界银行和国际货币基金组织等。那些试图
打破条约的人,要么会遭到极大的非难,就像《圣经》中上帝用洪水"清除
人类"的方式那样,要么就以更现代的方式遭到占领和毁灭——美国的
方式。

但最大的问题出在哪呢?那就是,即便反对者也同样持有与之相同
的意识形态路线。不论瓦哈比原教旨主义的基地组织、伊朗什叶派(他们
基本上遵循着《圣经》中相同的人权叙事),甚至世界上其他与此般本体
论神学框架不同的组织,也都秉持着那条相同的路线。为何如此呢? 怎
样才能制止这种原始献祭反复重现? 为什么那些约定并非我们所好,但
我们还要屈身遵守? 我们为何总是惧怕《圣经》中的洪水和现代战争呢?

207

自 1947 年以来,在现代印度直面自己的命运时,它从一开始就没有
秉持对抗性的视角。印度何时才能学会回击帝国主义侵略者呢? 库马拉
斯瓦米曾十分生动地描绘出了"印度"的形象,他告诉我们,印度并不像
希腊和罗马。希腊和罗马既阳刚又好斗,但印度却既阴柔又腼腆。由此,
这种对印度进行"女性化"的想象性与象征性的解读,就不再是库马拉斯
瓦米的专利观念,而是在 19 世纪中期形成一种意识形态,其不但构成了
甘地政治理念的核心,还占据了印度形象的绝大部分。从那一刻起,海德
瓦尔创建的法西斯主义国民志愿会,以及萨瓦卡领导的印度教大斋会都
秉持以上同样的观点。唯一的区别在于,印度法西斯主义者妄图使得"印
度教军事化",而印度的女性也必须受到以男权为中心的法西斯政党所保
护。归根结底,法西斯主义者的疑问在于,为什么印度就不应该被武装起
来呢? 并且难道我们没有看见,印度教中的神灵哪一个不是武装到牙齿
了呢? 那么在法西斯主义者的眼中,我们必须把印度教和整个印度武装
起来,因为它们不就是一体的吗? 同时,由于印度总是不断受到威胁(我
们被告知这主要源于穆斯林),所以当务之急并不是讨论权利,而是规定
义务。

现实的政治又如何呢? 由于世俗民主主义者(尤其是安贝德卡尔)的突出贡献,印度建立了以权利为核心的世俗民主机制,但这却正是被法西斯主义国民志愿会在日后所诟病的。对他们而言,核心话语并不在于构建民权,而是编织出敌对的种族。国民志愿会第二任领袖 M. S. 戈尔沃克就曾大力鼓吹印度的"种族精神"。我们被告知:那些非"印度教族"的成员,不配分享印度民族的理念。[①]

从 20 世纪 20 年代开始,印度就摆出了至少三组相互突出的二元对立关系,它们在今天仍显得尤为重要:种族与公民、复古主义与现代主义、法西斯主义与民主主义。关键在于人们选择站在哪一边,因为它们彼此间矗立着坚实的政治壁垒。该如何作出选择——是选择极权且保守的政治动员形式,其在根本上撤除了权利,并宣扬不断受敌对势力威胁的社群主义假想(例如印度教、伊斯兰教以及美国),还是选择强调普世性公民权的民主政治?　208

我们暂且举出当代伊朗什叶派政治中的一个例子。达瓦里·阿达卡尼( Davari-Ardakani)作为著名的伊朗哲学家,把《古兰经》和海德格尔哲学进行了神奇的连接。他指出,当代的问题乃根植于人本主义、世俗主义和对原初的存在(primordial Being)的忘却之中。由于这种原初的存在被忘却了,所以"人"与主体性随之诞生了。那么"人"又怎样呢? "人"与"人"的父亲亚当都玩着相同的把戏,他听从女人的话而反抗资本家和土地主。"人"不仅忘了与上帝的约定,甚至忘了自己原初的存在。达瓦里·阿达卡尼和其他伊朗什叶派的海德格尔主义者都认为,我们一直在忍受着西方毒药( Westoxication) 所带来的痛苦,而这种毒药正是从文艺复兴和启蒙运动那里而来。在伊朗的海德格尔主义框架中,让我们考察一下反世俗主义和反人本主义是如何运作的:

---

① 　M. S. Golwalkar, *We , or Our Nation Defined* , Nagpur, 1947.

　　尽管西方毒药根植于希腊哲学及其 2500 年的悠久历史当中,但它的具体和主要形式还是源于文艺复兴。伴随西方毒药的出现,曾经的历史形式消亡,而新的人类诞生了。他不再遵从**真理**(*Haqq*)(真实性、正当性、实在性),也只有对真理的遗忘,他才能取而代之,从此完成对尘世与天国的征服……

　　《人权宣言》中阐明的宗教信仰自由只会导致人与宗教的疏远;这意味着把个人留给了他们自己,从而使他们在有生之年可以对宗教为所欲为,或者信仰任何他们想要信仰的宗教……现代人从真理之镜中只看到自身的形象,因此也只与他们自己订立契约。所以,这不仅不可避免地,更顺理成章地会使人背对着宗教,并以各类国家主义、国际主义、自由主义、集体主义和个人主义的幌子来掩盖他的自私行径。①

　　我们看到,由此形成了一股强大的反启蒙潮流,国民志愿会、伊朗什叶派、塔利班组织以及美国新保守派都秉持这一观点。但与这种反人本主义相对,我们还能提出被青年马克思称作“**人的本质**”(*das menschliche Wesen*)的哲学话语。这种人的本质定义出了人的权利的现实可能性,因为后者完全把人的本质作为基础性的本体内核。只有提出了人的本质,人的真正权利才得以可能。从之前引用达瓦里的话中可以看出,原初的存在[怒不可遏的“他”(“Him”),既疾恶如仇,又睚眦必报]一定会泯灭人的本质。在另一文本《什么是哲学?》(*What is Philosophy?*)中,达瓦里·阿达卡尼完全以海德格尔的风格表明:“人的本质在于他的非人性(nobo-

① 　Riza Davari-Ardakani,*Inqilab-i Islami va Vaz'-I Kununi 'Alam*[*The Islamic Revolution and the Current Conditions of the World*](Tehran:Markaz-e Farhangi-I 'Alame Tabatabai,1982),quoted in Farzin Vahadat,Post-revolutionary Islamic Discourses on Modernity in Iran:Expansion and Contraction of Human Subjectivity,in *International Journal of Middle East Studies*,Vol. 35,Nov. 2003,No. 4,pp. 605,610.

dyness)和非物性(nothingness)。他并不是真正的存在,也没有真正的本质。他的本质内在于幻灭(annihilation)之中。"①那么谁才具有这种本质或者实物性(somethingness)呢? 谁又会成为"那个人"(somebody)? 答案其实很简单:并不是"人"本身,而是原初的存在。我们可以从中体会到,这种本土主义的原初性能够以多种反动的方式呈现出来,它既涉及国民志愿会("他"就是"印度教种族与国家"),又包括了右翼基督教主义者和伊斯兰教主义者("他"就是异化的初代资本家和土地主的回归)。我们还能体会到,这种原初的存在更是以纳粹的形式达到了何其残暴的程度。

至此,与这种存在性话语和人本主义的幻灭相对的,乃是马克思主义哲学。马克思在1844年写给路德维希·费尔巴哈的信中说道:

> 在这两部著作(《未来哲学》和《信仰的本质》)中,您(我不知道是否有意地)给社会主义提供了哲学基础,而共产主义者也就立刻这样理解了您的著作。建立在人们的现实差别基础上的人与人的统一,从抽象的天上降到现实的地上的人类这一概念,如果不是社会这一概念,那是什么呢!②

由于这种人的感性存在方式以**人的本质**(*das menschliche Wesen*)和**类本质**(*Gattungswesen*)的形式构成了社会和历史话语的本质,所以我们便能够获得现实的历史主体,而不是神学或者海德格尔意义上的人性或者人的本质的幻灭。但马克思认为,的确存在着对人的本质的现实性否定。那么它是什么呢?其乃一种"伪本质"(pseudo-essence)的架构,是"在对自

---

① Riza Davari-Ardakani, *Falsafih Chist*? [*What is Philosophy*?] (Tehran: Anjuman-i Islami-i Hikmat va Falsafih-i Iran,1980), quoted in Farzin Vahadat, Ibid., p. 607.

② Karl Marx, To Ludwig Feuerbach in Bruckberg, Paris, August, 1844, in Marx, Engels, *Collected Works*, Vol. Ⅲ, Moscow: Progress Publishers, 1975, p. 354. [《马克思恩格斯全集》(第47卷),人民出版社,2004年,第73~74页。]

身的否定中形成的自我异化的本质",也见之于"对象性的存在物外在于　210
人并且独立于人而存在,并最终转化为主体"。① 由此可见,这种从伪特征
向真特征的转变,以及对人性的否定,在当下已经成为十分严峻的问题。

犹太教意识形态(及其可怕的基督教和伊斯兰教伙伴)宣称人类已
经迷失了:负有罪过却又积极反抗的"人"撕毁了与上帝的约定。所以现
在只剩下堕落的"男人"和失去恩典的"女人"。对于一切保守主义者来
说,论证人本主义无疑是错误的,因为这不过是逃离原初恩典的自甘堕
落。同时,意图加入全球永久的自由贸易世界中的印度,受强调纯粹性与
玷污性崇拜的异端信仰影响极深,它就这样投身到世界历史图景内部,并
且扬言"人类"从来就没有什么平等。但这时,历史舞台上出现了乔泰
奥·菲勒和安贝德卡尔,他们敢于挑战对不平等的崇拜。异端的《梨俱吠
陀》在本体论上建构了这种不平等,第十曼荼罗就是从劳动分工的角度呈
现了对社会分层原则的崇拜。第十曼荼罗是意识形态上的拜物教,婆罗
门基于此维护了其超过三千年的不公正霸权。婆罗门与其全世界的保守
主义伙伴们一样,都会发自心底地嘲笑人本主义和世俗主义,他们在执行
人的仪式方面将成为全球性的搭档。

所以当一个人表明他正生活在全球化的时代背景下,并且在积极建
构人权的政治概念时,那么这个人一定要认识到,他恰恰是在资本帝国的
阴影里从事着这一活动,其中反人本主义既充当着西方帝国主义的角色,
又充当着本土婆罗门的帝国主义角色。这样的小型帝国主义与巨型帝国
主义携手并肩,在涉及权力问题时都会显得怒目而斥。他们说得比唱得
都好听,并不断赞美着历史的终结、主体的死亡和帝国的诞生。当下,这
种帝国态势的国家主要坐落于"北方"发达的资本积累地域,它利用其现
象精神(phenomenal mind)的力量影响了几乎全球的所有国家。尽管它

———————————

① Karl Marx,*Economic and Philosophic Manuscripts of 1844*,Moscow:Progress Publishers,1982,
p.140.

并不喜欢权利问题,但却在整个世界鼓吹人权。通过麦克斯·霍克海默
211 在《理性之蚀》(*Eclipse of Reason*)中所称的"压迫性的模仿冲动"(re-pressed mimetic impulse),全世界都将从这位受人敬仰的大师那里学习到
真正的人权话语。因此,美国这个在海牙应该唯一被指控犯有恐怖主义
的国家,却成了人权的最具权威的教师,或许这就是被黑格尔称为"**理性
的狡计**"(*die List der Vernunft*)的地方。

由此,圣父与圣子的故事再次回到世界历史图景中。当人们反思印
度的人权及其相关事务时,其不仅是在反思帝国的问题,还是在反思西方
理性中的圣父与圣子的问题。次等国家,或者被称作"圣子国家",被要
求模仿"圣父国家"。在这个意义上,帝国主义的圣灵便再次书写出西方
理性的神话——上帝的游走和亚伯拉罕的献祭(我们在这里又不禁想到
俄狄浦斯的神话和俄狄浦斯情结)。但在重新描绘出的全球神话中,满怀
激情的儿子并没有刺杀他的父亲,却是父亲(上帝)想要伺机捕捉并且杀
害儿子。儿子得以苟活的唯一方式就是屈身于父亲的阴影下,儿子只能
模仿父亲的行径——全球化的精神。此乃原始献祭的回归,但在上帝与
亚伯拉罕手中的并不是原样的儿子,实际上乃是整个世界。

那么圣子国家该怎么办,或者从更小范围来说,这些国家内部的人权
斗士们该怎么办? 他们面对着两个世界:过去的世界——印度的过去,对
种姓和传统的狂热;现代的世界——黑格尔那里"新时期的降生",也是
新人类们的"过渡的时代"①。印度不仅与现代同行,还与过去的幽灵共
生(或者共死,或者至少像印度底层民众那样被压得喘不过气来)。为权
利而斗争,其不仅是发生于现代与传统之间的战斗,还是寓于现代性本身
当中的战斗。

首先,为权利而斗争的现代精神在法国大革命的内部语境中被描绘

---

① G. W. F. Hegel, *The Phenomenology of Mind*, trans. J. B. Baille, London: George Allen & Unwin Ltd., 1966, p. 75.

出来,人与公民的权利构成了权利问题在认识论与历史层面上的必然内
核,伴随它的还有启蒙哲学。当马克思试着模仿欧洲的分化,将法国比作
革命的国度,而德国比作神学的国度时,我们不禁会问:印度应被划归到
哪一边——神学的世界还是革命的世界? 其次,我们应当采纳国家主义
的相关概念和某种"印度"体制下的做法,还是转换研究领域,从而撇开
人民阵线的视角去继续探索亚洲的自由? 这种人民阵线能够成为民主大
众的全新国际形象吗? 我们为什么热衷于谈论"印度""巴基斯坦"和"孟
加拉国"等国家,难道是因为他们都不代表分裂的及二次分裂的帝国主义
世界的地缘政治? 最后,"印度"和"巴基斯坦"等国难道不是在内部受买
办精英们所统治的殖民空间吗? "印度"自身难道还不能表现为是诸多
族群的异化空间,他们被种姓的中坚力量不断地整合与分化,而这种力量
却始终拒绝让渡权力,并不断以人权为噱头侵犯民族与宗教上的少数派、
工人、部落、妇女以及达利特人? 其为何要效仿压迫者的行径呢?

至少还有某种东方的表现形式是印度留给我们的。我们是世俗化印
度的孩子,但同时也是 19 世纪浪漫传统的孩子。众所周知,19 世纪后半
叶是个动荡的年代,但也由此生成了一连串虚假的国家主义。这种虚假
之物的主要模式,就是基于《梨俱吠陀》对种姓霸权的"原人歌"式存在进
行不断改进,其不仅体现为种姓主义方面,还介入了世俗民主当中。此般
有机的、自然的和生物学上的模式,即把婆罗门作为"头脑"——自我任
命的意识形态主义者——而把首陀罗作为脚足,同时任命其他中间种姓
作为身体有机部分的说法,不仅已经成为社会中的固定模式,而且还一度
成为(如今仍是)印度民族国家的原型。至少菲勒在历史上出现之前,这
一说法一直占据着统治地位,而在菲勒退出历史舞台之后,它又获得了进
一步改进。菲勒并没有采用马克思主义对黑格尔唯心主义的颠倒(在他
对印度历史的重新解读中),而是严格效仿法国大革命的形式试图割断那
一头脑。马克思认为,唯心主义可以被颠倒过来从而创造唯物主义;但菲

勒与马克思不同,在他看来并不具备这样的可能性。菲勒似乎更同意海德格尔的说法:对形而上学的颠倒无非还是一种形而上学原则。对菲勒和底层的达利特人来说,对待"头脑"和婆罗门的这种"精神"现象学必须相当之谨慎,我们一定要从这样的现象学视角中抽离出来。所以激进的达利特底层民众们必须一方面驱逐那一头脑,另一方面瓦解其整个意识形态领域。在菲勒的话语中,为人权而斗争,就是要赶走这种本体论神学意义上的婆罗门头脑。婆罗门教对"真正的"民主印度没有任何可商量的余地,人权与种姓原则势不两立。人权必须基于本体论上的政治平等,而种姓表现出的却是无条件的不平等。对马克思主义而言,特别是对印度马克思主义者来说,并没有必要像菲勒所提出的方法那样过于激进。在他们看来,一方面可以把婆罗门"精神"作为精神分析话语中自恋的主体,另一方面,工业化与世俗化的过程将"不可避免地"解构种姓霸权。尽管人权在实际当中已经打开了局面,但其却被印度马克思主义者置于"不可避免性"内部。激进的世俗民主主义者留给我们的问题,成为马克思主义与本土激进底层之间的巨大鸿沟。

与菲勒对印度历史的激进解读相反,现代印度(自由主义的印度)诞生于英国立宪制与印度观念论的联姻之中。实际上,印度意识形态体系的整座大厦也正是建立在这种联姻的基础上,并且当下在这种联姻内部又加入了帝国主义的婆罗门族长制。那么问题在于,谁能够解除这样的联姻呢?从马克思主义角度来说,只有无产阶级才能充当阶级先锋为民主进行斗争,而作为真正的历史主体,无产阶级必须是那些现实的底层民众。从实践理性出发,为了获得切实可行的人权,我们必须深入民众领域内部。

由此,我们便走进了底层民众的世界和对历史进行底层视角的解读当中。我们之所以告别对历史的浪漫式解读,是为了更好地弄清为争取 214 权力的斗争,因为浪漫的解读方式自从詹姆斯·密尔的《英属印度史》出版以来就一直占据主流地位,并且令人遗憾地产生了教派分系:"印度教"和"伊斯兰教"等,这样的印度形象由此深入人心。现在看来,不论印度的政治,还是印度的整个社会领域,都构筑在这种异化的社群主义基础上。我们在另一方面需要做的,就是基于实际,从唯心主义和教派的解释学传统中挣脱出来,从而以尼采的方式达到对这种历史的健忘,由此把握住底层民众斗争的真实历史。为了达到那一目的,我们必须(与殖民主义相反)公设出一种学理上的人本主义,而权利范畴只有在这种学理上的人本主义与政治上的人本主义空间内才会获得真正的认识。

为了证实人权的可能性,就必须首先设定出作为人的人,这在实际当中则表现为与教派主义和种姓主义的对立。我们将主要依照以下两个方面:第一,黑格尔的主张,即历史不能走回头路;第二,路德维希·费尔巴哈的哲学人类学,这可以帮助我们理解学理上的人本主义理念。正是基于这些方面,我们才能够深入到哲学人本主义的内部,并获取现代民主。只有与严肃的哲学人本主义接合,人权概念才得以可能。青年马克思曾用两个词语进行了这样严肃的接合:**人的本质**(*das menschliche Wesen*)和**类本质**(*Gattungswesen*)。马克思作为一名历史人本主义大师,认为历史正是在异化的人的本质和对异化的**扬弃**(*Aufhebung*)的暴风骤雨中形成的。对人权纲领的思考,也就是在思考着这样的冲突,而人权之思的背后,乃是人的本质之思。

否则我们只会把解放的规划化解为统治阶级的规划,这是相当可怕的。马克思主义的世俗主义作为人的本质的哲学,也是关乎人权的政治学,世俗主义即主要对应着为权利的斗争。权利的自由主义规划不过是把权利虚构化——虚构为法律和国家。正如我们所看到的,马克思在《哥达纲领批判》中提到,权利永远不能超出社会的经济结构和当前的文化发展范畴。[①] 这意味着什么?它表明,一方面,我们必须在政治经济学的领

---

① Karl Marx. Critique of the Gotha Programme, in Marx, Engels, *Selected Works*, Moscow: Progress Publishers, 1975, p. 320.

域内审视权利；另一方面，还要看到受其"所制约的社会的文化发展"①。马克思对权利的历史唯物主义的有力解读，在于明确反对这样的观点，即不能把法的关系或者政治形态"从它们本身来理解"，也不能"从所谓人类精神的一般发展来理解"，恰恰相反，要把它们放在具体的"物质生活关系"背景下加以解读，其主要的呈现方式就是市民社会：而对市民社会的解剖则应该到政治经济学中去寻求。② 马克思表明，权利只能起源于或者完全根植于（*wurzeln*）政治经济学的土壤当中。③因而他宣称自己发现了理解权利的全新版本：政治经济学的批判原理，正是基于这种完全与众不同的版本——独树一帜的版本——我们才能对权利进行背景性研究。

只有以这种完全独特的方式，人的本质才能用自己的舌头说话。迄今为止，人的声音一直在被压制，人总是在试图诉说着此物，但最终却又都言及为他物——往往适得其反。而这种压制主要表现为两个方面：第一，集权主义的政治语言（其包括被资产阶级革命推翻的古典封建君主制，受 20 世纪二三十年代法西斯主义运动，以及种姓运动和种族隔离所鼓动起来的当代右翼独裁，它们的共同特征在于侵占自主权以及个人权利，并将其转变为国家权力）；第二，自由主义政治。当把这两方面置于相应背景下来看的话，就可以在历史唯物主义的政治经济学批判当中把握住它们，那么由此提出的问题就是：人的本质应该说什么样的语言？

216　　　不仅如此，人的本质如何能够打破权威人格的政治体？ 自由主义又会以怎样的形式释放出剩余权利（surplus rights）的神话，就像它释放全球经济剩余那样？ 西方民主始终坚持全球性的代议制民主，并不断强调"人权"屡遭侵犯，那么在南美、亚洲和非洲的第三和第四世界国家以及东欧

---

① Karl Marx, Critique of the Gotha Programme, in Marx, Engels, *Selected Works*, Moscow: Progress Publishers, 1975, p. 320.

②③ Karl Marx, Preface, *A Contribution to the Critique of Political Economy*, Moscow: Progress Publishers, 1977, p. 21.

国家当中,我们如何能够有效介入西方民主的这种言语行为? 自由主义玩着怎样怪异的游戏:在国内秉持所谓的自由章法,面向国外却露出暴虐嘴脸? 为什么自由主义总是在抽象地谈论人权,却从不顾及无产大众的权利,最多不过是轻描淡写一下妇女和少数派的权利? 自由主义如何把自由、平等和博爱巧妙地分立,致使有自由就无平等,有平等就无自由,甚至有"人的权利"就会挤压公民权的空间? "人"与公民分别作为自我性的个体与集体性的存在,为什么最终成为相互敌对的双方?

所以马克思主义表明,问题不仅在于自由主义,更在于自我迷恋的资本主义生产方式。意识形态的上层建筑乃是无意识的压迫性言语行为,在这个意义上,对权利的集权式否定和对权利的自由式确证,都不过是将自身寓于上层建筑的无意识当中。自由主义总是在进行压制,但却一直诉说着压制之物的反面,为何如此呢? 因为它始终与两种非自由的力量绑定在一起:私有财产和异化。

如果马克思认定阶级社会的历史基础在于私有财产,那么他所明确阐释的就是在私有财产背后,乃是人的异化的藏污纳垢之所,其中当然还伴随有异化精神。当马克思表明经济基础决定意识形态上层建筑时,他并不是说上层建筑是价值中立的,而是必须看清这种"精神"的异化与恐惑的特性。这一"精神"就是恐怖的精神错乱的精神,其呈现在阶级历史的最深处。因此,相比于以"原人歌"的隐喻描绘底层民众,这样的有机 217 隐喻型社会更为复古和暴力。但也正如我们指出的那样:历史不能走回头路。

所以马克思似乎在告诫我们要到阶级历史的教化中探索权利问题,因为阶级历史本身是由人的异化所决定的。马克思说,不要通过异化的上层建筑视角去观察事物,尤其不要把人权作为法律化了的崇拜。经典马克思主义的内容表明,不需要借助主观话语,也不能从上层建筑的视角出发,而是必须直面基础本身,否则一切都会演变为幽灵般的意识形态问题。

　　基于现实的可能性进行重新思考,将驱使我们走进阶级文明的这种恐惑的基础当中。由此,拉康的真实界、想象界和象征界可以有效嫁接到马克思《资本论》的内容上,即在《资本论》里基于对人权及其不断受到压制的反复考量而得出的相应结论,现在也可以从拉康的"三界说"那里获得解答。马克思认为,问题并不在于我们处在法权上层建筑的塔尖上而看不清地面上的东西,而是在地面上真切地存在着"作为物质的事物",但其却被意识形态性地阉割与遮蔽了。① 对**感性的物质条件**(sinnlichen Beschaffenheiten)②的无视再次发生,我们仅仅是不愿意看到这些感性的物质条件而已。这一核心视角体现出的恰恰是真实界、想象界和象征界的融合与混淆。我们在此处看到:人权的主体就这样横卧在这种融合与混淆的视域内。为此,让我们走进《资本论》中的真实界、想象界和象征界领域。

　　当马克思要求体察法权上层建筑的基础时,他发现这一基础并不是某种理性的经济学,而表现为一种非理性(类似于宗教的幻想),其中实在的主要范畴变成了无形之物、想象之物和观念上的崇拜之物。③ 由于现实世界成为从死劳动中积累出的世界,所以阶级文明的这种脱离实际且精神分裂的特征,就表现为死亡本身的积累。由此观之,如果马克思能用一到两个词汇解释他所看出的核心结构,那么他一定会说一切事物的基础都在于它的非物性(nothingness)——**幽灵般的对象性**(gespenstige Gegenständlichkeit)④——幽灵般的或者虚幻的实在,整个世界根本就是"空

---

① Karl Marx, *Capital*, Vol. I, trans. Samuel Moore and Edward Aveling, Moscow: Progress Publishers, 1983, p. 45.

② Karl Marx, *Das Kapital*, Erster Band, Berlin: Dietz Verlag, 1981, p. 52.

③ Karl Marx, *Capital*, Vol. I, trans. Samuel Moore and Edward Aveling, Moscow: Progress Publishers, 1983, pp. 98 – 99.

④ Karl Marx, *Das Kapital*, Erster Band, Dietz Velag, Berling, 1993, p. 52.

无一物"。由于世界空无一物,存在的只是精神错乱的世界,那么当然也就不会有人在其中,关于人权的说法亦不过谬误尔。

所以我们终将告别先验的和轮回转世般的世界,其中充满着魔法与妖术。现代性作为资本主义的现代性,不过是人的原始献祭与牺牲的重现,在这里人将完成自己最后的仪式。但从这些最后的仪式和灰烬中并没有宣告"人"的消亡,却生出了真正的人。当马克思对市民社会进行解剖时,他发现了资产阶级和与之相伴的死亡冲动。但是除了资产阶级,马克思还看到了无产阶级及其生存与反抗的意志。正是在这种政治经济学批判的话语中,马克思试图将死亡冲动与原始献祭综合为他对权利范畴的解读。

### 三、上帝之死与资本主义

那么该怎么办?我们如何建构真正意义上的人权话语?我们又要怎样才能在根本上破除阶级社会的枷锁、阻碍和禁锢,从而一劳永逸地解决这一问题?

基于此,让我们回到"历史的真正发源地"①。我们将撤除阶级,进而撤除这些阶级的细胞形态——商品生产和从中产生的货币、资本和阶级统治。我们还要进而撤除商品生产和国家,后者不过是商品的管理委员会。由于商品与国家表现为异化的形式与永久的恐怖,那就让我们发起一场针对这些恐怖机制的正义战争。我们必须意识到,资本积累才是生长出那一恐怖之树的发源地,从中更是滋生出了战争与饥荒。如果这棵大树被根除,那么自然也就没有了对人本身的战争,因为战争的诱惑与发起战争的垄断主义者都将不复存在。

---

① Karl Marx and Friedrich Engels, *The German Ideology*, Moscow: Progress Publishers, 1976, p. 61.

　　在根除这课大树的同时,我们还要根除一切已知的人的异化,清扫一切壁垒,扬弃国家的界限和一切有关国家主义的暴力话语。让我们进驻 219 所有被占领的地区,去粉碎所有已经锈迹斑斑的铁幕。让我们揭去所有紧束的面纱,不是面带羞愧,而是充满自豪地反观我们自身。或者索性就让我们保有这份羞愧,因为羞愧足以构成另一种革命形式。① 让我们成为人而不是天使。让我们驻足在历史的真正发源地来呼吸新鲜的空气,而不是迷失于幻象的雾霾当中。让现实的大地颤抖吧,从而使已经堕落的(或者正被判处为"堕落"的)"男人"与"女人"醒来。把人唤醒,这才是你非异化的人权。

　　献祭终会结束,撒旦也终于露出了微笑,而上帝(连同一切反人本主义的幽灵们)也终将折回到人类史前的集体想象那里。

　　不妨就此设想一下:如果上帝自己就是撒旦呢? 那么不仅马克思会露出微笑,整个世界也都会和他一起沉浸在笑声中。

---

　　① Karl Marx,To Arnold Ruge,March 1843,in Marx,Engels,*Collected Works*,Vol. 3,Moscow:Progress Publishers,1975,p. 133.

# 索 引 *

---

# 译者后记

　　2018 年是马克思诞辰两百周年。在这两百年的时间里,资本主义在政治体系、社会福利、文化发展以及法权制度方面都发生了巨大变化,但唯一不变的是以私有制作为自然基础的对人的剥削,它于当下依旧驱使着人将自觉的劳动无情地贬黜为异化的劳动。诚然,资本主义在今天仍然势头正劲,按照马克思的话说,在它所包含的全部生产力发挥出来以前是绝不会消亡的,可我们并不能因此消极看待其中的问题和矛盾而忽略了人的主体地位,尤其不能错失马克思主义终极批判性的话语权。马克思主义在中国的发展当中,不仅要为中华民族的奋进和复兴提供理论支撑,发挥实践效用,它的意义更应该是超越民族国家层面的、以人类自身的解放作为根本旨趣的实践哲学。马克思主义要具有当下性和对话性,即能够针对当下进行有效批判,并基于这样的批判发起与不同文化体系和社会制度间的对话;与此同时,它更应具有超越性和前瞻性,即在横向上以全部人类的广阔视域来体察其整体的发展态势,在纵向上又始终以人的自由解放为目的消除绑定在人身上的枷锁。理论只要彻底就能说服人,不言而喻,将人的根本作为人本身或许正是马克思用以描述理论变得"彻底"并因而将成为革命的物质力量的方法。

　　2018 年也是中国改革开放四十周年。在这四十年的时间里,我们的传统文化、思想道德、生活习惯以及价值观念在不断发生着变化,甚至遭受了相当程度上的冲击。在经济高速发展的同时,我们不得不面对随之而来的环境破坏问题、资源利用问题、教育平等问题、执法透明问题以及发展不平衡问题等,一言以蔽之,这些都是与当下的国人自身息息相关的问题。这些问题可以说是偶然的,但其中也孕育着一种必然,因为在这一切的背后可能正是对人本身的忽略。从以往的经验来看,我们的改革开放强调更多的是经济模式的改革与经济环境的开放,这为我们积累了巨大的物质财富和生产基础,但现在我们更应该关注的是对人的改革与开放。我们的一切目的都应该是通过人并且为了人而对人的本质的真正占有,即通过人而达到人的自由自觉的发展,人在这里不单单是手段,更应当是最终的目的。这既是马克思主义的根本旨趣,也是它的原始初衷,"改变世界"的目的恰恰是从正面以营造人的美好生活去进行的。庆幸的是,党的十九大报告指明:"中国特色社会主义进入新时代,我国社会主要矛盾已经转化为人民日益增长的美好生活需要和不平衡不充分的发展之间的矛盾",相信这将成为我们把目光从经济发展转向人自身的发展的有力信号。

2018 年同时是我本人接受高等教育而后步入工作岗位的十年。在这十年当中,我逐步告别了自己的青涩和幼稚,并且在社会交往中、在工作岗位上以及在深邃理论的指导下,重新形成了自己理性的人生观、价值观和世界观。我庆幸自己能够在积攒了一定的工作经历后还能继续回到母校深造学习,这种基于社会实践而形成的学习心态是单纯的理论所无法给予的。与此同时,自己虽然告别了幼稚,但不等于失去了那份内心深处的纯真,我认为这种纯真是每个人一生中都应该保留的,与年龄和时代无关。生命是一个不断进步的过程,完全世俗化的个体是可悲的,没有独立思想和人格的社会人根本就不懂得该如何存在,更谈不上该怎样生活了。我们在学习一切、感悟一切以及体察一切的过程中,最终的指向都不过是矗立在无限接近于"成人"的路上。

对马克思诞辰两百年的纪念，从改革开放四十年的现实中得到的启发，就自己过去十年的经历而做的小结，它们从某种程度上来说共同构成了从个人到国家再到整个世界的家国天下情怀，这种情怀并不需要多大的格局或者基调，只是作为现时代的一个独立个体所应具备的理性意识，而不是始终选择让感性甚至盲从充斥我们的生活。这又把我们拉回到了《卡尔·马克思的诱惑》这本书上来，顾名思义，马克思始终在"诱惑"着我们，他让我们从唯物史观的角度面对历史和社会，从根本上说就是面对我们人本身。从具体现实出发，我们看到穆茨班·雅尔对印度的教派问题、私有制以及国家的批判视角或许还是显得过于"激进"，但恰恰是这种方式告诫我们，再合理不过的存在也终会辩证地成为过去，而在过去湮灭的地方将涅槃出美好的未来，所以这似乎正是值得我们为之纪念的"诱惑"。

那么我们今天为什么要纪念马克思，并且应当怎样纪念他呢？借用英国已故马克思主义史学家霍布斯鲍姆在《如何改变世界》中的话说就是："从马克思那里能够学到的东西是他从事分析和完成任务的方法，而不是从经典文本中得出的现成教诲。"19 世纪的马克思在 21 世纪依旧鲜活的原因，就在于它在实践意义上的普遍有效的方法论原理。作为一名马克思主义哲学的在读博士，如何把整个马克思主义理论体系融会贯通，并借助于这一力量切实解决中国所面临的各类问题，哪怕仅仅是其中的一个细微方面，将成为我赋予自己的现实任务，也是今后努力的方向所在。

2017 年 9 月初的时候，我的导师周凡教授把《卡尔·马克思的诱惑》这本书的翻译工作交给了我，通过课业闲暇之余，自己利用五个月的时间在 2018 年 1 月末最终完成了全部的校订工作，随后应天津人民出版社王佳欢编辑的建议完成了这篇简短的译者后记。虽然以前也经常阅读英文文献，并且硕士阶段的研究方向也与西方马克思主义相关，但系统性地整体完成一部译著还是第一次。幸运的是,穆茨班·雅尔的这部著作关于纯思辨的内容并不多,其主要还是基于马克思的原始思想对印度以及当前世界的态势所进行的批判性论述,加之自己的知识理论背景,从而使得翻译的难度降低了不少,在翻译过程中也更好上手一些。《卡尔·马克思的诱惑》这本书可以说是一部相对通俗的左派著作,字数虽然不多,但内容却很丰富,在初稿完成后我又对它进行了两次校订,其间还要感谢天津人民出版社的协调工作。借用余下的篇幅,我要特别感谢我的导师周凡教授,从他的身上我学到了有效的学术方法和应有的治学态度,更是看到了他积极的人生观和做学问方面的一丝不苟和勤奋热情,同时也要感谢他对我的支持、关怀和信赖,才使得此书的翻译工作能够顺利进行;还要感谢单位领导的栽培,是他们的关爱和教导让我不断地成长进步,同时帮助我创造进一步学习深造的机会,力求将来为单位和国家做出更大的贡献;最后要感谢身边亲爱的家人们,这份亲情与包容弥足珍贵,这本译著是我们共同努力的成果。

齐　闯

2018 年 4 月写于北京师范大学